Bernd Mellenthin
Moin Kanute

Nur mit Muskelkraft – im Kajak kilometermäßig einmal um die Erde

Bernd Mellenthin

Moin Kanute

Nur mit Muskelkraft – im Kajak kilometermäßig einmal um die Erde

Re Di Roma-Verlag

Bibliografische Information der Deutschen Nationalbibliothek:
Die Deutsche Nationalbibliothek verzeichnet diese Publikation in der Deutschen Nationalbibliografie; detaillierte bibliografische Daten sind im Internet über http://dnb.ddb.de abrufbar.

ISBN 978-3-86870-380-1

Umschlagillustration:
Sonnenaufgang an der Elbe beim Kanuverein Harmonie Elbe

Überarbeitete Neuausgabe

www.rediroma-verlag.de
15,95 Euro (D)

Inhaltsverzeichnis

Eine kleine Vorrede, die auf die herrlichen Paddelerlebnisse des Verfassers neugierig machen sollen

Schon Herbert Rittlinger, der Altmeister des Kanusports, schrieb in einem seiner Bücher:

„Kanufahren ist ebensowenig eine Weltanschauung, wie Briefmarken sammeln. Jedoch führt es häufig zu einer Leidenschaft, die die davon Befallenen gegen jedes Argument taub macht. Aber es ist eine schöne Leidenschaft, die Spaß macht.“

Dieser schönen Leidenschaft frönt auch mein Vereinskamerad und Freund Bernd Mellenthin. Das vorliegende Buch mit amüsanten Geschichten aus seinem Kanutenleben ist es wert, in Muße und mit stillem Vergnügen gelesen zu werden, gibt es doch dem Kanuten Zeit, auch seinen eigenen Erinnerungen und vielfältigen Erlebnissen nachzuhängen. Wie oft wird es dann vielleicht heißen: „So oder so ähnlich habe ich die eine oder andere Paddeltour auch schon erlebt.“

Als ich vor mehr als 30 Jahren mein aktives Paddelleben im Wilhelmshavener Kanu-Klub 1927 e.V. begann, war Bernd Mellenthin dessen Vorsitzender. Meine Familie und ich wurden von allen Sportkameraden freundlich aufgenommen. Besonders aber Bernd hat sich um alle Neulinge bemüht und versucht, uns in den Verein zu integrieren. Dies ist ihm auch bestens gelungen.
Ich kann mich an die erste gemeinsame Vereinsfahrt auf der heute für alle Kanuten gesperrten, aber unvergesslichen schönen Engelmannsbäke erinnern, bei der für mich als Neuling jede kleine Stufe noch eine Herausforderung war. Als wir an eine solche kamen (heute würde ich sie gar nicht mehr wahrnehmen) stand unterhalb dieses kleinen Schwalls der bereits voraus gefahrene Bernd bis über beide Knie im Wasser und wies uns Neulingen die beste Fahrrichtung. Dies weist neben vielen anderen prägenden Erlebnissen auf die soziale Kompetenz des damaligen Vorsitzenden hin, die sich auch in anderen Begebenheiten sowie in seinen Erlebnisberichten im vorliegenden Buch widerspiegelt. Sie wurde für mich ein Schlüsselerlebnis. Ich habe mit Bernd später mehrere Jahre im Vorstand des WKK zusammengearbeitet, er als Vorsitzender, ich als Schriftwart, und stelle rückblickend fest: Es war eine fruchtbare Zusammenarbeit mit wunderbaren Erfahrungen. Ebenso deutlich in Erinnerung sind mir die gemeinsamen schönen und geselligen Wochenenden auf unserem Vereinsgelände und unterwegs auf kurzen und längeren Paddeltouren, beim Zelten, in fröhlicher Runde am Lagerfeuer und beim Grillen.

Kanu-Wandersport ist etwas Lebendiges. Allein oder in Gesellschaft in der freien Natur im Kajak, nicht nur bei Sonnenschein, auch bei schlechtem Wetter, kann er eine sportliche Herausforderung sein, die einem alles abverlangt und hervorragend Kameradschaft prägt. Mit Boot und Zelt unterwegs zu sein, heißt, immer wieder Freunden zu begegnen, die die gleichen Interessen haben und auf derselben „Wellenlänge" liegen.
Bernd und ich liegen auf einer Wellenlänge.

Gerhard Beer

Nicht nur ein Ehrenamt

Erinnerungen nieder zu schreiben bedeutet meist Gedanken an gute alte Zeiten. Ich freue mich, dass mein noch junger – bezogen auf die Jahre des Kennens – Freund Bernd schon in der Jugendzeit die sportliche Kurve vom Fußballspielen zum Kanusport bekommen hat.
Bernds Erlebnisse auf dem Fußballplatz hätten sicherlich nicht zu einem Buch gereicht und wären sicherlich in der Überzahl Krankenhausberichte gewesen, obwohl er von der Statur her sicherlich einen guten Libero abgegeben hätte.
Aber die Frage, ob der Kopf zu tief oder das Bein zu hoch war, stellt sich nicht mehr.
Die kurze Fußballkarriere von Bernd endete in einer beispielhaften Verbindung zum Kanusport. Seine gelebte Kameradschaft, seine Liebe zum Kanusport, sein Einsatz für den Breitensport und seinen Wilhelmshavener Kanu-Klub (WKK) zeugen von der richtigen Entscheidung.
Eine kleine Kostprobe seines Könnens habe ich 2006 mit meinen Freunden Michael und Hermann während eines von Bernd geplanten langen Kanu-Wochenendes auf der Hamme bei Worpswede erlebt.
Mit Engelsgeduld haben wir das Ein- und Aussteigen, Paddeln mit Körperbeherrschung, Verkehrsregeln auf dem Wasser verbunden mit eindrucksvollen Naturerlebnissen vermittelt bekommen. Die Tour wurde 2007 in Emden fortgesetzt. So hat Bernd aus mir als leidenschaftlichem Fußballer doch noch einen Wassersportler gemacht. Ein Beweis dafür, dass Sport unabhängig von der Sportart die Menschen verbindet.
Zum 75-jährigen Jubiläum seines WKK im Jahre 2002 hat Bernd als damaliger Vorsitzender in der Festschrift den Kanu–Wandersport als bei jedem Wetter lebendige sportliche Herausforderung bis in den Grenzbereich des Spitzensports herausgestellt.
Der Leser darf gespannt sein auf Bernds nachfolgende Fahrtenberichte von den Kanu-Wanderwegen, Rundkursen, Auslandsfahrten, Herrentouren bis hin zu den „Eierfahrten“, die sicherlich nicht nur dem Kanusport gewidmet sind, sondern auch seinen Sportkameraden und vor allem seiner lieben Frau Janette, die Bernd seit 35 Jahren auf vielen Wasserwegen begleitet hat.

Holger Barkowsky

Erinnerungen an früher

Oder : Über das, wozu der Mensch so fähig ist

Nach Durchsicht meiner Fahrtenbücher kam mir die Idee, über das Erlebte zu berichten. In der Schule habe ich schon immer gerne kleine Geschichten aus dem täglichen Leben aufgeschrieben. So sollte es mir doch wohl nicht schwer fallen, meine Gedanken in die Tat umzusetzen. Ich werde also aus der Erinnerung heraus über die schönsten Touren schreiben und dabei auch Berichte über die interessanten Reisen meiner Mitstreiter einfügen. Dank an meine Sportkameraden Gerhard Beer, Friedhelm Danert, Wolf Germer, Roland Stephan, Paul Stützle, Wolfgang Ulrich, die ihr Einverständnis dazu gegeben haben.
Wie bin ich eigentlich zum Kanusport gekommen? Vorher hatte ich nur das Fußballspielen im Kopf. Aber bald stellten sich die ersten Ermüdungserscheinungen ein. Mein Körper war doch wohl nicht robust genug für diesen Mannschaftssport. In der Jugendliga kam beim Eckstoß mein Kopf wohl zu tief, aufgewacht bin ich im Krankenhaus. Die erste Frage nach dem Aufwachen war: „War er drin?" Der Ball war drin, aber das war auch das Ende meiner noch jungen Fussballkarriere.

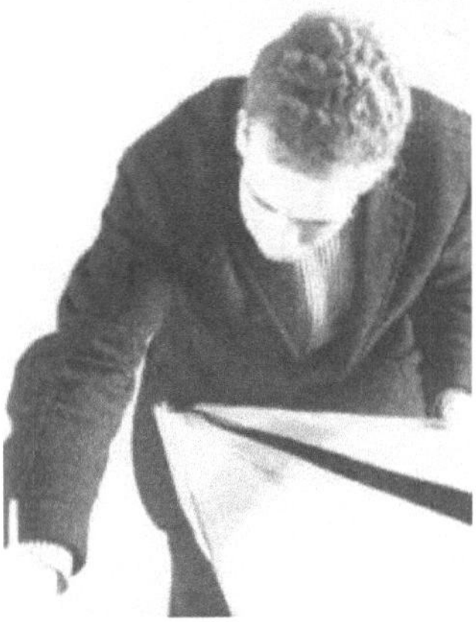

In der Jugendzeitschrift "Rasselbande" fand ich die Bauanleitung für einen Wanderkajak. Durch meine Tischlerlehre war es kein Problem, an die entsprechenden Materialien heranzukommen. Ein Boot von 4,20 Metern Länge und 0,80 Metern Breite, war schnell fertiggestellt. Die Bootshülle mit Sackleinen bespannt, mit Ölfarbe gestrichen, der Rumpf blau und das Deck gelb. Mittig hatte ich einen schwarzen, spitz zulaufenden Streifen aufgemalt, damit das Boot schlanker wirkte. Ich bin heute noch stolz auf diesen Bootsbau, aber zugegeben: mein Lehrmeister und auch die Tischlergesellen haben mir tüchtig dabei geholfen. Das Boot lag im Keller der elterlichen Wohnung in Wilhelmshaven. Bis zum Bauhafen der ehemaligen Kriegsmarinewerft war es nur ein Katzensprung, und so habe ich mit unserem Nachbarssohn, der ein Zweier-Faltboot hatte, die ersten Versuche in unserem Hafengebiet unternommen. Es war eine aufregende Zeit. Später trafen wir Paddler, die in einem Verein waren.
Das Einmaleins des Paddelns brachten mir die Wilhelmshavener Kanu-Freunde bei. In den Verein war ich 1961 eingetreten. Mit einer Engelsgeduld hat mir Heinz Böhling das Paddeln im schlanken Rennkajak beigebracht. Ich weiß nicht mehr, wie oft ich im Wasser war, anstatt das Boot vorwärtszubringen. Aber

irgendwann platzte der Knoten, ich konnte mit zu den Regatten fahren. Wir waren eine kleine Mannschaft, vier Damen und fünf Herren, die dann nicht nur ein Einer-Rennen bestritten, sondern auch noch im Zweier- und im Viererkajak ihre Kräfte messen mussten.
Ich hatte eigentlich nie richtig Lust, mich zu quälen und immer geradeaus zu paddeln. Deshalb träumte ich von Flussfahrten mit einem richtigen Faltboot. Der Traum wurde bald wahr. Eines Tages war ich, dank der finanziellen Hilfe meiner Mutter, stolzer Besitzer eines Faltboot-Einers vom Typ Pionier-Sport. Den Preis von damals 640,- D-Mark habe ich mühsam wieder abgestottert. Meinem Vater war es überhaupt nicht recht, dass ich auf Nord- und Ostsee paddeln wollte. Zum Glück wird man ja irgendwann volljährig. Nun konnte ich mit auf die Nordsee zum "Blauen Band der Jade". Die Regattafahrten mit dem Wassersportverein Norden (WSV) den ostfriesischen Inseln waren Erlebnisse, die ich nicht vergessen werde.
Man konnte das Faltboot auseinandernehmen, auf dem Bootswagen verschnüren und dann per Fahrradkarte und Bahn weitere Ziele ansteuern. So waren wir in unseren Urlauben auf der Schlei, auf der Ostsee von Flensburg bis nach Travemünde, auf der Schwentiner-Seenplatte, auf Weser, Rhein und Mosel unterwegs. Zwischenzeitlich musste ich zur Bundeswehr. Meine 18 Monate Wehrdienst habe ich in Hamburg-Wentorf abgeleistet. Er hat mich, dank unseres guten Sportoffiziers, konditionell stark nach vorne gebracht. Am Anfang konnte ich gerade drei Klimmzüge vollbringen, danach fast 20 ohne Probleme. In unserer Einheit hatten wir eine starke Boxstaffel, bei der ich mit trainieren durfte.
Am 12. September 1967 habe ich den Verein gewechselt und bin in den Wilhelmshavener Kanu-Klub 1927 e.V. eingetreten. Der WKK hatte zu dieser Zeit eine sehr starke Rennmannschaft. Auch gab es eine kleine Wanderfahrergruppe, die nach und nach größer wurde. Hier hörte ich das erste Mal etwas vom Wanderfahrerabzeichen des Deutschen Kanuverbandes (DKV). 650 Kilometer mussten in einer Saison, Oktober bis September, zurückgelegt werden, wobei in einer Richtung 15 Kilometer vorgegeben wurden. Das ging eigentlich nur während Urlaubsfahrten, bei denen längere Tagestouren gepaddelt werden konnten.
Also folgten Touren auf Deutschlands großen Flüssen, aber auch Auslandstouren, so u.a. im Jahre 1969 nach Norwegen. Ich kann mich noch gut daran erinnern, dass mein Vater seinem nun schon 27-jährigen Sohn Vorhaltungen machte: „Was wollt ihr in Norwegen? Ihr solltet erst einmal Deutschland kennen lernen!" Was das wohl sollte, habe ich nicht so recht verstanden, denn durch meinen Beruf als Orgelbauer kannte ich schon so manchen schönen Flecken in Deutschland.
Von Norwegen später mehr. Hier nur so viel: Auf der Rückreise waren wir in Arendal in einer Kirche. Der anwesende norwegische Orgelbauer wollte, dass ich bei ihm bliebe, aber ich hatte Janette kennengelernt und so trieb es mich

wieder nach Hause. Und das war richtig. Von da ab haben wir fast alles gemeinsam gemacht. Als Neuling ist Janette mit mir fast auf allen Gewässern gewesen. Wir sind nicht nur bei schönem Wetter mit Zelt und Zubehör auf Tour gewesen, sondern auch bei Sturm, Regen, Eis und Schnee. So manches Mal taten die Finger vor Kälte weh. Die Schulter schmerzte vom vielen Paddeln gegen den Wind. Aber sie hat das mit Bravour gemeistert und darum meine Hochachtung vor dieser Leistung. Nun paddeln wir schon 35 Jahre zusammen.

Ich widme dieses Buch ganz besonders ihr, aber auch unseren Sportkameraden, die uns auf vielen Fahrten begleitet haben, zum Beispiel meinem Freund Wilfried, der uns durch seine schwere Krankheit viel zu früh verlassen hat. Wir hatten noch so viele Pläne.

Meine erste Gepäckfahrt begann (vermutlich 1963) auf der Schlei. Nach meiner „Erdumrundung“, nämlich nach 40079 gepaddelten Kilometern, befand ich mich am 24. August 2006 erneut auf der Schlei. Aber das war Zufall!

In Erinnerung bleibt auch meine lange ehrenamtliche Tätigkeit im Wilhelmshavener Kanu-Klub 1927 e.V.. Hiervon zeugen viele Berichte, Aufzeichnungen und auch die Berichtigungen der Befahrbarkeit unserer norddeutschen Seen und Flüsse. Mit Natur- und Umweltthemen mussten wir uns ebenfalls auseinandersetzen. Hier ganz besonders bei der Befahrungsregelung des Naturparks Niedersächsisches Wattenmeer. Die ehrenamtliche Tätigkeit hat Spaß gemacht, weil wir uns für unseren Sport eingesetzt und uns dazu bekannt haben.

Die Erinnerungen an die schönen Fahrten mit unseren Freunden sind auch ein Dankeschön an euch alle. Diese Zeilen sollen euch beim Lesen Freude machen und auch ein bisschen zum Schmunzeln bringen über das, was wir ausgeheckt haben.

Lasst uns so weitermachen und denkt daran: Unser Kanusport ist die schönste Nebensache der Welt!

Ein Sprichwort sagt:

„Man muss das Glück unterwegs suchen, nicht am Ziel, da ist die Reise zu Ende!"

Unsere damaligen Transportmittel

Am Anfang meiner Urlaubspaddeltouren hatte ich kein Auto – geschweige denn einen Führerschein. So war ich, wie auch meine Mitstreiter, auf die Eisenbahn angewiesen. Per Fahrradkarte, damals zwei D-Mark, konnten wir unsere zusammengelegten Faltboote im Gepäckwagen der Bundesbahn befördern. Durchgehende Züge zu den Einsatzorten unserer Paddeltouren gab es ab Wilhelmshaven kaum. Erst ab Bremen wurde es besser. Trotzdem waren es für uns immer Tagesreisen. Zur Ostsee mussten wir in der Regel viermal umsteigen, meistens schon in Oldenburg, danach in Bremen, Hamburg und Neumünster, um unseren Startort Schleswig oder Flensburg zu erreichen.
Zur Weser, nach Hannoversch Münden, hatten wir es bequemer. Hier brauchten wir nur in Bremen und Göttingen die Züge wechseln.
Zum Rhein hatten wir damals einen durchgehenden Zug, der nach Basel fuhr. Wir sind in Rastatt ausgestiegen und teilweise auf Schusters Rappen und per Lkw-Transport irgendwie in Iffezheim angekommen.
Zur Mosel fuhren wir mit der Spedition Graetz aus Wilhelmshaven. Sie transportierte per Lkw Kohlen aus der Nähe von Trier. Die Fahrt dorthin erfolgte nachts und wir durften die Reise unter der Plane hinter dem Führerhaus mitmachen. Am Endziel in Trier sahen wir aus wie die Mohren. Der feine Kohlenstaub hatte sich durch die Rüttelei wie ein Schleier auf unser Haupt gelegt.

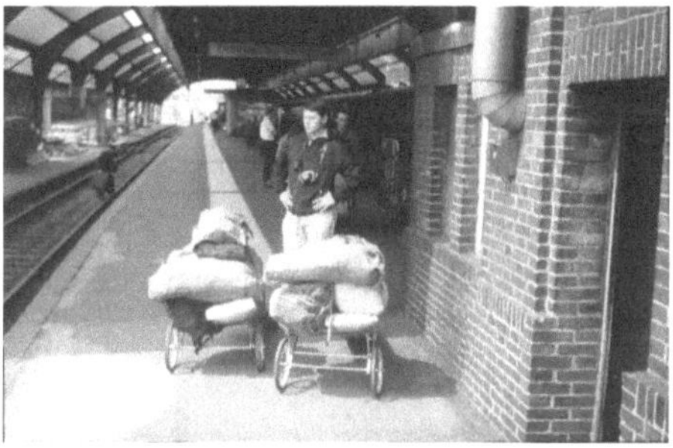

Umsteigen Bahnhof Oldenburg

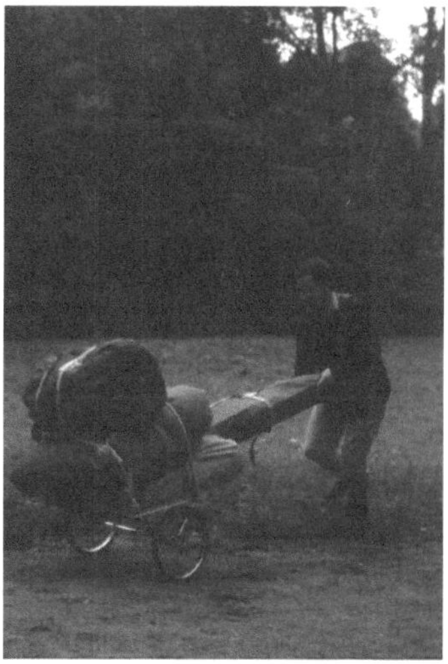

Bootstransport

Auf zur Schlei

Vermutlich im Jahre 1963 waren Uwe Post, ein Sportkamerad aus gemeinsamer Zeit bei den Wilhelmshavener Kanu-Freunden, und ich zum ersten Mal auf der Schlei.

Dies war auch meine erste Gepäckfahrt, bei der uns die Eisenbahn zum Ziel Schleswig brachte. Die Faltboote wurden im Bootshaus des WKF auseinander genommen und die Einzelteile in Stabtasche und Rucksack sorgfältig verpackt. Unsere zusätzliche Ausrüstung, wie Zelt, Luftmatratze, Schlafsack, Sportzeug und was man sonst noch für den Urlaub braucht, wurde ebenfalls in den Faltboottaschen verstaut. Alles zusammen rollten wir auf einen Bootswagen verschnürt zum drei Kilometer entfernten Wilhelmshavener Hauptbahnhof und ab ging die Reise.

Das Gepäckwagenpersonal und auch die Schaffner waren den Kanuwanderern wohlgesonnen, auch wenn es hin und wieder einige Ausnahmen gab. Oft mussten wir schon in Oldenburg umsteigen. Da der nächste Zug auf dem Nebengleis hielt, gab es dort kaum Probleme. Die Schaffner passten auf, dass jeder mit kam. Beim Umsteigen in Bremen mussten wir uns sehr beeilen. Die Züge fuhren oft auf Gleis zwei ein, unser nächster Zug auf Gleis 12 weiter. Oft haben uns die Gepäckträger geholfen. Gegen ein kleines Entgelt von 50 Pfennig ging es per Fahrstuhl nach unten, dann durch einen Gang zum hinaufführenden Fahrstuhl. Kaum waren wir im anderen Zug, ging es auch schon weiter. Im Hamburger-Hauptbahnhof ging es mit der Rolltreppe schneller. Aber wehe, die Bootsteile waren nicht richtig befestigt, dann gab es Ärger mit dem Aufsichtspersonal. Besser war es, wenn wir einen Anschlusszug in Altona erreichen konnten, denn als Kopfbahnhof gab es dort überhaupt keine Schwierigkeiten.

Kritisch wurde es, wenn der Gepäckwagen nicht vom Bahnsteig aus zu erreichen war, sondern, wie in Neumünster, an der Bahnüberwegung hielt. Dort mussten wir die Arme langmachen. Beim Herablassen des Bootswagens hielt die Verschnürung nicht immer. Schneller als gewollt, lag das ganze Sortiment vor unseren Füßen. Trotzdem sind wir immer mit dem nächsten Zug weitergekommen. Die Bahn war pünktlich. Hektik kam nur bei uns auf durch unsere eigene Dusseligkeit. Ich erinnere mich noch an die Überquerung des Nord–Ostsee–Kanals. Irgendwie war mir dabei nicht ganz wohl zumute. In einer großen Kehre fuhr der Zug aufwärts. Die eiserne Brücke rappelte wie verrückt, Stahl auf Stahl, und dann noch diese Höhe! Angekommen in Schleswig, nach viermaligem Umsteigen, rollten wir mit unserem Gepäck durch die Stadt zum Schleswiger Kanu-Klub. Auf dem kleinen Rasenplatz vor dem Vereinshaus bauten wir unser Zelt auf. Wir mussten uns erst einmal von den Reisestrapazen

erholen. Den ganzen Tag unterwegs mit der vielen Plackerei war damals wirklich kein Zuckerschlecken!
Beim Start in Schleswig kam uns ein Ruderer entgegen. Als „Rückwärtsfahrer“ konnte er uns nicht sehen. Auf unser Rufen hatte er nicht reagiert, so dass es fast zur Kollision kam. Irgendwie lag dann aber doch sein Ruderblatt auf meinem Paddelblatt. Ab nun ging es ruckzuck. Er konnte nicht mehr das Gleichgewicht halten und lag im „Bach“. Es soll uns aber keiner nachsagen, dass wir nachgeholfen hätten. Er führte sich auf wie ein Platzhirsch. Sein Brüllen habe ich noch in den Ohren. Es hatte ihm aber nichts genützt. In diesem Moment waren wir taub.
Um besser gegen den Wind geschützt zu sein, paddelten wir je nach Windrichtung an den Uferkanten entlang. Nach der Kleinen Breite und der Stexwiger Enge erreichten wir die Große Breite. Sie hat uns schon damals den nötigen Respekt verschafft. Nicht nur das große Wasser, nein, auch die vielen Schwäne ließen mich vor Angst bibbern. Wir hatten schon so manche schlechte Erfahrung mit diesen majestätischen Vögeln gemacht. Trotz des großen Abstands flogen alle Vögel auf. Wir haben von diesem Verhalten sehr viel für die Zukunft gelernt: Viele Schwäne greifen nicht an. Nur Paare, wenn das Nest in der Nähe ist oder sie Junge haben.
Der Zeltplatz des Schleswiger Kanu-Club e.V. in Missunde war nun für ein paar Tage unser Quartier. Zum Einkaufen sind wir nach Brodersby gelaufen. Ich kann mich noch daran erinnern, dass in dem Laden eine Puddingfirma ihr Sortiment ausgestellt hatte. Auch einen großen grünen Fisch aus Wackelpudding. Wir sind immer wieder um den Tisch herumgelaufen, zungenschnalzend und schmatzend, um somit die Aufmerksamkeit der Verkäuferin zu erreichen. Den Fisch wollten wir haben, nichts anderes. Aber sie wollte das gute Stück nicht hergeben. Nur nicht locker lassen, so unsere Devise. Es kam, wie es kommen musste. Der Geschäftsinhaber sprach höflich aber direkt, dass der Pudding eigentlich nicht zu verkaufen war. Da wir keine Ruhe gaben, durften wir den Fisch mitnehmen und mussten unverzüglich das Geschäft verlassen. Gesagt, getan. Ein leichtes Grinsen konnten wir uns aber nicht verkneifen. Wir suchten uns einen ruhigen Platz, um unser Geschenk zu verzehren. Wir benahmen uns wie Max und Moritz, die immer auf einen Streich aus waren. Der Wackelpuddingfisch schmeckte überhaupt nicht! Folgte so die Strafe auf den Fuß? Im hohen Bogen lernte unser Fisch fliegen und landete im Graben. Erst wollten wir uns beschweren, klugerweise aber haben wir uns anders entschieden. Wir sind zurück zum Zelt mit knurrendem Magen und haben „Resteverzehren“ gespielt. Beim fahrenden Einkaufswagen haben wir später unsere Bestände wieder aufgefüllt.
Zur Füsinger Au wurden wir per Pkw gebracht. Mit unbeladenen Booten fährt es sich angenehmer. Trotzdem waren wir erst im Dunkeln wieder in Missunde,

obwohl wir die Große Breite direkt überquert hatten. Die Strecke war zu lang gewählt, vor Mittag waren wir sowieso nicht in den Booten. Irgendwie mussten wir auch ja mal ausschlafen!
Von Missunde sind wir zur Koseler Au gepaddelt. Da wir gegen den Strom fahren wollten, war es gar nicht einfach, den Ausfluss des kleinen Fließgewässers zu finden. Jede Lücke und Bucht im hohen Schilfgürtel haben wir angefahren. Bis wir einen Angler fragten. Ein Grinsen konnte er sich nicht verkneifen, denn an der Einmündung waren wir schon lange vorbei. Wir hatten an einem ganz falschen Ort gesucht. So haben wir von dem sehr schmalen Fluss nur eine kleine Strecke befahren. Ein kleines Wehr zwang uns zur Umkehr.

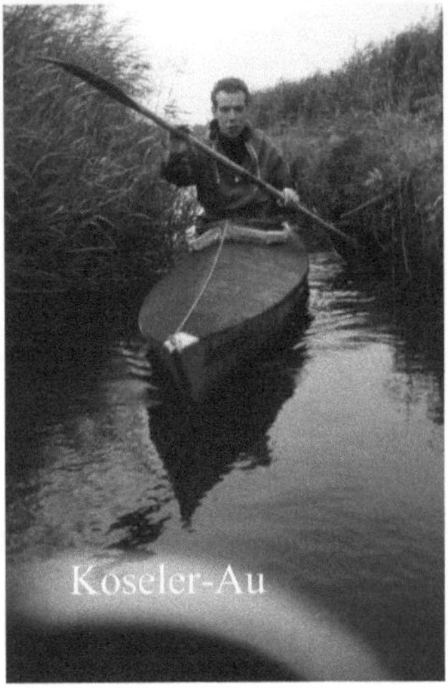

Am nächsten Tag haben wir uns per Pkw zur Koseler-Au bringen lassen. In einem Waldtal begann unsere Fahrt. Es folgten viele steinige Schwälle, für unsere Boote eigentlich nicht zum Befahren geeignet. Man konnte meinen, in den Alpen zu sein, so rauschte der kleine Fluss dahin. Wir haben alles gut überstanden und waren um eine Erfahrung reicher: Steinige Flüsse sind Gift für teure Faltboote.
Wieder auf der Schlei wurden wir immer übermütiger. Wind und Wellen waren wir gewöhnt. Vollbepackte Boote liegen wie Schlachtschiffe im Wasser. Auf der Langen Breite hatten wir achterliegenden Wind. Die Wellen fingen an, sich zu brechen. Sobald das Steuer aus dem Wasser kam, war aber Schluss mit lustig. Mit einer Paddelstütze mussten wir das Boot abbremsen, damit es sich wieder auf Kurs legte. Kritisch wurde es, wenn sich der Bug in die mitlaufende Welle bohrte. Mir ist es dabei passiert, dass ich bis zum Bauch im Wasser saß. Das ganze Vorschiff war überspült. Nur mit einer großen Kraftanstrengung ist es mir rückwärts paddelnd gelungen, mich aus dieser misslichen Lage zu befreien. Ich gebe zu – ich hatte die Hosen voll!
Hinter der Stadt Kappeln, auf der rechten Seite, schlugen wir unser Zelt am Waldesrand auf. Man konnte Schleimünde noch nicht erkennen. Das Wetter war zu schlecht zum Weiterfahren. Nach Aufklarung paddelten wir zur Ostsee. Beim Passieren von Schleimünde überholte uns ein Ausflugsschiff mit dem stolzen Namen „Aphrodite“, die „Göttin der Liebe“. Lieb war sie gar nicht zu uns. Mit einer großen Bugwelle lehrte sie uns das Fürchten. Wir mussten aufpassen, dass wir nicht mit der Welle aufs Land rauschten.
Die Ostsee kam uns mächtig vor. Sie begrüßte uns mit einer starken Dünung. Wir waren froh, dass wir hinter einer hohen Kaimauer Schutz fanden. Dass wir

im Schutzhafen der Bundesmarine waren, merkten wir erst, als wir über eine Lautsprecheranlage im harten Feldwebelton in unsere Schranken verwiesen wurden. „Die Paddler haben sofort den Schutzhafen zu verlassen!“ Wir mussten raus, um die Einfahrtsmole herum in die starke Dünung mit anschließendem Eiertanz. Die starken Wellen schlugen an die Mole und kamen mit doppelter Gewalt zurück. Ein kurzer Gruß von uns an die Stirn in Richtung des „Aufpassers“ brachte diesen noch mehr in Rage. Das war uns aber egal. Sie werden doch wohl nicht auf uns schießen?

Komisch, alle Leute am Strand haben die „gleiche Badehose“ an, Frauen wie Männer. Da wir noch weit von der Küste entfernt waren, konnten wir das nicht anders erkennen. Beim Heranfahren wurde uns klar: FKK-Strand!

Kurz vor der Eckernförder Bucht, in Fischlegerstrand, fanden wir einen schönen Zeltplatz. Hier konnten wir endlich auch unsere Schwimmflossen ausprobieren und ausgiebig schnorcheln. Der Platz hatte keine besonderen Einrichtungen, aber ein Plumpsklosett mit einem großen ausgeschnittenen Herzen in der Tür.

Im Kaufmannsladen vor Ort haben wir alle Zutaten für einen deftigen Erbseneintopf eingekauft, unter anderem eine Scheibe fetten Speck und zwei Kochwürste. Auf jeden Fall haben wir geschälte Erbsen verlangt. Mit vielen guten Wünschen entließ uns ein freundlicher Kaufmann. Wir wollten einmal etwas Deftiges zum Essen haben und nicht immer Pfannkuchen oder Bratkartoffeln mit Speck und Ei.

Man konnte es kaum abwarten; bald zog ein feiner Geruch in unsere Nasen. Nach gut einer Stunde Kochzeit waren unsere Erbsen immer noch hart. Hätten wir auch geschälte Erbsen vorher einweichen müssen? Nein, wir waren uns ganz sicher, geschälte Erbsen kann man gleich kochen. Wir haben noch eine halbe Stunde zugegeben. Das Ergebnis war gleich Null! Alles war zerkocht, nur unsere Erbsen knackten noch zwischen den Zähnen.

Wir sind mit unserer heißen Suppe direkt zum Kaufmann gegangen und haben ihm diese auf die Verkaufstheke gestellt. Er „roch schon den Braten“. Ohne langes Debattieren hat er uns zum Essen eingeladen, und auch alle Zutaten ersetzt. Das ist nun schon 45 Jahre her. Ich denke heute noch mit Freude an diese nette Geste.

Ein stärkerer Wind, der genau auf die Küste zuhielt, verlängerte unseren Aufenthalt. Es war die beste Gelegenheit, einmal Brandungswellen auszuprobieren. Einer hielt das Boot fest, den Bug in Richtung der Wellen, Spritzdecke zu und ab ging es. Solange die Wellen von vorne kamen, gab es keine Probleme. Aber wir mussten auch wieder zurück. Mein „Pionier-Sport“ ließ sich im Wellental problemlos drehen. Ab ging es im D-Zug-Tempo zurück zur Küste. Irgendwie hat das gepasst. Ich bin richtig und gerade auf dem Sandstrand gelandet. Ruckzuck hatte ich die Decke auf und bin mit einem Satz aus dem Boot gekommen. Das Boot drehte sich in den Wellen und wollte zurück auf die offene See. Be-

herztes Zupacken von uns bewahrte mich vor dem Verlust des Bootes. Man glaubt es kaum, wie viel Sand durch diese paar Drehungen in das Boot gelangt war. Hier half nur ein vollständiges Auseinandernehmen, eine Reinigung aller Teile mit dem abschließenden Zusammenbau.
Eigentlich wollten wir in Fischlegerstrand umkehren und nach Schleswig zurück paddeln. Wir haben umdisponiert und sind Richtung Kiel aufgebrochen.
In die Eckernförder Bucht sind wir ein Stück hinein gepaddelt, bevor wir die Überquerung gewagt haben. Weiter draußen in der Bucht lag ein Sperrboot der Marine. Aus sicherer Entfernung konnten wir das Auftauchen eines U-Bootes erleben.
Von der Steilküste in Dänisch-Nienhof hat man einen herrlichen Blick auf die Ostsee. Unsere Boote im weißen Sand bildeten einen passenden Farbklecks. Das Wasser war klar, die Untiefen waren durch die verschiedenen Farbschattierungen genau zu erkennen. Paddlerherz, was willst du mehr!

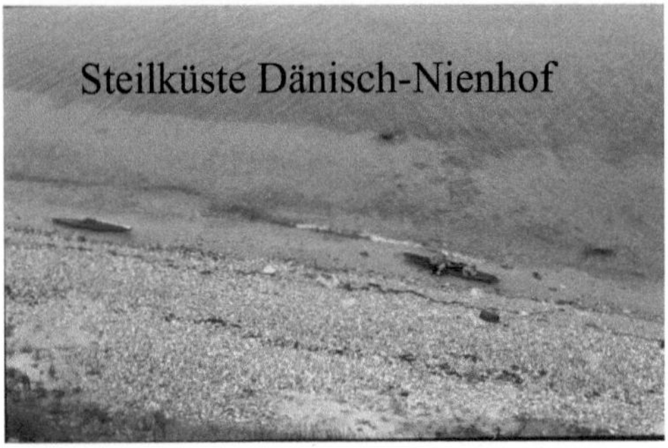
Steilküste Dänisch-Nienhof

Am Bülker Leuchtturm hatte ich auf einmal kein Gefühl mehr in den Beinen. Ausgerechnet jetzt, beim Einbiegen in die Kieler Förde, bei diesem starken Schiffsverkehr, konnte ich mein Boot nicht mehr auf Kurs halten. Ein Mensch ohne Unterteil. Alles wie abgestorben. Das war das erste Mal, dass mir in meiner erst kurzwährenden Paddelzeit so etwas passierte. Ich hatte nicht richtig gesessen, irgendetwas wurde abgeklemmt. Beim Aussteigen fiel ich der Länge nach in den Sand. Wie ein schlapper Sack. Es war ein komisches Gefühl, als das Gefühl in die Beine zurückkam. Ein Kribbeln wie beim Pinkeln an einen elektrischen Weidezaun, ohne den berühmten Schlag und die Rolle rückwärts. Wer denkt dabei nicht an seine Mutproben zurück!
Nach Erreichen des Leuchtturms Friedrichsort kreuzten wie das Fahrwasser, um dem starken Schiffsverkehr zum Nord-Ostsee-Kanal aus dem Wege zu gehen. Die Kaianlagen des Marinestützpunktes forderten unsere ganze Aufmerksamkeit. Starke Kappelwellen blieben uns nicht erspart. Der Kieler Kanu-Klub hatte Ruhetag. Wo waren wir gelandet? Das Hausmeisterehepaar hatte Erbarmen mit uns und ließ uns nach mehreren Bitten aufs Gelände. Wir ließen unsere Erlebnisse Revue passieren und überlegten, was wir mit vier Tagen Resturlaub noch anfangen könnten. Wir gaben eine Annonce bei einer überregionalen Zeitung auf. Tagelang hatten wir uns schon mit dem Text beschäftigt: „Junger Student sucht reiche Witwe zwecks Finanzierung seines Studiums.“ Uwe hatte das ausgebrütet. Er wollte im nächsten Jahr sein Maschinenbau-Studium in Lübeck

beginnen. Es sollen sich angeblich mehrere Damen gemeldet haben; von einer Dame kam Bestätigung. Dazu mag sich jeder seine eigenen Gedanken machen. Wir hatten nicht für möglich gehalten, dass die Geschichte positiv ausging. Wie sie endete, bleibt unser Geheimnis.
Wir hatten uns noch entschieden, die Schwentine aufwärts bis nach Malente zu paddeln. Gleich zu Beginn gab es Probleme. Den Einfluss der Schwentine suchten wir im Gewirr der Schiffswerft. Das Stauwehr sah aus wie ein kleines Schleusentor zum Dock. Das Umtragen der Boote durch den Raisdorfer Park war ohne Schwierigkeiten zu meistern. Beide hatten wir ja einen Bootswagen mit. So haben wir auch etwas für die Beinmuskulatur getan. Schwieriger war es, vom Kleinen Plöner See in den Großen Plöner See zu kommen. Wir konnten den Schienenbootswagen zum Umsetzen nicht gleich finden. Das Kanu-Wanderbuch des DKV beschreibt die Tour immer flussabwärts. Hier kam uns der Zufall zur Hilfe. Ein Kanute kam uns entgegen. Beim Umtragen in Plön-Fegetasche geriet mein Boot beim Aussteigen durch die entgegenkommende Strömung und das Niedrigwasser unter den Anleger. Ich war nicht schnell genug. Ehe ich mich versah, lag ich im knietiefen Wasser. Diese neue Erfahrung haben wir gebührend gefeiert.

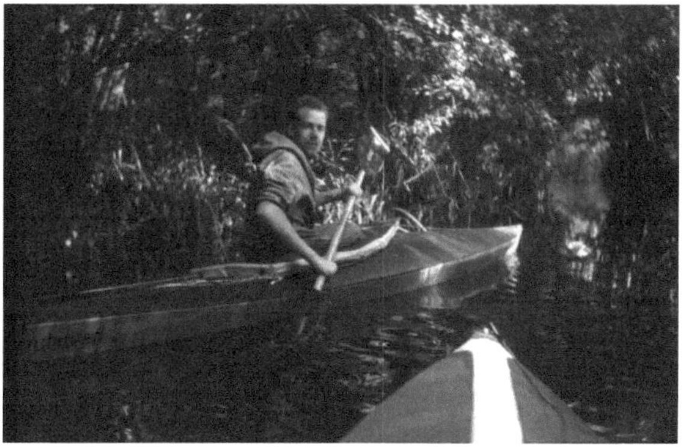

Auf der Schwentine

In Malente Gremsmühlen waren es nur 400 Meter zum Bahnhof. Der Triebwagenschaffner machte uns Schwierigkeiten wegen der Weiterbeförderung nach Lübeck. Wir haben einfach einen Zug später genommen. Ohne Streitigkeiten kamen wir ans Ziel.

Die Wümme – Mein erster Kleinfluss

1968 bekam ich zum ersten Mal das bronzene Wanderfahrerabzeichen des Deutschen Kanu-Verbandes. In diesem Jahr unternahm ich im April auch meine erste Gepäckfahrt mit Boot, Zelt und Zubehör mit meinen neuen Vereinskameraden vom Wilhelmshavener Kanu-Klub 1927 e.V. Die Vereinsfahrt führte vom Dorf Wümme bis Ottersberg.
Die Wümme entspringt im Herzen der Lüneburger Heide und ist ein gemächlich dahinziehender Fluss ohne besondere Schwierigkeiten. So steht es im Kanu-Wanderbuch für Nordwestdeutschland. Sie fließt durch eine überwiegend einsame Landschaft, hat sauberes und klares Wasser und auch schöne Sandufer. Startort war das Dorf Wümme. Mit dem Einpacken des Gepäcks in meinen Kunststoff-Einer, den guten alten Brewi mit dem Namen „Whisky“, hatte ich keine Schwierigkeiten. Wie einfach das war! Man konnte nach genauer Überlegung das Gepäck mühelos hineinschieben. Welch ein Unterschied zum Faltboot, wo überall die Spanten im Weg waren.
Einsteigen, die Spritzdecke schließen, und ab ging es auf dem langsam fließenden Fluss. Gleich zu Anfang habe ich Blut und Wasser geschwitzt, denn Kurven fahren, das konnte ich überhaupt nicht. Auch wenn ich das Paddeln ohne Steuer einigermaßen gut beherrschte, stieß ich bei der nächsten Kurve mit dem Bug in die Uferkante. Zum Glück waren wir nur eine kleine Gruppe, so konnte ich die vielen gut gemeinten Wünsche meiner Mitstreiter einigermaßen ertragen.
Margarete war die einzige Frau in unserer Männerrunde. Doch wir, Wolfgang („Moby“) Herbert, Wolfgang, genannt Eski, und ich haben sie behütet wie einen „Schatz“ und das im doppelten Sinne. Denn ich, als Neuling in dieser Runde, habe nicht gewusst, dass sie mit Moby verheiratet ist. Es konnte gar nicht anders kommen, hier geholfen, dort geholfen und am Ende hat sich nicht nur der Ehemann gefreut über soviel Hilfsbereitschaft. Es hätte ja sein können? Das verschmitzte Lächeln sehe ich noch heute.
„Du - Bernd - du könntest als Flussbegradiger beim Landschaftsamt anfangen. Die könnten, so wie du das Ufer ramponierst und dabei begradigst, viel Geld sparen!" Solche Sprüche musste ich mir anhören. Aber irgendwann habe ich es doch begriffen; in der gewünschten Richtung das Boot ein bisschen auf die Seite legen, mit einem kleinen Hüftschwung auf der betreffenden Seite das Paddel länger durchziehen. Man kommt schon alleine dahinter. Es ist wie im Beruf: aufpassen und mit den Augen stehlen. Das Selbstwertgefühl wird stärker, man ist befreit und kann nun endlich die Stille und die Landschaft genießen.
Geruhsam zog der kleine Fluss mit uns dahin. Jeder war mit sich selbst beschäftigt. Ich war mit meinen Gedanken schon auf der Suche nach einem geeigneten

Zeltplatz. Den fanden wir am Rande eines Waldes, mit einer mit Steinen eingefassten Feuerstelle. Nach dem Aufbau der Zelte wurde Feuerholz gesammelt und gleich angezündet, so dass wir zum Abendessen warme Füße hatten.

Als Neuling hatte ich meinen Einstand in flüssiger Form mitgebracht: Whisky - passend zum Bootsnamen. Eski trank keinen Alkohol, bei Margarete half uns ihre Müdigkeit, so waren wir zu dritt ausreichend versorgt. Im Nachhinein kann ich jetzt sagen, dass wir damit auch gerechnet und das Öffnen der Flasche ein bisschen hinausgezögert hatten. Sie hatte uns am nächsten Tag vorwurfsvoll angesehen, warum wohl nur?

Wir wurden immer lustiger. Auf einmal hatte Moby die tolle Idee, aus der Hocke heraus das ein Meter breite Glutfeuer zu überspringen. Gesagt, getan. Das Landen endete damit, dass er seinen Allerwertesten in die Glutreste versenkte. So angeschossen vom Alkohol waren Herbert und ich zum Glück noch nicht. Mit einem beherzten Zupacken haben wir ihn aus seiner misslichen Lage befreit. Bis auf eine leicht angesengte Hose ist nichts passiert. Glück gehabt! Der Sprung ist nun in die WKK-Geschichte eingegangen. Kennt ihr Moby`s berühmten Feuersprung?

Der nächste Tag brachte uns gleich auf Trab. Vor der Mühle in Scheeßel griff uns ein wildgewordener Schwan an. Besser gesagt, Moby hatte mit ihm zu tun. Wir haben uns behutsam vorbeigeschlichen. Nach so vielen Jahren habe ich heute noch Respekt vor der sportlichen Leistung des Kajakfahrers. Mit einer artistischen Rolle vorwärts war er ruckzuck aus der kleinen Eski-Luke heraus und an Land vor dem Angriff des wütend schnaufenden Schwans erst einmal sicher. Ein kleines Grinsen konnten wir uns aber nicht verkneifen. Warum war er der Leidtragende? Hatte er wieder etwas ausgeheckt nach dieser lustigen, schlaflosen und wärmenden gestrigen Nacht?

Bei der Weiterfahrt sollte ich vorne paddeln. Das war sicherlich Absicht! Vor der Eisenbahnbrücke bei Rotenburg vernahm ich ein Rauschen. Aber hier hatten sich die Kameraden verkalkuliert. Ein Wehr mit einer Schwallstrecke war nichts Neues für mich. Sie hatten wohl auf einen „Bademeister“ gehofft! Aber es hätte mich fast noch woanders erwischt. Den unter Wasser stehenden Pfählen konnte ich im letzten Moment ausweichen.

Der Rest der Reise ist schnell erzählt. Der Revierförster „wollte uns helfen“, aber in einem anderen Sinn. Er hatte Pech gehabt, unsere Zelte waren schon abgebaut. Nur noch die flachen Stellen im Gras waren zu erkennen. Wir haben auf ein Wildlager hingewiesen, was er mit Genuschel in seinem Bart zur Kenntnis nahm.

Am dritten Tag erreichten wir Ottersberg, unser Ziel. Das Gepäck wurde in die Autos verladen, die Boote auf dem Dach verzurrt - ab ging es nach Hause.

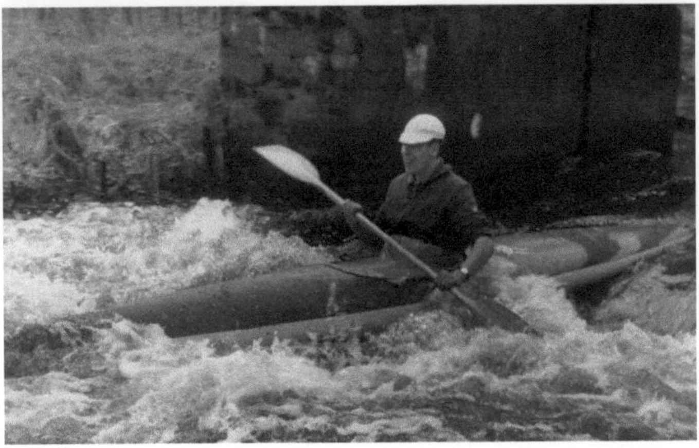

Der Schwall unter der Eisenbahnbrücke in Rotenburg

Urlaubsfahrt nach Norwegen

Paddeltouren im Sör-, Utne-, Granvin -, Eid- und Osafjord

Ich höre sie noch, die Worte meines Vaters: „Was wollt ihr in Norwegen? Ihr solltet erst einmal Deutschland kennenlernen!"
Wir ließen uns nicht beirren. Nach wochenlanger Vorbereitung starteten wir, Wolfgang Half und ich, einen Tag nach seinem Geburtstag, am 12.Juli 1969, nach Norwegen ins Hardanger Gebiet. Ich durfte fahren, besser gesagt, ich musste fahren, denn Wolfgang hatte noch „Nachwehen" von seinem Geburtstag. Wobei ich diesen abstinent erlebt habe. Wer will schon seinen Traumurlaub in einer Ausnüchterungszelle der Polizei beginnen?
Wolfgangs Ford-Taunus, genannt die Badewanne, mit der Schaltung am Steuerrad, hatten wir schon einen Tag vorher beladen. Die Boote, seinen selbstgebauten schlanken Eski und meinen Brewi, hatten wir aufs Dach geschnallt. Warum wir sein Auto genommen haben, weiß ich nicht mehr. Vermutlich weil sein Pkw-Dach länger war als das meines VWs. Das vereinfachte die Befestigung der Boote.
Von Norwegen – dem Land der Mitsommernacht, hatten wir schon seit langer Zeit geschwärmt. Tief eingeschnittene Fjorde, hohe Berge, der Golfstrom. Was würde uns erwarten? Kämen wir mit der Sprache zurecht? Würden unsere englischen Sprachkenntnisse ausreichen?

Ruhig und leise surrte der Ford-Motor in Richtung Hamburg, dänische Grenze, zum Limfjord, unserem ersten Übernachtungsort. Der Verein war gar nicht so leicht zu finden. Wir hatten einmal den Tunnel benutzt und im zweiten Versuch den Fjord über eine Brücke überquert. Warum soll das denn auch alles so einfach sein? Endlich konnten wir beim Alborger Kanu-Club für eine Nacht unser Zelt aufstellen. Zuerst einmal Tee trinken. Anstatt Zucker musste Wolfgang wohl erst Salz ausprobiert haben, denn der Satz aus dem Zelt war meisterlich! Der herzhafte Schluck war wohl nicht richtig dosiert. Ging ja gut los, unser gemeinsamer Urlaub. Musste ich ab jetzt wohl doppelt aufpassen? Ein Abstecher zum Alborger Tivoli ließ diesen Abend gemütlich ausklingen.
Wir waren schon zeitig wieder auf den Beinen, denn wir wollten pünktlich unsere Fähre von Hirtshals nach Arendal erreichen. Alles war neu für uns, aber wir ließen die Dinge geruhsam an uns herankommen. Die Fähre in Hirtshals erreichten wir, ohne uns zu verfahren. Am späten Nachmittag erreichten wir Norwegen. Unser Ziel war Odda am Sörfjord. Nach Verlassen der Fähre machten wir uns gleich auf den Weg. Die Hauptverkehrswege haben wir absichtlich vermieden. Das norwegische Land ist viel zu schön, um hier so durchzubrausen. Auch wollten wir uns nicht vom starken Autoverkehr treiben lassen. Die norwegischen Autofahrer benahmen sich viel höflicher als unsere deutschen Verkehrsteilnehmer. Auf Landstraßen beträgt die Höchstgeschwindigkeit 80 Stundenkilometer in den Ortschaften, wenn nichts anderes angegeben ist, 50. Wenn sich hinter einem Auto eine lange Schlange bildet, fährt man rechts heran und lässt alle vorbei. Auch Rauchen am Steuer ist innerhalb der Ortschaften verboten.
Dass wir unser Ziel Odda an diesem Tag nicht mehr erreichen würden, war uns klar, und so schlugen wir unser Nachtlager mitten im Wald an einem Wildbach auf. Am Baum war ein Verbotsschild befestigt, das wir aber nicht übersetzen konnten. Wir machten uns keine Sorgen, denn unseren Abfall entsorgten wir dort, wo wir durften.
Der Wildbach reizte uns, aber wir entschlossen uns, kein Wagnis einzugehen, denn unsere Ausrüstung war für das Paddeln auf dem Fjord ausgelegt.
Zum Einschlummern haben wir uns nur ein Glas von unserem mitgenommenen Alkohol genehmigt, denn bei zwei Flaschen für drei Wochen mussten wir unsere Rationen genau dosieren.
Die erste Nacht im fremden Land, mitten im Wald, haben wir im tiefen Schlaf verbracht. Kein Wunder nach dieser langen Anreise mit den vielen neuen Eindrücken.
Nach einem ausgiebigen Frühstück setzten wir unsere Reise über kleine und hohe Bergpässe fort. Ich musste wieder fahren, denn Moby meinte, dass ich mehr Erfahrung beim Befahren der Berge hätte. Na ja, die Grundregeln waren uns ja in der Fahrschule beigebracht worden, aber über ein deutsches Mittelgebirge war ich bis dahin auch noch nicht hinausgekommen. Aber das habe ich

ihm nicht auf die Nase gebunden. Er sollte ruhig annehmen, dass ich auch gut über Pässe fahren kann. Ein bisschen Angeben kann ja auch nicht schaden.
Ich musste meinen Mut schon zusammennehmen, denn nun hieß es 11 bis 18 Prozent Steigung auf der Schotterstraße. Zurückschalten in den richtigen Gang, aber mit Zwischengas, sonst ging der Motor aus. Irgendetwas stimmte nicht mit der Motoreinstellung. Zum Glück hatte ich „Zwischengasfahren" bei der Bundeswehr gelernt.

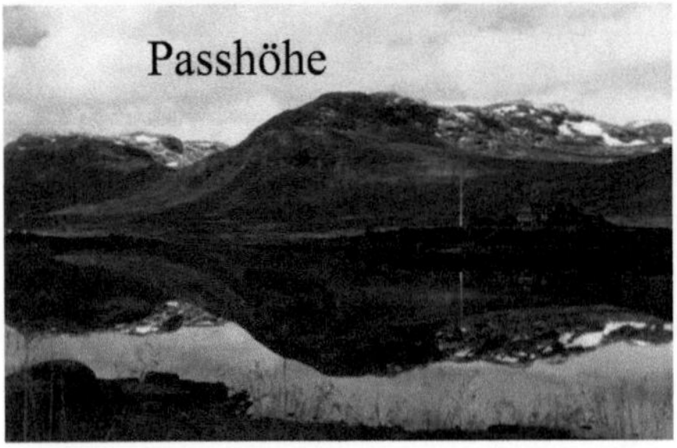
Passhöhe

Ab nun ging es hinauf, über Haukligrend, Haukliseter nach Röldal. Der Scheitelpunkt lag bei diesem Pass in zirka 1000 Meter Höhe. Auf der einspurigen staubigen Schotterstraße kam uns ein Lkw entgegen. Ich war gerade an der Ausweichstelle vorbei und hätte eigentlich zurücksetzen müssen. Der Lkw-Fahrer hatte Erbarmen mit mir und setzte sein schwer beladenes Gefährt zurück. Ihm bin ich heute noch dankbar. Leitplanken gab es damals noch nicht, und die Straße war an der Schluchtseite nur mit großen Findlingen abgesichert. Wenn ich daran denke, wird mir heute noch übel.
Wir hätten noch über einen weiteren Pass fahren können, haben aber den Tunnel vorgezogen. Man muss sich ja nicht gleich alles beweisen müssen. In Skandinavien muss auch tagsüber mit Licht gefahren werden. Dass ich im Tunnel so schlechte Lichtverhältnisse hatte, lag bestimmt nicht an meinen Augen. Zum Glück fuhr vor mir ein Auto, bei dem ich schemenhaft die Rücklichter erkennen konnte. Ich versuchte, schneller heranzukommen, aber es gelang mir nicht. Es mag sein, dass uns die nötigen PS fehlten. Im Tunnel ging es aber bergan. Dies stellte sich erst später heraus. Schweißgebadet war ich, das Wasser rann mir förmlich durch die Finger. Ich hatte keinen Blick für diese herrliche Panoramalandschaft mit schneebedeckten Gipfeln, die nach der Ausfahrt aus dem Tunnel vor uns lag. Den Oberkörper nur mit einem Hemd bekleidet, mit bloßen Armen stand ich vor dem Auto und begutachtete die Scheinwerfer. „Frierst du gar nicht?" So der Ausruf meines Freundes, der in einer wärmenden Jacke neben mir stand. „Ich weiß," sagte er, „die Spiegel der Scheinwerfer sind nicht mehr ganz in Ordnung". Ein Schlag in seinen Nacken hätte in diesem Moment wohl auch nichts mehr genützt. Hoffentlich ist er mir nicht böse, wenn er diese Zeilen liest. Aus der Zeit der jugendlichen Unbekümmertheit waren wir beide eigentlich schon lange heraus.
Wir hatten eine herrliche Sicht und konnten in der Ferne schon den Folgefonn-Gletscher erkennen. Ab nun ging es nur noch auf einer Straße mit atemberaubenden Kehren bergab. Kurz vor Odda hatten wir einen herrlichen Blick auf den

engen Sörfjord. Wir freuten uns wie kleine Kinder auf unsere Paddel-Urlaubstour. Noch ein Naturschauspiel zog uns in seinen Bann: Der Latefoss, ein wildtosender Wasserfall, rauschte direkt an der Straße zu Tal.
Abends erreichten wir endlich Odda. Für eine Nacht haben wir uns im Hardanger Grand-Hotel, ein Holz-Hotel, einquartiert. Ein bisschen Luxus wollten wir uns schon gönnen. Wer weiß, wann wir wieder in einem Federbett würden schlafen können? Die Schränke im Zimmer waren einfache Holzspinde aus der Zeit der deutschen Besetzung. Sie erinnerten uns an unsere Bundeswehrzeit. Das Frühstück schmeckte uns Kanuten excellent. Mit dem Käsehobel haben wir uns ganz schön dusselig angestellt. Er war als Tortenheber leider nicht zu gebrauchen. Ja, man lernt nie aus! Mit einem Kauderwelsch aus Englisch, Deutsch und Norwegisch versuchten wir, dem Hotelier unsere Paddeltour klarzumachen. Er mag es verstanden haben. Wir durften unser Auto beim Hotel stehen lassen. Einen kleinen Stadtbummel durch Odda schenkten wir uns. Der Ort war eine kleine aufstrebende Industriestadt am Ende des Sörfjord, eingebettet zwischen steilen Berghängen.
Nachdem wir unsere Ausrüstung in den Booten verstaut hatten, starteten wir am späten Vormittag im Hafen von Odda. Obwohl wir uns in der regenreichsten Zone Norwegens befanden, hatten wir herrliches Wetter. Kein Lüftchen bewegte sich. Der Fjord grün schimmernd, die Berge überwältigend! Schmal ist der Fjord, eingebettet in bis zu 1600 Meter hohen Bergketten und mit einer Wassertiefe von gut 1000 Metern. Wir haben uns nur eine kurze Tour von gut 15 Kilometern vorgenommen. Unser Ziel war, unterhalb des Folgefonn-Gletschers einen Zeltplatz zu finden. Den fanden wir auch bei einem Bauern in Kvitno. Vater und Sohn bewirtschafteten einen kleinen Hof. Im Garten waren die Kirschen reif. Der Platz war optimal und für unsere Wanderung zum Gletscher wie geschaffen. Wir kamen sogleich ins Gespräch. Unser Vorhaben wurde durch ein fröhliches Kopfnicken noch bekräftigt. In aller Ruhe bauten wir unser Zelt auf. Ich lag schon entspannt im Gras, Wolfgang aber suchte immer noch verzweifelt seine Sandalen.
„Du, Bernd, die habe ich sicherlich auf der Kaimauer stehengelassen!“ „Schon möglich, wo sollen sie sonst sein?“ „Ich paddel wieder zurück und hole sie!“ „Was soll das, du bist in drei Stunden erst in Odda. Sicherlich haben die Bauarbeiter sie schon entdeckt und sie sind weg.“ Das war einleuchtend und die Sache abgehakt.
Unser Zeltplatz war wirklich ein Traumplatz. Wir konnten von hier den Eisrand des Folgefonn-Gletschers sehen, der eindrucksvoll über einen steilen Abgrund zum Sörfjord hinausragt. Dort wollten wir, wenn möglich, hinauf. Der Plan, uns mit einem Kleinflugzeug dort hinauffliegen zu lassen, scheiterte an den für uns zu hohen Kosten. Unsere Gastgeber ermutigten uns, es auf jeden Fall zu Fuß zu versuchen. Den genauen und einfachsten Weg hatten sie uns erklärt: den steilen

Schotterweg hinauf, der durch einen Lawinenabgang nicht zu verfehlen ist. Wir wollten auch nur an die von uns erreichbare Eiskante, denn der Folgefonn-Gletscher ist die drittgrößte Eisfläche Europas. Er liegt in einer Höhe von 1660 Metern, die Länge beträgt zirka 30 Kilometer und ist zirka 15 Kilometer breit. Wir hatten gut fünf Stunden Fußmarsch für eine Richtung eingeplant. Unser Rucksack wurde mit dem Nötigsten bepackt und die Schuhe geschnürt. Ich werde nicht beschreiben, wie unsere Ausrüstung ausgesehen hat. Wir hatten die „alten“ Bergbauern vor Augen, die beim Viehauftrieb auch nur mit wenigen Utensilien ihre Arbeit verrichtet hatten und nur das Nötigste mitnahmen. Warum sollten wir das nicht auch schaffen!? Nach gut zwei Stunden waren wir in zirka 1000 Metern über der Baumgrenze angelangt. Wir hatten einen traumhaften Blick auf den in der Tiefe grünbläulich schimmernden Sörfjord. Wir erkannten Wasserflugzeuge, die sicherlich in Odda gestartet waren und nach geraumer Zeit zurückkamen. Hätten wir doch einen Flieger genommen, dann wären wir schon oben und bräuchten uns nicht weiter zu quälen. Aber es war zu spät. Den Gletscher sahen wir schon, man konnte ihn fast greifen. Wir hätten nur noch eine kleine Felswand zu erklimmen brauchen und wären oben gewesen. Wolfgang blieb immer in einem größeren Abstand hinter mir. Was war mit ihm los? Bei meinem ersten Schritt in die nicht gerade hohe Felswand blieb er einfach sitzen und wollte nicht mehr weiter. Weiß-grau war er im Gesicht und zu keinem weiteren Schritt mehr zu bewegen. Ich muss gestehen, ganz wohl war mir auch nicht mehr dabei. Wegen meiner unüberwindlichen Höhenangst hatte ich schon fast die Hose voll. Bei dem fast einen Meter hohen Schritt zurück wäre ich vor Angst fast gestorben. Wo musste ich hintreten und wo konnte ich mich festhalten? Und dann noch der Blick in die Tiefe! Auf einmal wurden wir vernünftig. Wir kletterten wieder vorsichtig abwärts. Nach dem Erreichen der Baumgrenze ging es uns wieder besser. Lag es daran, dass keiner nachgeben und wir beide den starken Mann markieren wollte? Wir haben daraus gelernt und uns geschworen, nie wieder so etwas Unüberlegtes zu machen. Wir kamen wieder gut bei unserem Lager an. Dank unserer Sprachschwierigkeiten hatten unsere Gastgeber nichts von unserer „heldenhaften“ Tour mitbekommen. Am abendlichen Lagerfeuer, mit einem kleinen Schluck aus der Pulle, ließen wir unsere Erstbesteigung Revue passieren. Eigentlich wollten wir doch einen Kajakurlaub machen und nicht den Bergsteigern nacheifern!

Am frühen Vormittag waren wir wieder auf dem Wasser. Wir blieben auf der linken Seite des Fjords, weil wir hofften, dass wir bei den kleinen Siedlungen eher einen Platz zum Zelten finden würden als auf der rechten Seite, an der eine Hauptverkehrsstraße entlang führte. Wir wollten doch auch die Ruhe genießen.

Nach 14 Kilometern fanden wir einen schönen Zeltplatz in der Nähe von Agatunet. Die Strecke kam uns meilenweit vor, da wir lange unterwegs waren. Was wir vorher nicht wussten: auch hier gibt es Ebbe und Flut. Wir haben es erst

bemerkt, als wir bei einer kurzen Rast nasse und glitschige Steine beim Aussteigen vorfanden. Nur mit einer akrobatischen Leistung kamen wir aus dem Boot.
„Wildcampen" in Norwegen, ganz besonders an den Fjorden, ist erlaubt. In jedem Fall sind aber Privatgrundstücke tabu! Gut 100 Meter vom nächsten Haus entfernt sollte man bleiben. Wir haben meistens den Eigentümer um Erlaubnis zum Zelten gefragt. Das war genau richtig. Dadurch haben wir auch besser Land und Leute kennen gelernt.
Dass wir sorgsam mit der Natur umgegangen sind, versteht sich von selbst. Die Grundlagen dafür hatten wir schon in unserem Verein, dem WKK, gelernt.
Wir haben versucht, unsere deutschen Essgewohnheiten zu ändern. Es glaubt uns bestimmt keiner: Abnehmen wollten wir! Da der Alkohol hier teuer war und wir von unseren mitgenommenen Flaschen schon die Böden sehen konnten, stellten wir uns auf einen gesunden, alkoholfreien Urlaub ein.
Spitzenreiter auf unserer Speisekarte war Fisch, den wir aber nicht selbst angelten. Mitten im Sörfjord haben wir einen Fischer mit seinem Motorboot ausgemacht. „Mensch Bernd, das ist die Gelegenheit, heute Abend am Lagerfeuer gibt es gegrillten Fisch!" „Gib mir mal dein Boot mit, das ist breiter und ich kann mehr Fisch mitbringen!" Ich höre ihn noch heute: „Have you fish?" „No, aim great family, no fish!" „One fish, one Krone!" „Yes, yes, - six?" „Yes!" Denkt daran, das war 1969!
Was das für Fische waren, wussten wir nicht. „Du musst sie ausnehmen, dafür habe ich sie geholt", so Wolfgang! Man gut, das mich dabei keiner beobachtet hat, aber irgendwie habe ich das hinbekommen. Wo auf einmal die vielen Möwen herkamen, ist mir bis heute noch ein Rätsel. Wir haben unsere Fische auf einen Stock gezogen und über unserem Lagerfeuer gebraten. Manches schöne Stück fiel dabei ins Feuer. Trotzdem sind wir satt geworden. Ein himmlisches Abendmahl!
In der Nacht muss ich wohl stark geträumt haben, denn beim Aufwachen lag ich vor dem Zelt. Oder lag es daran, dass wir das Zelt auf einer kaum merklichen Schräge aufgestellt hatten? Zum Glück hatte es nicht geregnet.
Unser nächstes Ziel hieß Utne. Nach 16 Kilometern hatten wir unser Ziel erreicht. Demnächst stand die Mondlandung bevor und wir mussten unbedingt jemand finden, der im Besitz eines Fernsehers war. Auch wenn wir im Paddelurlaub waren, solch ein Ereignis wollten wir uns nicht entgehen lassen. Noch hatten wir drei Tage Zeit. Die haben wir genutzt, um uns den kleinen Fjordort Utne anzusehen. Dort stand das älteste Hotel Norwegens, erbaut um 1722, und es gab ein Freilichtmuseum. Die alten Bauernmöbel die wir dort sahen haben uns begeistert. Aber auch die alten Stühle, bei denen die Sitzflächen mit verziertem Leder versehen waren. Kein Wunder, denn beide waren wir mit den Werkstoff Holz stark verbunden, ich beruflich und Wolfgang als Hobbyschnitzer.
Ein schweres Gewitter mit Sturmböen hat uns in der Nacht den Schlaf geraubt.

Wir saßen im Zelt und haben die Aufstellstangen festhalten müssen. Für Leute,

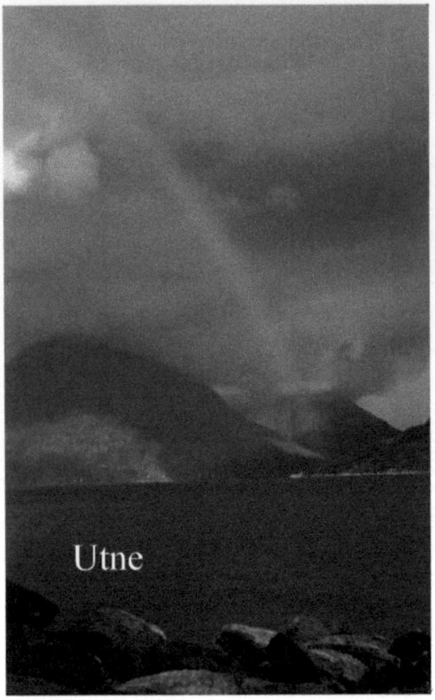

die beim Gewitter Angst haben, ist das nichts. Trotz der Anstrengungen hat uns das Naturschauspiel in den Bann gezogen.
Das Gewitter zog nur langsam vorüber. Wir vermuteten, dass die hohen Berge die Ursache dafür waren. Am nächsten Morgen erlebten wir ein faszinierendes Bild: Ein Regenbogen, die Farben im prächtigen Glanz, überspannte den Sörfjord von einer zu anderen Seite. Ich kann dieses wunderschöne Farbenspiel kaum beschreiben. Danach beruhigte sich das Wetter zusehends, nur noch kleine Wellen kräuselten sich auf der Wasseroberfläche. Wir haben ruckzuck unsere Siebensachen eingepackt und die Überquerung des vier Kilometer breiten Utnefjords gewagt. Kaum waren wir im Granvingfjord auf der anderen Seite, zog sich der Himmel zu. Der Wind wurde wieder stärker, es fing auch an zu regnen, erst ganz seicht und dann immer stärker. Wir waren gut ausgerüstet. Unsere Regenjacken blieben dicht, nicht so unser Zelt. Am Boden hatte sich eine Naht gelöst, die wir schnellstens reparieren mussten. Damit auch alles trocknete und wir für unseren Kleber anwärmen konnten, wurde der Benzinkocher angeheizt und mittig im Zelt aufgestellt. So konnten wir in Ruhe den Schaden wieder beheben.
Einen wunderschönen, ebenerdigen Zeltplatz fanden wir in Hamre, im Garten eines Fischereiattaches, der viele Jahre in Hamburg gearbeitet hatte. So konnten wir uns in Deutsch unterhalten. Dabei lernten wir auch ein bisschen mehr Norwegisch. Der Mann bot uns an, in der Fischerhütte zu übernachten, aber wir lehnten sein freundliches Angebot ab, denn in der Hütte zog es ganz gewaltig.
Die nette Familie hatte nicht nur einen Fernseher, sondern auch zwei Töchter im heiratsfähigen Alter. Da blieb ein kleiner Flirt nicht aus. Die Gespräche wurden zwangloser und wir durften auch mit in die Sauna. Das war etwas Neues für uns, aber den Sprung in den nur zehn Grad „kaltwarmen" Fjord haben wir zwei Männer zuerst gewagt. Das gegenseitige Schlagen mit Birkenzweigen beim Saunagang blieb uns erspart. Ich glaube, dabei hätten wir gekniffen.
Die Mondladung am 20. Juli 1969 haben wir dank der freundlichen Aufnahme in unserer Gastfamilie auf dem Bildschirm miterlebt.
Uns trieb es weiter. Es hörte überhaupt nicht auf zu regnen. Vermutlich hielt der hohe Berg zwischen Eidfjord und Granvingfjord die Regenwolken fest. Das

Wasser war rau, kurze harte Wellen kamen uns entgegen. Wir ließen uns nicht entmutigen, hielten mit kräftigen Paddelschlägen dagegen. Nach der Ausfahrt aus dem Granving-Fjord kam noch eine ungewöhnliche Dünung hinzu. Die Wellen rauschten seitlich an uns heran, prallten gegen die Steilküste und kamen als Kabbelwellen wieder zurück. Wir mussten da durch. An eine geschützte Anlandungsstelle war überhaupt nicht zu denken. Berge mit steilen Wänden, die direkt in den Fjord gingen. Aber auch solche Torturen, stundenlanges Quälen gegen Wind, Wellen und Regen, gehen vorbei. Mein guter treuer Brewi hatte kein Steuer, und ich kam mir vor wie Detlef Lewe, der Weltmeister der Canadierfahrer. Zehnmal das Paddel links eintauchen und nur einmal rechts. Wenn man das länger macht, bekommt man einen Hüftschaden!
Und siehe da, nur um den Berg herum und die Sonne lachte, wenn auch zunächst nur zögerlich. Das wurde höchste Zeit, denn auch der Schlafsack wurde langsam klamm.
Wir waren im Eidfjord. Der Fjord war an dieser Stelle noch ziemlich breit und flößte uns gehörigen Respekt ein. Wir hatten achterliche See und kamen gut voran. In der Nähe von Akre erlaubte uns vorgelagertes Land, endlich auszusteigen und die Beine zu vertreten. Ich erinnere mich noch an einen Bauern, mit dem wir uns nur mit Händen und Füßen verständigen konnten. Er kaute unermüdlich auf seinem Priem, der schwarz-bräunliche Sud lief ihm aus dem Mundwinkel.
Eine große breite Bucht tat sich vor uns auf. Das Wetter beruhigte sich, und wir waren wieder in richtiger Urlaubslaune. Um schneller vorwärts zu kommen, versuchten wir die große Bucht zu queren. Das Wasser wurde ruhiger, und auf einmal war Windstille. Die hohen Berge und der sich auflockernde Himmel spiegelten sich im glasklaren Wasser wider. Plötzlich tauchte vor uns ein Seehund auf. Der Schreck sauste uns in die Glieder. Wir hatten vorher keinen gesehen und haben die Tiere hier nicht vermutet. Durch die Spiegelungen erschien er uns riesengroß, für mich war es ein See-Elefant und dazu auch noch ein Bulle! Er umkreiste uns und blieb auch eine Weile in unserer Nähe. Mir wurde ein bisschen mulmig dabei, mit äußerster Kraft voraus paddelte ich Richtung Ufer. Ich will nicht sagen, dass ich vor diesem Tier Angst hatte, aber ich hatte mit dem glatten Wasser Schwierigkeiten und meine Höhenangst spielte mir durch die Wasserspiegelung einen Streich. Ich hatte das Gefühl, dass ich jeden Moment mit dem Wasser Bekanntschaft machen sollte. „Denke daran, lieber Wolfgang, die Berge sind über 1500 Meter hoch, das Wasser ist sehr kalt und auch noch 1000 Meter tief. Hier bekommen wir keinen Grund mehr. Und nun kommt auch noch der Seehund dazwischen! Wenn der uns angreift!“ So überspielte ich mein komisches Gefühl. Abends, vorm Zelt, hat er mir erzählt, dass auch er ungeheuerliche Probleme mit dem glatten Wasser hatte und in Zukunft die Buchten ausfahren werde. „Gut, wenn das so ist, fahre ich mit dir auch die Ufer-

kante entlang.“ Heute ist das Tragen von Rettungswesten selbstverständlich und auch in den skandinavischen Ländern längst Pflicht. Damals kannte man sie noch nicht.
Kurz darauf erreichten wir die Poststation Vallavik. Der Wirt erkannte gleich, dass wir Deutsche waren und legte Akkordeonmusik von Will Glahe auf, einem deutschen Musiker, der in den Kriegsjahren nach Norwegen emigriert war. Wir bestellten norwegisches Bier, dunkel in der Farbe, das angeblich nach einem bayerischen Rezept gebraut worden war. Es zischte förmlich in unseren Körper hinein. Und weil es so gut schmeckte, ist es nicht bei diesem einen geblieben. An der frischen Luft hatten wir die Bescherung. Wir waren zu Abstinenzlern geworden und hatten nicht mehr das Gefühl fürs Aufhören. Ich wollte unbedingt hier zelten. Aus dem Fenster unterm Giebel schaute ein liebliches Mädel heraus, das aussah wie Mireille Mathieu! Es siegte doch die Vernunft, aber eine Fata Morgana war das nicht!
Wir mussten auch dringend weiter, um einen größeren Ort zu erreichen, denn unsere Vorräte gingen zur Neige. Wieder lag vor uns eine große Bucht. Eine Höhle zog uns in ihren Bann. Im Dunkeln konnten wir kaum etwas erkennen aber ein tolles Echo war zu hören. „Wie heißt der Bürgermeister von Wesel?“ „Eeeesel!“ Auch wenn das Kinderkram war, wir hatten unseren Spaß. Aber die Höhle wurde fast zur Falle. Durch die auflaufende Flut wären wir beinahe nicht mehr durch das Loch herausgekommen. So ist das eben, wenn es dem Esel zu wohl geht!
Am Ende der Bucht liegt Nesheim. Wir bogen links ab in den engen Osafjord, in dem auf beiden Seiten die Felswände steil aufragen. Wir hatten das Gefühl, als ob uns die Berge erdrücken wollten. Laut Wasser-Straßen-Karte mussten wir noch in den Ulvikfjord hinein, um eine größere Siedlung zu erreichen. Kurz vor Helenes fanden wir einen schönen Zeltplatz. In der Nacht fing es wieder an zu regnen, aber nun konnte uns nichts mehr erschüttern. Der Boden des Zeltes war wieder dicht und zwischenzeitlich war auch unsere Ausrüstung wieder trocken.
Am nächsten Tag hieß es: Auf, auf du junger Wandersmann! Wir sind zu Fuß nach Ulvik gelaufen. Wir hätten dorthin auch paddeln können, aber die Beine zu vertreten, soll auch gesund sein, und obendrein goss es wie aus Kübeln. Zwischenzeitlich fanden wir einen Unterschlupf in einer offenen Garage. Wir kamen gar nicht dazu, es uns ein bisschen gemütlich zu machen, denn der Besitzer kam wieder zurück. Wieder kam uns die norwegische Gastfreundschaft zur Hilfe. Wir wurden per Pkw nach Ulvik gebracht, so nass wie wir waren.
Das Einkaufen war eine Geschichte für sich. Großmärkte, wie wir sie heute kennen, gab es damals nicht. In einem Tante-Emma-Laden versuchten wir, alles Nötige zu finden. Das, was wir kaufen wollten, war in einem Schrankregal mit diversen Schubkästen versteckt. Wir konnten nicht einmal sehen, was darin war, geschweige denn die Beschriftung entziffern. Da wir die einzigen Kunden wa-

ren, konnten wir alles in Ruhe durchstöbern. Der Verkäufer hatte richtig Zeit für uns. Bei den Kartoffeln fiel uns nicht einmal das englische Wort ein. Mit Papier und Bleistift haben wir zeichnerisch unsere Kartoffeln dargestellt. Wir hatten soviel Spaß dabei, dass wir einen neuen Kunden gar nicht bemerkt hatten. Er hat amüsiert zugesehen und uns dann aus der Patsche geholfen. „Meint ihr vielleicht Kartoffeln, auf Norwegisch poteter?“ Der gute Mann konnte Deutsch.
Klapp, klapp, im Halbschlaf vernahm ich ein komisches Geräusch. Danach war eine Zeitlang Ruhe. Wieder klapp! Nun aber hoch, schauen was los ist. Ich traute meinen Augen nicht. Saß da nicht mein Sportkamerad Wolfgang vor unserer hölzernen Fresskiste und schmierte sich eine Schnitte Brot. „Ich kann vor Kohldampf nicht schlafen und beim Öffnen der Kiste ist der Deckel wieder zurückgefallen. Leider bist Du davon aufgewacht!“ So die lapidare Antwort auf mein ungläubiges Schauen. Nun war es vorbei mit unseren guten Vorsätzen. Nichts mehr mit Abnehmen! Wir hatten in den letzten Tagen manchmal nur von Obst gelebt; kein Wunder, wir waren ja im größtem norwegischen Obstanbaugebiet. Kirschen mochten wir schon gar nicht mehr essen. Wir haben sie in ein sauberes Taschentuch gelegt, ausgewrungen und den Saft getrunken. Dass wir noch soviel Kraft zum Paddeln hatten, ist eigentlich ein Wunder!
Ziemlich am Ende des Eidfjord, in der Nähe von Stavanes, fanden wir einen traumhaften Zeltplatz, nur von Wassersportlern zu erreichen. Von vorne der Fjord, die Rückseite abgeschirmt durch die hohen Felswände. Man fühlte sich wie in Abrahams Schoß. Auch lag genug Holz am Ufersaum, so dass wir wieder ein schönes Lagerfeuer entfachen konnten. Warum findet man nicht immer solch schöne Plätze zum Zelten! Wir haben herumgetollt wie junge Hunde, rundherum waren wir sehr zufrieden. Trotzdem habe ich in der Nacht nicht gut geschlafen. Der Fjord war eng und die Berge hoch. Ich hatte das Gefühl, jeden Moment erdrückt zu werden. Es wurde erst besser, als wir wieder auf dem Wasser waren. Den Fjord haben wir bis zum Ende ausgefahren. In der Ferne konnten wir den Hardanger-Jökulen-Gletscher erkennen. In Simadalen, am Ende des Fjords, rauschte uns klares Gletscherwasser entgegen. Beim Aussteigen bekam ich einen Krampf im Bein, so kalt war das Wasser. Auf der Rückreise, wieder in Richtung Sörfjord, haben wir einem Fischer geholfen. Sein Netz hatte sich in der Schraube verhakt. Wolfgang hat sich die Ärmel hochgekrempelt und mit einem großen Messer das Netz aus der Umwickelung gelöst. Anders ging es nicht. Höchsten ein bis zwei Minuten konnte er den Arm im Wasser lassen, dann war es vor Kälte nicht mehr auszuhalten. Den Fischen haben wir das Leben gerettet, das Fischernetz war leider dahin. Der Fischer beschrieb uns die Lage seines Wohnortes, damit wir uns den Bergungsschnaps abholen konnten. Leider konnten wir ihn nicht finden. Wer weiß, wozu das gut war?
„Hallo Moby, hallo Bernd!“, schallte es zu uns herüber. Wie vom Donner gerührt schauten wir zu einem Kriegsschiff hinüber, dass im Eidfjord vor Anker

lag. Ein Zerstörer der Bundesmarine. Was macht der denn hier? Und wer hat uns erkannt und gerufen? Unser WKK-Mitglied Christian stand auf der Schiffsbrücke und hat uns durch Megaphon angebrüllt. Er lud uns zum Kaffee an Bord ein, was aber durch den leichten Wellengang nicht möglich war. Auch das Herunterreichen eines Potts Kaffee funktionierte nicht, weil wir uns mitten auf dem Fjord sehr unsicher fühlten. Wir dachten an das kalte Wasser und waren bemüht, schnell aus dieser Zone wieder herauszukommen.
Ich machte mir so meine Gedanken. Tief im Landesinneren, weit von der Küste entfernt im Hardangerfjord, lag die Bundesmarine vor Anker. Hatte sie nichts anderes zu tun? Oder machte sie vielleicht einen zusätzlichen Urlaub? Das war ja wie auf einem Kreuzfahrtschiff, das durch eine Traumlandschaft fährt! Wusste eigentlich der Führungsstab davon? Moby war bei den Marinefliegern und ich bei der Luftwaffe. Ich kann mich nicht daran erinnern, so einen Luxus erlebt zu haben. Jetzt weiß ich endlich, beim Schreiben dieser Zeilen, warum Mariner „blaue" Jungs genannt werden!
Eine Schule Schweinswale überholte uns. Ihre Rückenflossen durchpflügten das Wasser. Ich dachte gleich an Haie und kam fast in Panik. Erst an der Uferkante konnte ich mich einigermaßen beruhigen. Ein Fischer klärte uns schließlich auf, und mir kam Flipper in den Sinn. Wenn ich daran zurückdenke, bekomme ich jetzt noch Herzklopfen.
Zur Mittagszeit haben wir unsere Paddelei unterbrochen. Wir sind den Winden aus dem Weg gegangen. Der Wind zieht über die kalten Gletscher-Bergrücken, kommt durch die Mittagswärme in Turbulenzen und stürzt sich dann in den Fjord, direkt auf die erschöpften Paddler. Bis wir das begriffen hatten, hat es eine Weile gedauert. Später konnten wir fast die Uhr danach stellen: Zur Mittagszeit war eine zweistündige Pause angesagt.
Wir waren wieder im Sörfjord, auf der Rückreise nach Odda. Irgendwann geht jeder Urlaub zu Ende. Wir befanden uns auf der anderen Seite des Fjords und genossen die atemberaubende Landschaft. In der Ferne erkannten wir wieder unseren Folgefonn-Gletscher. Die Sonne versetzte ihn in ein farbenprächtiges Licht. Wir wollten noch einmal zurück nach Kvitno, zu unserem freundlichen Bauern.
In Ringöy haben wir uns als Erinnerung und Mitbringsel jeder ein Renntierfell gekauft. Es wurde zusammen mit dem Schlafsack eingerollt und wasserdicht im Boot verstaut.
Noch einmal saßen wir mit Vater und Sohn am Lagerfeuer zusammen und erzählten von unseren Erlebnissen. Der Bauerssohn war nebenbei auch noch Organist, und so wurde auch noch gefachsimpelt über die Königin der Instrumente. Mit dem Versprechen, brieflich in Kontakt zu bleiben und ihm auch ein paar Orgelschallplatten zu schicken, verließen wir am frühen Morgen Kvitno und paddelten unserem Ziel und Ausgangspunkt Odda entgegen.

Oh, welche Überraschung, auf der Kaimauer im Hafen zu Odda standen fein säuberlich hingestellt Wolfgangs Sandalen! Soviel Ehrlichkeit hatten wir nicht vermutet.
Beim Holen des Pkws vom Hotel schickte uns der nette Hotelier zur Polizei. Was hatten wir denn verbrochen? Die Verständigung zwischen Hotelier und uns hatte wohl doch nicht so richtig geklappt. Er hatte angenommen, dass wir nur eine Tagestour machen wollten. Als wir nicht zurückkamen, hatte er sofort die Polizei verständigt, die gleich am nächsten Tag eine Suchaktion startete. Das waren die Wasserflugzeuge, die wir gesehen hatten. Ganz Odda war glücklich, dass wir wieder zurück waren. Es war zur damaligen Zeit eine Seltenheit, dass Kanuten den Fjord befahren. Wir haben sogleich unsere Urlaubstour als Erstbefahrung betitelt.
Artig haben wir uns bei der Polizei verabschiedet. Unser Dankeschön ließen wir im „Kaffeepott" verschwinden. Für uns war es ein Glück, dass der Beamte so gut Deutsch konnte und auch noch so interessiert war an unserem Kanusport. Retten kostete kein Geld, nur die Bergung, aber wir waren ja gesund und glücklich wieder zurück!

Blick auf Arendal

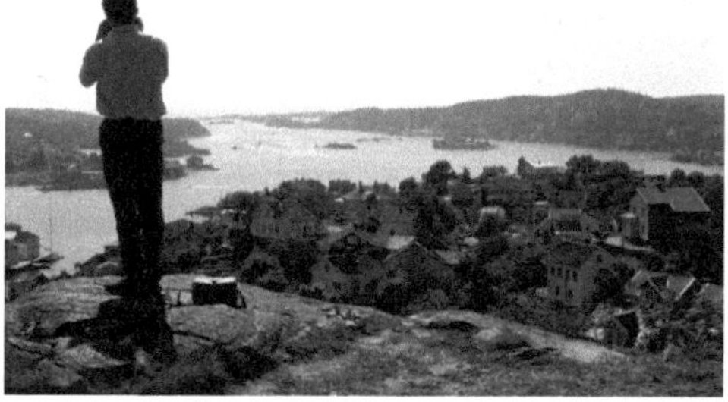

Wir sind auf direktem Weg nach Arendal zurückgefahren und erreichten am späten Abend noch unseren Fährhafen. Für den nächsten Tag buchten wir die Nachtpassage nach Hirthals. So hatten wir viel Zeit zu einem Stadtbummel. Wir brauchten noch ein Mitbringsel für daheim. Für Janette wollte ich eine norwegische Strickjacke kaufen. Eine Kundin, ähnlich gebaut wie Janette, war uns behilflich beim Finden der richtigen Größe. Wie die Geschichte mit der Strickjacke weitergeht, das müsst ihr Janette fragen. Wir haben beim Kauf in Arendal schon viel Spaß gehabt.
Der norwegische Orgelbauer, der in der Arendaler Kirche die Orgel reparierte, wollte mich nicht wieder gehen lassen. Ich war nach drei Wochen Urlaub so angetan von diesem Land, dass ich lange darüber nachgedacht habe, hier zu arbeiten und zu leben.
Der Rest der Reise ist schnell erzählt. Nach der Schiffspassage von Arendal nach Hirtshals, fuhren wir in einem Rutsch nach Hause. Nach allem, was wir erlebt hatten, wurde die Fahrt nicht langweilig. Kurz hinter Hamburg haben wir auf einem Parkplatz unseren Mittagsschlaf gehalten und sind dann ausgeruht wieder daheim angekommen.

Eine etwas andere Geschichte

Nach tagelangem stürmischem Wetter stieg endlich zum Ende des Monats August das Barometer. Das Wetter beruhigte sich und wir konnten endlich die Fahrt mit der Gruppe aus Nordrhein-Westfalen nach Mellum planen.
Dann ist es soweit. Strahlend blauer Himmel und kaum Wellen auf der Jade. Wir kreuzen den Jadebusen und paddeln nach Eckwarderhörne. Hier wollen wir uns mit der Gruppe aus Nordrhein-Westfalen treffen, die wir WKK-Kanuten durchs Watt bis kurz vor Mellum führen sollen. Auf der Hinfahrt treffen wir auf einen im Wasser treibenden Seehund. Auch er genießt die warmen Sonnenstrahlen. Ob er sich bräunen lassen will? Ganz vorsichtig lassen wir uns herantreiben. Ingo ist ganz nahe, fast könnte er ihn streicheln. Der Rest der Mannschaft - Heinz, Herbert, Wolfgang und ich, beobachten was nun passierte. Ingo schlägt mit dem Paddelblatt flach auf das Wasser. Durch den Knall erschrickt der arme Seehund. Wie von einem Katapult abgefeuert, schießt er in die Höhe und verschwindet mit Alarmstufe eins in die Tiefe. Wir wissen, Seehunde sind neugierig. Wir lassen uns weiter treiben und es dauert auch nicht lange, bis er wieder auftauchte. Er steckt seinen Kopf aus dem Wasser und umkreist uns. Ingo, der ihn so sehr erschreckt hatte, konnte er leider nicht erwischen.
Nun wurde es aber Zeit, dass wir nach Eckwarderhörne kommen. Diese Pause hat uns Zeit gekostet. Wir werden schon sehnsüchtig erwartet. Nach einer kurzen Einweisung mit einer Sicherheitsüberprüfung setzen wir unsere Reise mit unseren neuen Paddelkameraden fort. Wir haben ablaufendes Wasser und müssen schnellstmöglich aus dem Solthörner Watt heraus kommen. Nun haben wir das Fahrwasser erreicht und können es ruhiger angehen lassen. Die Fahrwassertonnen sind gut zu erkennen. Das Wetter ist weiterhin beständig. In der Ferne können wir schon den Radarturm Hooksieler-Plate sehen. Aber bis dahin ist es noch eine weite Wegstrecke. Wir bleiben auf der rechten Seite der Wattkante. Noch ist das Watt nicht heraus, aber an einigen Stellen kringelt sich das Wasser nicht mehr. Die Wasseroberfläche ist fast glatt und es ist damit zu rechnen, dass wir das Watt bald erkennen können. Jetzt wird es langsam sichtbar. Ruckzuck sind auch die gefiederten Wattenmeerbewohner da und suchen nach Futter.
Wir passieren Sengwarder- und Kaiserbalje. Die Kaiserbalje ist auch die Verbindung zur Weser. Kurz vor der Mittelbalje treffen wir auf Seehunde. Sie suchen bestimmt jetzt ihre Ruheplätze auf. Wir wollen sie nicht stören und halten genügend Abstand. Wir paddeln noch am Radarturm vorbei und machen Rast am äußersten Zipfel der Robbenplate. Hier warten wir die Tide ab. Wir haben noch genügend Zeit. Einige erkunden das Watt, andere erfrischen sich mit einem Bad. Nacktbaden ist selbstverständlich. Kanuten brauchen in dieser Abgeschiedenheit keine Badehose. „Ihr Männer, seid vorsichtig, schwimmt lieber auf dem

Rücken! Hier gibt es Seehunde!", so der Ausruf unseres Fahrtenleiters. Er hat die Lacher auf seiner Seite.
Wir sitzen in den Booten und warten auf das auflaufende Wasser. Noch ist Zeit genug, um einiges über Ebbe und Flut zu erzählen. Touristen erklären wir die Gezeiten nach dem „Badewannenprinzip": Auf der Doggerbank in der Nordsee ist ein Tidenschiff verankert. In einem 6,5-Stundenrhythmus, Stöpsel raus, Stöpsel rein, wird das Wasser in die entsprechende Fließrichtung gebracht.
Ebbe und Flut, der ständige Wechsel der Gezeiten. Heinz versucht uns das zu erklären. „Die Gezeiten entstehen aus dem Wechselspiel zwischen Anziehungs- und Fliehkräften. Auf der dem Mond zugewandten Seite der Erde überwiegt die Anziehungskraft des Mondes und erzeugt eine Wasseraufwölbung, einen Flutberg. Auf der dem Mond abgewandten Seite überwiegt die Fliehkraft und erzeugt auch einen Flutberg. Das ist das Hochwasser. Dazwischen wird das Wasser zu den beiden Flutbergen abgezogen. Das ergibt das Niedrigwasser. Alles klar?" „Du hast dabei die Sonne vergessen!", ruft Herbert dazwischen. „Nicht nur Erde und Mond, auch Sonne und Erde drehen sich um einen gemeinsamen Schwerpunkt. Auch gibt es noch Spring- und Nipptiden." Wir hörten gar nicht mehr richtig zu. Alles „Böhmische Dörfer". Wozu haben wir denn einen Tidenkalender? Neben den Begriffsbestimmungen stehen dort auch die Uhrzeiten von Helgoland bis nach Emden drin.
Wir haben gar nicht bemerkt, dass das auflaufende Wasser uns schon ein ganzes Stück mitgenommen hat. Die Hooksieler Plate mit dem Radarturm liegt direkt vor uns. Unser „Päckchen" löst sich auf und wir paddeln an dem Turm vorbei. Wir bleiben vorerst auf der linken Fahrwasserseite, außerhalb der Fahrwassertonnen. Noch hilft uns zur Orientierung die Wattkante. Das Wasser „gurgelt" daran entlang. Ich vernehme das Rauschen wie Musik in meinen Ohren. Plötzlich liegt eine Sandbank vor uns. Wir warten ein paar Minuten. Die Flut trägt uns dort hinüber. In Höhe Hooksiel verabschieden wir uns von der NRW-Gruppe. Sie steuert wieder Eckwarderhörne an, wo wir das Jade-Fahrwasser queren, um Richtung Wilhelmshaven zu paddeln.
Das Wasser ist spiegelglatt, kein Lüftchen regt sich. Lange können wir die Gruppe noch am Horizont ausmachen. Sie ist auf dem richtigen Weg. Mitten im Jadefahrwasser entdecken wir einen Segler. Die Segel hängen schlaff und das Boot wird eigentlich nur mit der Strömung nach Wilhelmshaven vorangebracht.
„Du Ingo - ist das nicht unser Ulli? Unser WKK-Kanuten-Segler? Ein Jahr segelt er und im nächsten Jahr wird wieder gepaddelt." Pssst - ganz leise, er liegt an der Ruderanlage und döst vor sich hin. Ganz vorsichtig tauchen wir die Paddel ein und nähern uns von hinten.
Auf Kommando: „Eins - zwei - drei ... Ulli !!!!!!!!!!!", schallt es aus unseren Kehlen. Der Schreck ließ ihn hochschnellen und Ulli wäre fast über Bord gesaust! „Wo kommt Ihr denn her?" „Sollen wir dir ein Tau zu werfen, damit du

bei dieser Flaute auch sicher nach Hause kommst?“ Viele dumme Sprüche mussten wir und er sich anhören. Wir Paddler sind viel eher wieder im Nassauhafen angekommen als er. Wenn wir gewusst hätten, was er in den Tagen vorher alles erlebt hat, dann hätten wir ihn dösen lassen, aber das soll er hier lieber selbst erzählen.

Stürmische Überfahrt

von Wolfgang Ulrich / Wilhelmshaven

Bevor ich über eine Reise berichte, möchte ich zunächst einmal Boot und Besatzung vorstellen. Der Untersatz: „Argo“, ein Backdecker von 8,5 Metern Länge mit zirka 28 Quadratmetern Segelfläche am Wind, aber ohne Motor. Die Skipper: Wolfgang Ulrich und sein Bruder Wilfried. Das Fahrtenziel: rund Dänemark via Limfjord und Nordseekanal.
Der Start zur großen Reise, für die wir vier Wochen zur Verfügung hatten, begann am Samstag, dem 08.August1970 mit den Vorbereitungsarbeiten und dem Verstauen der von Muttern gekauften Vorräte für fast 14 Tage. Nachdem alles seinen Platz erhalten hatte und der Wasserpass bedenklich unter Wasser gerutscht war, konnten wir am nächsten Morgen bei frischen Winden aus Nordwest den Nassauhafen in Wilhelmshaven verlassen. Erste Station war Helgoland, das wir nach fast zwölf Stunden Segelei gegen kurze kabbelige See ohne nennenswerte Ereignisse erreichten. Hier erfuhr die Bordkasse ihren ersten Aderlass. Zollfreie Ware wurde gekauft und ein Weiteres verlangte der Hafenmeister. Für vier Liegezeiten aus dem letzten Jahr mussten wir die Gebühr noch entrichten.
In der Nacht vom Montag zum Dienstag verschlechterte sich das Wetter zusehends. Bei Regenschauern und heftigen Windböen aus West hatten wir eigentlich nicht die rechte Lust, die Nordsee in nördlicher Richtung zu kreuzen. Durch den Wetterbericht von Radio Norddeich um 9 Uhr, der uns noch Westwinde versprach, ließen wir uns verleiten und setzten innerhalb einer halben Stunde das Groß mit drei Reffs und die normale Fock. Mit rauschender Bugwelle querten wir den Hafen, vollführten vor der Einfahrt eine Wende um 270 Grad und schossen zwischen Insel und Düne nordwärts. Nach drei Seemeilen war Helgoland verschwunden. Vor uns lagen gut 180 Seemeilen.
Dass wir viel zu überstürzt losgesegelt und für das leibliche Wohl keine Vorbereitungen getroffen hatten, sollte sich bald als großer Fehler erweisen, denn schon bei Erreichen der Tonne Sellebrun traf uns die Wucht der See. Ins Großsegel mussten weitere Reffs eingedreht werden, und die Fock wurde durch das sieben Quadratmeter große Sturmsegel ersetzt. Trotzdem lagen wir unangenehm

schräg in den anrollenden Wellen, die kurz vorm Brechen waren. Zu allem Übel drehte der Wind im Laufe des Tages auch noch auf Nordwest und brachte mit seinen Wind- und Regenböen das Wellenbild völlig durcheinander. Wir stiegen jedes Mal voll ein, so dass die Gischt nur so übers Deck flog. Dabei musste fast alle Stunde einer von uns beiden nach vorn, um beim Durchzug einer Bö das Vorsegel zu bergen. Allein unter dem gerefften Großsegel, das eben über die Sailing reichte, machten wir dann zu wenig Fahrt, um gegen die Wellen anrennen zu können. Also wieder nach vorn und kleines Vorsegel hissen. Da die einzelnen Manöver jeweils fast eine Viertelstunde dauerten, in der man mit Händen und Füßen arbeiten musste und ohne Übertreibung drei Meter rauf und runter geworfen wurde, muss man verstehen können, wenn Wilfried einmal ganz blass vom Vordeck zurück kam und sein Gesicht nur noch in den Wind hielt, um einer beginnenden Seekrankheit Herr zu werden. Mir erging es am selben Nachmittag nicht besser. Als ich unter Deck versuchte, einige Butterbrote zu schmieren, wurde mir bei der feuchtwarmen Luft und dem starken Geschlingere derart schlecht, dass ich nur noch eine Tafel Schokolade ergreifen konnte und dann nix wie raus in die Plicht. Unter Deck war die Hölle. Lieber in Wind und Regen frieren und hungern als nochmals nach unten. Leider ließ sich das nicht vermeiden, denn zur notwendigen Navigation musste ich runter an den Kartentisch. In der Hocke über eine 40 Grad nach unten geneigte Karte gebeugt, mit Regentropfen an der Nase und salzverschmierter Brille war das die wahre Freude. Ein Hoch der Segelei.
Unsere erste Nacht verbrachten wir abwechselnd an der Pinne oder in eine Zeltplane gehüllt auf dem Plichtboden. An Schlaf war für die Freiwache nicht zu denken, denn unter Deck trauten wir uns nicht und oben wurde von Zeit zu Zeit alles in eine Gischtwolke gehüllt, die auch die stärkste Müdigkeit vertrieb. Die Zeit verrann nur langsam, und wäre nicht das starke Meeresleuchten gewesen, wir hätten verzweifeln mögen. Zum Glück klarte es gegen Morgen etwas auf und vereinzelt kam sogar die Sonne zum Vorschein. Nur Wind und Seegang wollten nicht nachlassen und machten uns arg zu schaffen. Hinzu kam noch eine Unsicherheit in der Navigation, denn das Feuerschiff Vyl, das uns während der Nacht eigentlich ein Leitstern sein sollte, war bisher noch nicht aufgetaucht. Endlich gegen 8 Uhr sichteten wir es voraus an Backbord. Wir hatten eine Abdrift nach Osten von zirka drei Seemeilen. Bei der herrschenden Wetterlage über eine Strecke von 90 Seemeilen eigentlich ganz gut getroffen. Mit einem Kreuzschlag machten wir die Abtrift nach Osten wieder gut und überquerten mit einem Auge am Echolot Horns Rev bei einer Tiefe von acht Metern.
Jetzt konnten wir uns entscheiden: Eine weitere Nacht auf See hart am Wind 97 Seemeilen bis Thyborön am Limfjord oder günstigen Kurs 32 Seemeilen bis Hvide Sande. Wir wollten die nächste Nacht im Hafen verbringen und endlich unseren Schlaf haben, also ab nach Hvide Sande.

Die Nase wurde umgedreht, die Schoten gefiert und ab ging die Post. Das Segeln brachte wieder Spaß. Die Wellenberge rauf und in Schussfahrt wieder ins Tal. Das Speedometer pendelte ständig zwischen sechs und acht Knoten. In günstiger Position schlug der Zeiger sogar bis zu neun Knoten aus. Was konnte uns die Heckwelle, die bis an den oberen Spiegelrand stieg und in die Plicht zu steigen versuchte, noch anhaben! Wir waren schneller. Der Rausch der Geschwindigkeit hatte uns erfasst. Nicht dass wir leichtsinnig wurden, aber die Anspannungen der letzten 24 Stunden hatten ein Ventil gefunden.
Gute vier Stunden währte das Vergnügen. Dann machte sich ein langsames Anwachsen der Wellen bemerkbar, die sich in unheimliche Höhen emporsteilten, je weiter wir uns der Küste näherten. Bald waren es Kaventsmänner, die den ganzen Horizont einnahmen. Im Wellental hatten wir ein recht ungutes Gefühl der Gefahr. Voraus und achtern jeweils eine riesige Wasserwand, fast bis zur halben Masthöhe, die nach Backbord und Steuerbord in eine endlose U-förmige Röhre verlief. Zum Glück waren es noch keine Brecher, und die Karte versprach genügend Wassertiefe bis kurz unter die Küste; so nahmen wir allen Mut zusammen und hielten unseren Kurs. Ganz unvermittelt tauchte plötzlich das ersehnte Land auf: weiße Dünen im Schein der tiefen Nachmittagssonne, und weit an Backbord voraus eine weiße Nadel, der Leuchtturm Lygvig. Etwas weiter südlich musste unser Hafen Hvide Sande liegen. Drei Seemeilen waren wir nach Lee versetzt worden, die wir wieder aufkreuzen mussten. Um dieses kleine Stück, das man beinahe überspucken konnte, haben wir mehr als dreieinhalb Stunden gerungen. Ja, man kann sagen gekämpft. Anluven und abfallen, bergauf und wieder zu Tal und zwischendurch schweißtreibende Arbeit an der Lenzpumpe, um die in Lee hereinbrechenden Kämme, die sich einen Weg unter dem Lukendeckel ins Bootsinnere suchten, wieder außenbords zu befördern. Gegen 18 Uhr waren wir endlich auf der Höhe des Hafens, um uns einer letzten Prüfung zu unterziehen.
Über der vorgelagerten Barre stand eine „schöne“ Brandung wie man sie von Postkarten her kennt, „Nordseeküste bei Sylt im NW-Sturm“. Hier mussten wir durch. Die Nordmole und zwei Schornsteine im Hintergrund gaben uns die Richtung an. Eine der großen Wellen ließen wir passieren, dann nichts wie rum und mit fast achterlichem Wind rechtwinklig durch die Brandung hinterher. Zwei, drei nachfolgende Brecher schoben uns mit halsbrecherischer Geschwindigkeit vor sich her und rauschten halb über und halb unter uns hinweg. Noch 200 Meter. Aber ein Blick nach achtern ließ mir das Herz in die Hose rutschen. Ein Wasserberg, der erkennen ließ, dass wir genau in den Mittelpunkt des überschlagenden Kammes geraten würden. Zu allem Überfluss begann die Fock hinter dem Großsegel auch noch zu schlagen. Wir verloren merklich an Fahrt und hatten kaum noch Ruder im Schiff. Urplötzlich wurde das Heck angehoben. Fast 50 Meter schossen wir vorwärts, dann war vom Schiff nichts mehr zu sehen. Als ich durch meine Brille wieder klar sehen konnte, sah ich recht klar.

Links in 40 Metern Entfernung die Hafenmole und rechts nicht viel weiter entfernt feinster Sandstrand, auf dem gerade unser Brecher verlief; die „Argo“ fast quer in der Hafenrinne. Ich schrie meinem Bruder zu: „Wilfried, nach vorn, die Fock muss back und dann ausbaumen!" Auf allen Vieren robbte der zum Mast und weiter zum Schoothorn. Unendlich langsam drehten wir wieder auf den rechten Kurs. Das Vorsegel fing Wind und riss uns förmlich durch den Hvide Sande Kanal ins äußere Hafenbecken. Im Vorbeirauschen bemerkten wir die vielen Menschen auf der Hafenmauer, die wohl eine Sensation witterten, aber auch den kräftigen Fischkutter, der, wie wir später erfuhren, nur zu unserer eventuellen Unterstützung ausgelaufen war.
Was dann kam, war nur noch Routine. Wende um 180 Grad, Großsegel nieder, Fender raus, einlaufen in den durch Fischkutter überfüllten Hafen. Aufschießer, Fock runter und Festmacher an Land. Unter tatkräftiger Mithilfe des Zollbeamten wurden wir dann richtig vertäut und anschließend einklariert. Das ging so schnell, dass wir nicht einmal unser nasses Ölzeug ausziehen konnten. Die Anspannung der letzten Stunden ließ nach und mit aller Macht überfiel uns plötzlich die Müdigkeit. Selbst ein Abendessen konnte uns nicht mehr reizen, nur noch ein Gedanke beherrschte uns: Schlafen, schlafen.

Eine Urlaubsreise auf Werra und Weser

Von Altenburschla bis Hameln.

Wir sind zu Besuch bei Maria und Christian, Paddelfreunde aus dem Wilhelmshavener Kanu-Klub. Es ist Winterzeit und der alte Kachelofen spendet gemütliche Wärme. Beim Glühwein, versetzt mit einem kleinen „Schuss“, kommen wir ins Schwärmen.
Wir reden über unsere Norwegenerlebnisse und auch über Wochenendfahrten, die wir in den zurückliegenden Jahren erlebt haben. „Weißt du noch wie es früher war?“ werfe ich in die Runde und habe die Lacher auf meine Seite. „Na, nun hau man nicht so auf den Putz!“ sagt Christian, „bei deinen paar Jahren Paddelei kannst du noch nicht viel erlebt haben!“ Da hat er Recht, denn nach erst zwölf Jahren in einem Kanuclub, davon sechs in einem Rennfahrerverein, da kann man wohl doch nicht mitreden. Auch wenn Christian noch etwas jünger ist als ich, so war er schon als Kind mit seinen Eltern im Kajak viel unterwegs.
Auf einmal erinnert sich Christian an eine „Kirschfahrt“ mit seinen Eltern auf der Werra. Da sollten wir wieder einmal hinfahren! „Ich kenne da einen Kirsch-

baum, der steht in einer Kurve an der Werra auf der rechten Seite und ganz alleine in weiter Flur, einen Besitzer gibt es dort auch nicht!“ so Christian. „Das ist schon eine Reise wert“, werfe ich ein, „so können wir auch gleich kontrollieren, ob das mit dem Kirschbaum auch stimmt.“
So legen wir dann gleich unsere gemeinsame Urlaubsfahrt auf Juli 1973 fest.
Mit zwei Autos und zwei Zweier-Faltbooten und allerlei Gepäck starten wir frühmorgens Richtung Hameln. Nachdem wir unser Gepäck nach Ankunft in Hameln in Christians Pkw umgeladen und unser Auto als Rückhol-Fahrzeug beim KC Hameln abgestellt haben, fahren wir weiter nach Eschwege an der Werra. Beim dortigen Kanuclub stellen wir unsere Zelte auf und bauen in Ruhe die Faltboote zusammen. Wir haben Urlaub und kein Mensch treibt uns zur Eile.
Die Werra verläuft durch die Stadt Eschwege. Hübsche Fachwerkhäuser säumen das Ufer. Deshalb wird diese Stadt auch Klein-Venedig genannt. Wir machen einen Bummel. Vom Aussichtsturm haben wir einen herrlichen Blick über das liebliche Werratal.
Wir sind nach Altenburschla unterwegs. Ein Kanute des Eschweger Kanu-Clubs hat sich angeboten, uns auf dieser Fahrt zu begleiten. Sein Boot haben wir mitgenommen, den Pkw-Rückholdienst übernimmt er dafür. Als erdrückend empfinden wir den Stacheldraht an der Grenze zur DDR. Wie eine Exklave liegt Altenburschla an der Werra, die hier die Grenze bildet. Die Einwohner tun uns leid, aber die Bewohner auf der anderen Seite sind noch schlechter dran. Schnell passieren wir das kurze Stück der beiderseitigen Zäune und verlassen die Grenze zur linken Hand. Aus den Wachtürmen werden wir mit starrem Blick beobachtet. Unsere freundlichen Grüße und unser Winken werden ignoriert. Unsere Gedanken sind bei den Menschen weit hinter dem Zaun, die eingesperrt in einem kommunistischen System leben. Ob die Führungsriege der DDR es umgekehrt auch so sieht?
Da wir mit unbepackten Booten fahren, haben wir das Schrägwehr in Warnfried schnell überwunden. Aber wir müssen aufpassen, denn es läuft kaum Wasser über die Wehrkrone. Die sich unter der Wasseroberfläche befindlichen Algen bilden eine glitschige Angelegenheit. Wir lassen uns treiben und genießen die Ruhe bei unserem kurzen Tagesausflug. Nach gut drei Stunden haben wir den Eschweger Kanu-Club wieder erreicht.
Die Werra entspringt bei Eisfeld im Thüringer Wald und hat ihrerseits zwei Quellflüsse. Viele Burgen und Schlösser, romantische kleine Städte und bewaldete Höhenzüge machen den Reiz dieser Flusslandschaft aus. Unsere Gepäckfahrt mit unserem Zweier-Faltboot, dem gutmütigen Klepper-Aerius mit den Seitenschläuchen außen, beginnt nun beim Eschweger Kanu-Club. Nach gut einem Kilometer versperrt uns ein Wehr die Weiterfahrt. Der Wasserstand ist niedrig und die Wehrkrone liegt trocken. So werden wir auch nicht vom Sog des Wehres angezogen. Wir legen an und überlegen, wo wir am besten umsetzen

können. Ein kurzer Blick ins Deutsche Kanu-Fluss-Wanderbuch wird uns sicherlich weiter helfen.

„Was war denn das?“ Beim Öffnen des wasserdichten Wertgegenstandbeutels können Janette und ich gerade noch etwas Goldfarbenes mit einem „Plumps“ im Wasser verschwinden sehen. „Das war meine Armbanduhr!“ ruft Janette entsetzt. „Oh, das wird nun schwer werden, sie in diesem nicht gerade klarem Wasser wieder zu finden!“ antwort ich. Barfuß ergründe ich vorsichtig den Flussboden. Zum Glück ist es hier nicht tief. „Sieh mal da! rufe ich, Da liegt sie!“ Wir laufen sofort mit dem guten Stück zum Uhrmacher. Nach Schilderung unseres Missgeschicks und der Erklärung, dass wir auf Durchreise sind, nimmt der nette Uhrmachermeister die Armbanduhr auseinander genommen und lässt die Teile trocknen. Die Stunde Wartezeit nehmen wir gerne in Kauf. Das Werrawasser, das auch zur Entsorgung der salzhaltigen Rückstände der Kali-Werke aus der DDR dient, hat Janettes Uhr überhaupt nicht geschadet. Sie läuft bis heute noch einwandfrei.

Unser Tagesziel heißt Witzenhausen. Und die Frage lautet: „Christian – wo steht der Kirschbaum?“ „Nun seid man nicht so ungeduldig! Wir müssen noch an Bad Sooden-Allendorf vorbei und dann kommen wir erst ins Kirschgebiet!“ Wir paddeln geruhsam durch einen romantischen Talkessel. Das Wetter meint es gut mit uns. Mit bloßem Oberkörper genießen wir den warmen Julitag. Im Flussführer heißt der Talkessel Höllental.

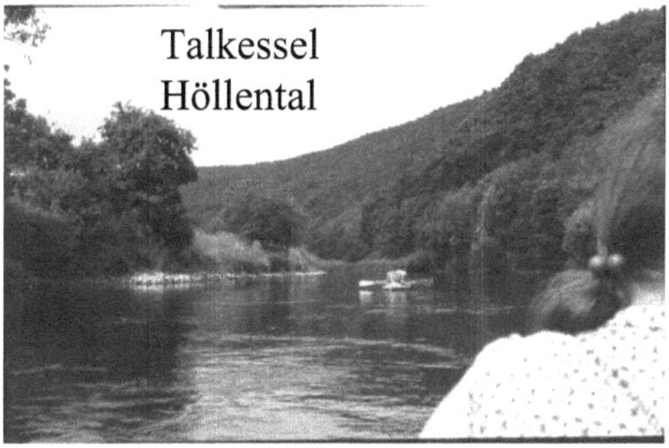

Aus der Ferne grüßt der Hohe Meißner. Am dritten Wehr in Bad Sooden-Allendorf tragen wir um. Die danebenliegende Badeanstalt lädt zum Schwimmen ein, aber wir ziehen eine kleine Brotzeit mit anschließendem kurzem Erholungsschlaf vor. Schwimmen „schlaucht“, es nimmt die Kraft, die haben wir nötiger zum Paddeln.

Bad Sooden-Allendorf ist ein sehenswertes altes Städtchen mit malerischen Fachwerkhäusern. Wir paddeln allerdings ohne Stadtbesichtigung hindurch. Einem kleinen Schwall konnten wir nicht ausweichen, er kühlte Bauch und Beine durch die offene Luke.

Teufelskanzel und Junkerkuppe überragen die vor uns liegende Werraschleife. In einem großen rechten Bogen zieht sie durchs Tal. „Sieh mal da!“ ruft Christian, „genau mittig in der Kurve steht mein Kirschbaum!“ Wir, Maria, Janette und ich, kommen aus dem Staunen nicht heraus. Er hat uns nicht belogen. Was hat er für ein Gedächtnis! Hut ab! Und das Tolle daran ist, dass die reifen Kir-

schen uns förmlich anlachen. Ruckzuck sind wir an Land. Die Töpfe vom Essgeschirr heraus und ab in den Baum. Die Mädchen stehen Wache, wir ernten die süßen Früchte. Wer soll uns hier entdecken? Max und Moritz waren nichts dagegen!
Im Boot machen wir es uns gemütlich. Jeder hat einen Topf mit Kirschen zwischen den Beinen und so lassen wir uns treiben. Die Stimmung ist prächtig. Zwischendurch trällerten wir das Lied von Peter Alexander: „Die Kirschen in Nachbars Garten, die waren so süß!“ Die Kirschsteine nehmen wir zwischen Zeigefinger und Daumen gepresst und „beschießen“ uns gegenseitig. In unserem Übermut stranden Janette und ich auf einer Kiesbank. Mit einem Hechtsprung, nicht gerade elegant, fast ein „Bauchklatscher“, zur falschen Seite, komme ich gerade noch aus dem Boot und kann so ein Kentern verhindern. Mein halbvoller Kirschtopf ist dabei umgekippt. Sollte das die Strafe für das Einsammeln der Früchte sein?

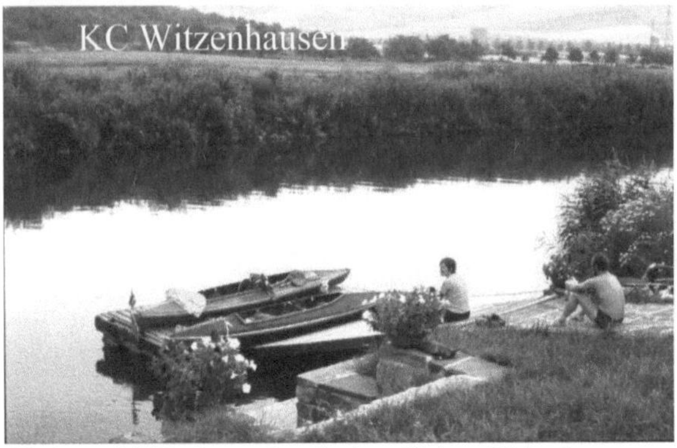

Wir lassen es weiter ruhig angehen und paddeln Witzenhausen, der bekannten Kirschblütenstadt, entgegen. Wir erreichten sie am späten Abend, ein bisschen ausgelaugt von der Sonne, aber dennoch sehr glücklich und zufrieden. Mit den letzten Strahlen der Sonne stellen wir unsere Zelte beim Kanu-Club auf. Wieder geht ein herrlicher Urlaubstag zu Ende. In der Nacht muss ich ein paar Mal mit rumpelndem Magen heraus. Warum wohl nur?Am nächsten Tag wollen wir nach Hannoversch Münden. Die Sonne meint es wieder gut mit uns. Trotzdem ziehen wir die Spritzdecke auf, denn in Hedemünden können wir über die „Lache“ das Wehr umfahren. So eine schöne „Spritzfahrt“ wollen wir uns nicht entgehen lassen. Die im DKV-Buch angegebene kleine Schwallbildung beim Einfluss in die Werra hat doch eine größere Wirkung. Meine Spritzdecke ist geschlossen, aber den Kamin der Decke habe ich nicht hoch genug gezogen. Das Duschbad war eine Gaudi – aber auf das Hautjucken danach hätte ich gerne verzichtet.
Wieder paddeln wir durch ein enges Tal. Vor uns sehen wir die sehr hohe Autobahnbrücke auf der Strecke von Göttingen nach Kassel. Beim Hochsehen kann einem schon schwindelig werden. Wir merken den Rückstau „Letzte Heller“. Die Strömung lässt rapide nach. Wo ist denn der Gleiswagen zum Umsetzen der Boote? Nach kurzem Suchen finden wir den eisernen Lorenwagen am Ende der

Gleisstrecke im Wasser und nicht, wie es sich gehört, aus dem Wasser heraus, im trockenen Bereich. Das ist schon ärgerlich und hat mit einem Schildbürgerstreich nichts mehr zu tun.

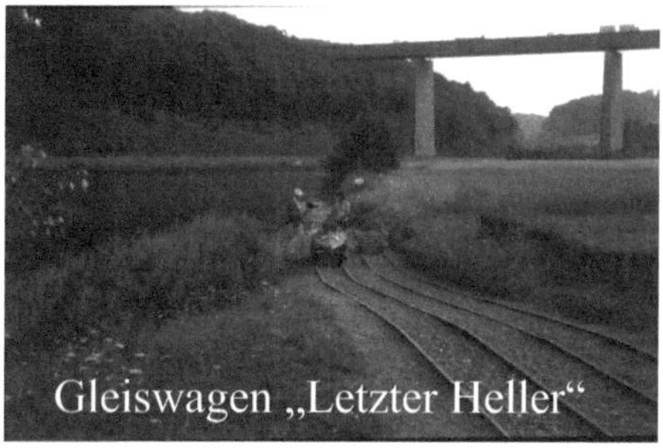

Zuerst rollen wir mit vereinten Kräften unser Boot um, lassen es zu Wasser und binden es fest, damit es sich nicht mit der Strömung nach dem Wehrauslass selbstständig macht. Danach holen wir das Boot von Maria und Christian. Wir halten es fest, damit die beiden problemlos einsteigen können. Dann helfe ich Janette beim Einsteigen. Den Letzten beißen die Hunde! Aber noch bin ich beweglich genug, um selbst ins Boot zu kommen. Bei dieser großen Einstiegluke! Gesagt, getan! Alles schön zurecht gerückt, das Paddel in die Hand genommen und los kann es gehen. Janette sieht sich das alles in Ruhe an. Ihr verschmitztes Lächeln kann ich nicht sehen, aber nach ihrem Ausspruch: „Willst du das Boot nicht losbinden?", kann ich es erahnen. Dann noch einmal die ganze Prozedur: raus, Boot losbinden, wieder einsteigen. Es dauert lange bis wir Maria und Christian wieder eingeholt haben. Ihre Frage: „Wo kommt ihr denn nun erst her?", beantwortet ich nicht, das kann Janette viel besser. Ich habe doch keine Augen hinten! Am frühen Nachmittag erreichen wir Hannoversch Münden. Wir beschließen die Besichtigung der Stadt nachzuholen, wenn wir das Auto wieder zurückholen. Wir wollen die Boote nicht so unbewacht am Ufer liegen lassen.

Und nun sind wir auf der Weser. „Wo Werra sich und Fulda küssen, sie ihren Namen büßen müssen. Und hier entsteht durch diesen Kuss, Deutsch bis zum Meer der Weser Fluss." So steht es auf dem Weserstein in Hannoversch-Münden.

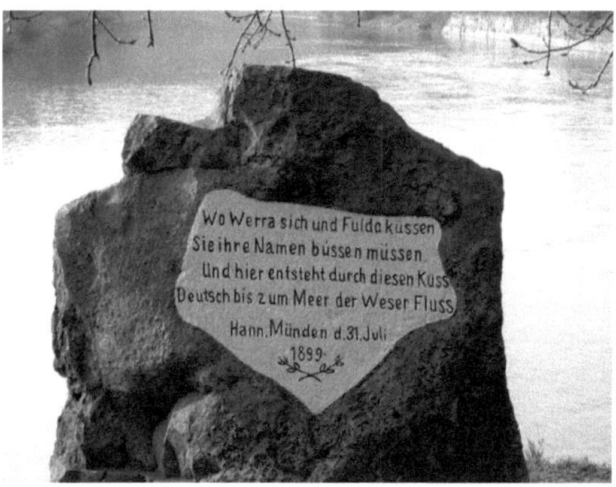

Die Weser teilt sich in drei Flussabschnitte auf: in die Oberweser von Hannoversch Münden bis Minden, die Mittelweser von Minden bis Bremen und die Unterweser von Bremen bis Bremerhaven. Sie durchfließt zuerst in vielen Schleifen ein romantisches Bergland. Bei der Porta Westfalica tritt sie in die norddeutsche Tiefebene ein, bis sie bei Bremerhaven in die Nordsee

mündet. Wir wollen die Oberweser nur bis Hameln erkunden, heute nur noch bis zu einem DKV-Zeltplatz im Bramwald - ein Platz ohne besondere Einrichtungen. Gleich hinter Hannoversch Münden, bei der Jugendherberge, steigt eine Gruppe Schüler aus Soltau mit ihrem Lehrer in die Boote. Wir kommen mit ihnen kurz ins Gespräch und wundern uns, wie unbekümmert sie diese Fahrt in Angriff nehmen und mit welcher Freundlichkeit sie sich mit uns unterhalten. Sie sind nicht in Eile, wobei wir ja schon seit heute Vormittag unterwegs sind. Wir passieren Vaake auf der linken Flussseite, ein lang gezogenes Dorf mit einer schönen Uferfront. Die erste Fähre auf der Weser verlangt unsere Aufmerksamkeit. Ein kurzer Gruß und wir sind vorbei.
Jahrhundertelang war die Weser Transportweg und Lebensader sehr vieler Mittelgebirgsregionen. Heute fahren kaum noch Frachtschiffe auf der Oberweser, aber dafür viele Ausflugsdampfer. Ein Raddampfer kommt uns entgegen. Die großen Schaufelräder bringen mit einem unermüdlichen „schaff, schaff, schaff“ den Dampfer mit seinen vielen Passagieren stromaufwärts. Fröhlich winken die Menschen zu uns herüber. Wir haben keine Zeit zum Zurückwinken, denn die kurzen, hohen Wellen müssen wir erst meistern. Nun haben wir einen herrlichen Blick auf die dicht bewaldeten Hügel und Berge rechts und links der Weser. Diese reizvolle Mittelgebirgslandschaft mit ihren dichten Laub- und Nadelwäldern zieht sich bis nach Minden hin. „Was ist denn das?“ Der Dampfer ist schon lange aus unserer Sichtweite, und nun kommt wie aus heiterem Himmel eine kurze, sich überrollende Welle direkt auf uns zu. Wir haben überhaupt keine Zeit, uns davor zu schützen und schwupps ist sie in den offenen Luken. Alle sind wir nass! Gut, dass unsere Ausrüstung wasserfest verpackt ist.
Bei Kilometer 16 erreichen wir den DKV-Zeltplatz. Ein unscheinbares Schild weist uns darauf hin. Wir steigen aus und begutachten die wunderschön gemähte Wiese. In aller Ruhe stellten wir unsere Zelte auf und bereiten unser Abendessen vor. „Sieh mal, da kommt ein Bauer mit seinem Trecker!“ – so Maria. „Ob er mit uns wohl zu Abendessen will?“ Er hält kurz vor unseren Zelten an und stellt seine Maschine aus. Lächelnd kommt er auf uns zu. „Seid ihr sicher, dass ihr auf dem DKV-Zeltplatz seid?“ so seine Begrüßung. „Ja“, unsere Antwort. „Nee, nee, das hier ist meine Wiese.“ „Der DKV-Zeltplatz ist dort, wo die Brennnesseln stehen und alles so verwildert aussieht!“ „Wir haben uns schon gewundert, dass es hier so gepflegt aussieht! Das Schild steht am Ende der Bauernwiese und am Anfang des verwilderten Platzes. Es war für uns nicht so eindeutig zu sehen“, so unsere lapidare Antwort. Wir dürfen bleiben, auch länger, aber mit dem Versprechen, dass wir den Platz wieder sauber verlassen. Großes Ehrenwort! Sicherlich haben wir das auch unseren Ehefrauen und ihrem charmanten Lächeln zu verdanken. Sicherlich hat der Bauer auch erkannt, dass Maria schwanger ist. „Guck mal, wer da kommt!“ sagt Janette, „unser Lehrer mit seiner Klasse!“. Auch er und seine fünf Schülern, haben diese schöne Wiese zum neuen

DKV-Platz erkoren. Florian heißt er und ist Kunsterzieher – ein schönes Fach. Dazu passt seine Fröhlichkeit, die er ausstrahlt. Wir lachen an diesem Abend sehr viel. Ich sehe auch ein bisschen neidisch zu den Schülern auf. So ein Glück hätte auch ich gerne zu meiner Schulzeit gehabt: Klassenfahrt in den Ferien. Sie bleiben nur eine Nacht.
Wir hängen noch einen Tag und eine Nacht an. Eine leichte Wanderung zur versteckten Ruine des sagenumwobenen Raubritternestes Bramburg wollen wir uns nicht entgehen lassen. Am frühen Morgen entdecken wir viele Wiesenchampions, die wir noch ernten und verzehren wollen. Aber zunächst auf zur Burgruine. Die Bramburg an der Weser, in der Nähe von Hemeln, wurde im 13. Jahrhundert als Grenzsicherungsanlage erbaut. Die Welfen erwarben sie im Jahre 1276 einschließlich Bramwald und machten sie zur Grenzbefestigung. Die Herren von Stockhausen, die Besitzer dieser Burg, trieben hier ihr Unwesen. Sie überfielen ehrbare Kaufleute. Im 14. Jahrhundert führte der Herzog von Sachsen eine Strafexpedition durch, bei der die Bramburg belagert, erobert und schließlich zu beträchtlichen Teilen zerstört wurde.
Wir erreichen die stark verfallene Bramburg und genießen von hier einen herrlichen Blick über die Weser. Wir machen es uns bequem, ein jeder auf seine Art, und stellen uns das Burgleben zur damaligen Zeit vor.
Ich bin mit meinen Gedanken ganz woanders. Mein Körper schläft, aber mein Geist ist hellwach! Wer hat mich denn da in einen Trancezustand versetzt? Ein großer Engel im langen glitzernden Gewand schwebt ein und lässt sich bei mir nieder. Mein süßer Engel beginnt zu erzählen: „Ein Geschlecht von mächtigen Riesen bewohnte einst die ehemaligen Schlösser auf den Bergen an der Diemel und an der Weser. Der mächtigste Reinhardswaldriese war Kruko. Kruko hatte drei Töchter – Brama, Saba und Trendula.
Nach dem Tode des Vaters hatten Brama und Saba den Christenglauben angenommen, während Trendula den alten heidnischen Göttern treu blieb. Sie verfolgte ihre Schwestern und machte ihnen das Leben schwer. Besonders Brama ging dies zu Herzen. Sie weinte jeden Tag und jede Nacht über diese Ungerechtigkeit. Durch das viele Weinen erblindete sie. Schließlich verließ Brama die Burg ihres Vaters und baute sich auf dem anderen Ufer der Weser die Bramburg. Auch Saba konnte es nicht länger bei der neidischen Trendula aushalten und baute sich im Reinhardswald die Sababurg. Abends, wenn dichte Nebel sich ins Tal der Diemel und der Weser legten, machte sich Saba auf den Weg, um ihre blinde Schwester zu besuchen. Sie blieb bei ihr, bis die ersten Strahlen der Morgensonne über dem Reinhardswald aufgingen und sie zur Heimkehr mahnten. Trendula, die von den nächtlichen Besuchen ihrer Schwester auf der Bramburg gehört hatte, beschloss, sie zu töten.
Eines Tages hatte Saba wieder einmal bei ihrer Schwester geweilt. Schnell waren die Stunden im trauten Gespräch vergangen. Auf dem Heimweg fiel Trendu-

la in der Nähe von Krukenburg über ihre Schwester her und erwürgte Saba. Die Stelle, an der das geschah, nennt man heute noch die Mordskammer. Zur Strafe für diese Tat wurde Trendula vom Blitz erschlagen. Der Sage nach war der göttliche Zorn so groß und der Blitz so gewaltig, dass er einen Trichter von rund 450 Metern Umfang hinterlassen haben soll."
Die Haare stehen mir zu Berge, mich gruselt es. Schweißgebadet wache ich auf. Mein Gesprächspartner, mein „Engel-Geist", ist wie vom Erdboden verschluckt. „Geht es dir nicht gut?" fragt Janette. „Doch, doch", sage ich, „ich kann euch nun eine unglaubliche Geschichte von der Bramburg erzählen!" Sie zeigen nicht mit dem Finger an die Stirn, nein, sie hören mir aufmerksam, wie einem Märchenerzähler, zu.
Langsam und gemütlich schlendern wir zu unseren Zelten zurück, beeindruckt von der Sage über die Burgen. Die Wiesenchampions hat während unserer Abwesenheit zum Glück keiner entdeckt. Innerhalb kurzer Zeit sind sie geerntet. Die Mädels putzen sie und bereiten sie zu und wir dürfen heulend die Zwiebeln zu diesem Mahl schälen. Zum Glück haben wir eine große eiserne Pfanne dabei. Wir schmausen wie „Gott in Frankreich" und machen dazu auch unsere Kommentare: „Nun stell dir mal vor, da ist ein giftiger Pilz dabei und du wachst am nächstem Morgen nicht mehr auf?" So versuche ich Christian die Mahlzeit zu vermiesen. Er durchschaut mich schnell. Nicht ein bisschen gibt er mir von seiner Portion ab. Auf einmal aber ist Maria verschwunden. Ihr sind unsere Kommentare auf den Magen geschlagen und sie füttert mit den Pilzen die Fische in der Weser. Das haben wir nicht gewollt!

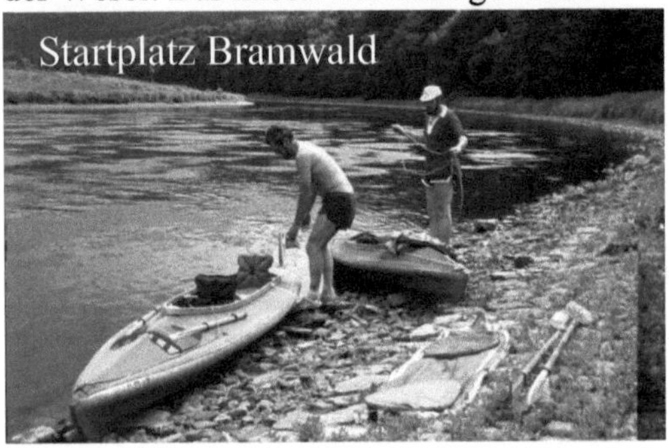

Am frühen Morgen des nächsten Tages verlassen wir unseren Traumplatz, wie es sich für Kanuten gehört, ordentlich und sauber. Das Sommerwetter lacht uns an. Auch Maria ist uns nicht mehr böse.
Noch einmal haben wir einen herrlichen Blick auf den Bramwald. Diese reizvolle Mittelgebirgslandschaft zieht sich mit dichten Laub- und Nadelwäldern zu beiden Seiten der Weser bis nach Minden hin. Im 16. und 17. Jahrhundert entstanden hier prunkvolle Schlösser und Bürgerhäuser. Die Rathäuser sind im Stil der so genannten Weser-Renaissance erbaut. Eine Stilart, in der spätgotische Fachwerkfassaden und Renaissance-Elemente eine eigenwillige Verbindung eingegangen sind. Wir passieren die Orte Oedelsheim rechts und Gieselwerder links. Den Aufstieg ab Gieselwerder zur Sababurg sparen wir uns. Die Etappe ist zu kurz. Auch möchte ich bei der

Sababurg nicht noch einmal so eine Mordgeschichte erzählt bekommen. Die drei Riesentöchter Brama, Saba und Trendula reichen mir.
Unser heutiges Ziel heißt Beverungen. Ab Lippoldsberg verlassen wir den Bramwald. Wir lassen uns wieder einmal treiben und genießen die frische Luft und die Stille auf dem Wasser. Unterhalb Wahnbeck beginnt die Engtalstelle Sollingdurchbruch. Auf der folgenden Wasserskistrecke bleibt alles ruhig. Kurz vor Karlshafen müssen wir auf einmal die Arme langmachen. Woher kommt der steife Wind? Und dann noch genau von vorne! Nach gut einer Stunde strammer Paddelei erreichen wir Karlshafen. Uns steht vor Anstrengung der Schweiß im Gesicht. Nach der großen rechts schwenkenden Weserbogen ist es als wäre nichts gewesen. Ist über uns noch einmal ein Geist hinweggezogen und hat im Sog den kräftigen Wind entfacht? „Brama, Saba, Trendula, ihr sollt euch schämen, uns Paddler so zu ärgern!“ Karlshafen, die Stadt an der Mündung der Diemel. Am linken Ufer liegt die weiße Flotte vertäut und wartet auf Passagiere. Noch einen Blick hinauf zum Hugenottenturm, dann verlassen wir Karlshafen.

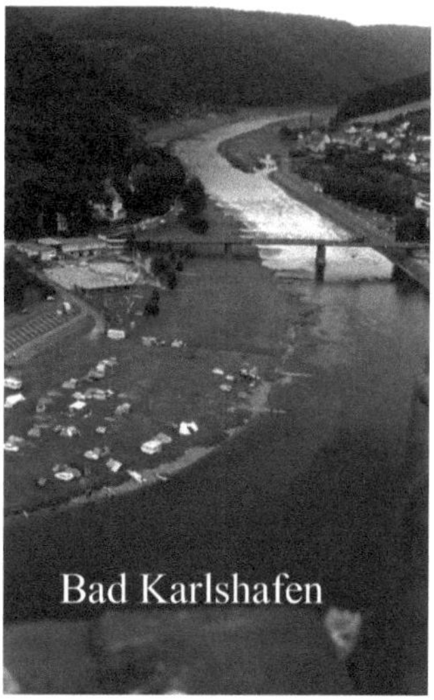
Bad Karlshafen

Kurz darauf erreichen wir den Wassersportverein Beverungen. Kaum haben wir unsere Zelte aufgebaut, erscheint Florian mit seiner Gruppe. Sie haben zwischenzeitlich in Wahnbeck gezeltet. Nach einem guten Essen in Wahnbeck hatten sie keine Lust mehr weiter zu paddeln.
Und wir haben heute keine Lust, selber etwas zu brutzeln. Das über dem Wassersportverein gelegene Vier-Sterne-Hotel lädt förmlich zum Essen ein. So gehen wir in Sportanzug und unseren grün und rot gefärbten Holzschuhen mit den passenden grün–rot gestrickten Strümpfen hinauf. Unter Kanuten ist es üblich, damit auszugehen. Wenn uns Passanten entgegen kommen, haben wir die Lacher auf unserer Seite. Im Eingangsbereich des Hotels ziehen Janette, Maria, Christian und ich die Holzschuhe aus, stellen sie fein säuberlich in Reih und Glied auf und gehen auf leisen Sohlen ins Restaurant. Oh, was für ein feines Ambiente! Stühle und Tische in „Gelsenkirchener Barock“, die Sitzflächen mit rotem Plüsch überzogen. Viel zu fein für uns Kanuten. Wir sehen uns gegenseitig an und verlassen, wie auf Kommando, das feine Restaurant fluchtartig. Kaum im Freien, fliegt die Tür auf und der Oberkellner steht neben uns. „Meine Damen, meine Herren, sie können getrost hereinkommen!“ sagt er, „wir haben sie schon beobachtet und die Parade der Holzschuhe haben wir auch abgenommen. Höflich und charmant weist er uns einen Tisch zu. Wir bestellen zur Feier des

Tages Rehmedaillons, dazu erlesenes Gemüse und Kroketten. Durch die höfliche Art der Ober finden wir schnell zu unserem Selbstvertrauen zurück und wir unterhalten uns wieder ganz normal. Gekünstelte Gesichter sind nicht unsere Welt. „Wer steht denn da draußen und drückt seine Nase an die Scheibe?“ ruft Maria. „Unser Florian!“ Auch er will nicht hereinkommen. Viel zu fein das Restaurant! Wiederum hilft unser Ober aus. Dann wird serviert. Vier Kellner, mit langen grünen Schürzen bekleidet, stellen auf silbernen Tabletts erst einmal alles zur Schau. Das Wasser läuft uns im Munde zusammen. Der Oberkellner dirigiert nur. So etwas haben wir noch nicht erlebt. Und es schmeckt phantastisch!

In Beverungen legen wir einen Ruhetag ein. Dieses feudale Essen müssen wir erst einmal wieder ablaufen. Anstrengend ist schon der Weg vom Bootshaus bis in die Stadt. Zwei Kilometer können manchmal ganz schön weit sein. Erst recht, wenn man so faul ist wie ich an diesem Tage. Ein Fehler war es nicht, durch diese kleine und hübsche westfälische Stadt nur zu bummeln.

Mit einem dreifachen „hipp, hipp, hurra“ verabschieden wir Florian und seine Gruppe. Hier sehen wir sie zum letzten Mal.

Wir sind auf dem Weg nach Holzminden. Nach gut einer Stunde passieren wir Fürstenberg, wo seit 1747 im Schloss die berühmte Porzellanmanufaktur untergebracht ist. Ich kann mich daran erinnern, dass ich im Jahre 1968 hier schon einmal am Fuße der Gebirgswand gezeltet habe. Die kleine idyllische Kneipe, mehr ein Knusperhaus, kommt mir bekannt vor. Wir paddeln vorbei, auch wenn unsere Frauen ein bisschen protestieren. Unser Argument, dass es schwierig sei, edles Porzellan im Kanu zu transportieren, ist schließlich überzeugend.

Kurz darauf passieren wir Höxter. Neben dem Kanuclub befindet sich ein Freibad. Das Wetter lädt zwar zum Baden ein, aber wir sind zu faul zum Aussteigen und lassen uns an der Altstadt mit herrlichen Fachwerkhäusern, im Stil der Weser-Renaissance, vorbeitreiben. Unmittelbar danach erreichen wir die weltberühmte Abtei Corvey. Das Westwerk der Kirche stammt aus dem 9. Jahrhundert. Wir wollen Hoffmann von Fallersleben „besuchen“, den Dichter unserer deutschen Nationalhymne. Vor der Eisenbrücke, in der Innenkurve, legen wir auf einer Kiesbank an. Wir nehmen unsere Wertsachen aus den Booten, verschließen die Luken und machen uns auf den Weg zur Abtei. Heute ist wohl nicht unser Tag, denn „Ruhetag“ steht am Portal. Dann eben nicht! Wir machen dafür eine Brotzeit.

Wir verlassen Corvey und paddeln unter der Eisenbahnbrücke hindurch, auf der gerade ratternd ein Zug fährt. Viele Kinder, sicherlich auf Klassenfahrt, winken uns fröhlich zu. Wir verlassen den Sollinghang. Die Weser macht hier einen großen Bogen Richtung Süden. Es kommt uns vor, als ob wir wieder zurück nach Corvey paddeln würden. Fröhliche Kinder begleiten uns rennend am Ufer und rufen uns zu: „Wo geht die Reise hin?“ „Nach Holzminden!“ Links unter-

halb der Straßenbrücke finden wir das Bootshaus des Kanu-Klubs. Am rechten Flussufer liegt die Hafenstadt. Wir bummeln über die Brücke und sehen uns die Lutherkirche und den Markt im Zentrum der Altstadt an. Trotz Brückennähe haben wir gut geschlafen.
Wir sind wieder zeitig auf dem Wasser. Durch unser Gepäck liegen unsere Faltboote schwer und träge im Wasser. Christian packt der Übermut. Wie ein Gondoliere steht er hinten im Boot und lässt es mit dem Strom treiben. Seiner lieben Maria, mit dem Kind unterm Herzen, ist es nicht ganz wohl bei der Sache und mit einem energischen Ausdruck zwingt sie Christian, das zu lassen. Mit dem Gondolierenruf: „Oh-ha-ho!" konnten wir die Situation sehr schnell entschärfen.

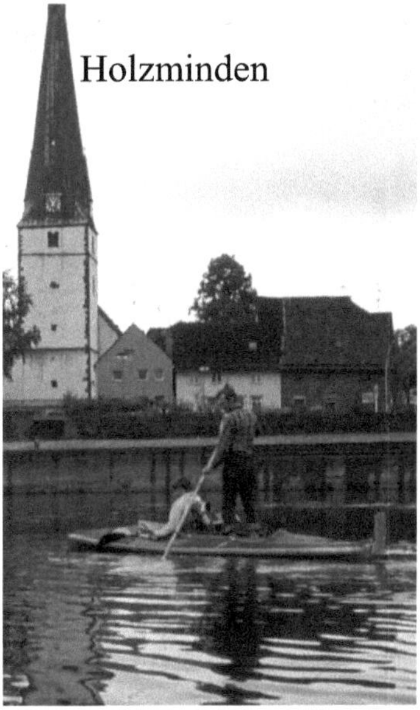

Wieder kommt es uns so vor, als würden wir zurück nach Holzminden paddeln. Der Fluss läuft wieder gen Süden. Fischernetze, so genannte Aalhame, sind im Fluss gesetzt. Bei Begegnungen mit bergfahrenden Weserschiffen wird es eng, da die Schiffe ganz dicht an die Aalreusen heranfahren. Wir warten vorsorglich in Ufernähe ab, denn die Wucht der Bugwellen würde uns womöglich in die Netze drücken.
Nach Passieren des Ortes Polle erkennen wir auf einer Anhöhe die Gaststätte „Zur Brille". Hier legen wir an und erklimmen den Weg zum Lokal. Omas Ofen ziert in einer Ecke den gemütlich eingerichteten Raum. Das lange schwarze Ofenrohr verschwindet in der oberen Decke. Der gepflegte, aber knarrende Holzfußboden versetzt uns in eine urgemütliche Stimmung und den Raum in einen gewissen Charme. Dass das von uns bestellte rustikale Essen so ausgezeichnet ist, passt zum Flair! Wir sind danach pappsatt und so rundherum zufrieden, dass wir auf eine sofortige Weiterfahrt verzichtet haben. Ein ausgiebiger Mittagsschlaf am Ufer der Weser tut uns allen sehr gut.
Am späten Nachmittag erreichen wir nach einer windungsreichen Flussfahrt Bodenwerder. Beim Kemnader Kanu-Club, am Ende der Stadt, bauen wir unsere Zelte auf. Ein Bauwagen beherbergt Aufenthaltsraum und Toilettenanlagen. Die Brücke über den Fluss ist in der Entstehung, so stört uns auch kein Autoverkehr. In Bodenwerder lebte einst der Freiherr von Münchhausen. Wer kennt nicht den Lügenbaron auf seinem legendären halben Pferd? Oder die Geschichte mit dem Ritt auf der Kanonenkugel? Dazu gibt es noch eine spannende Vorgeschichte, die in einem anderen Kapitel über eine Weserfahrt preisgegeben wird. Sie fand erst einige Jahre später statt.

Wir sind auf unserer letzten Etappe nach Hameln und paddeln an Schloss Hehlen vorbei, ein Renaissance-Schloss mit eigenwilligen Zwiebeltürmen, welche an die Zarenzeit in Russland erinnern. Linker Hand begleitet uns ein Personenzug, von einer Dampflokomotive gezogen, mit fröhlichen winkenden Menschen. Es ist Urlaubszeit. Ab dem kleinen Ort Ohr bemerken wir den Rückstau des Wehres in Hameln. Die Fließgeschwindigkeit der Weser wird abrupt weniger - das Wasser steht. Wir bleiben auf der rechten Seite und steuern direkt den Kanu-Club Hameln an. Hier endet eine schöne Reise mit vielen neuen Eindrücken. Wir waren zehn Tage für 209 Kilometer unterwegs. Das Schönste aber war das geruhsame „Dahingleiten“ auf den langsam fließenden Flüssen.
Zum Urlaubsabschluss wollen wir Hähnchen grillen. Den Spieß haben wir dabei, aber wo sind die Festhalteklammern? Wer sich nicht zu helfen weiß, kann kein Paddler sein! Wir funktionieren die Zeltbügelhalter, die an den Aufstellstangen befestigt werden können, um! Ein herrliches Abschlussmahl!
Werra und Weser, wir kommen wieder!

Halfsteder Bäke
Eine Frühlingsfahrt im Jahre 1974

„Wenn unser Familienname in der Bezeichnung (Half)-steder-Bäke schon enthalten ist“, so Herbert und Wolfgang, Mitglieder im WKK, „ist es schon ein Muss, diesen kleinen Bach zu befahren. So können wir auch gleich bestimmen, ob er aus Naturschutzgründen in dem deutschen Flusswanderbuch weiterhin aufgenommen werden soll. Bernd, hättest du nicht Lust mitzukommen? Meinten meine Sportsfreunde. „Dann hätten wir auch gleich das zweite Auto zum Umsetzen.“ Die Halfsteder Bäke entspringt in der Nähe von Wiefelstede bei Oldenburg und mündet zwischen den Dörfern Halfstede und Aschhausen in das Zwischenahner-Meer. Wir brachten ein Auto zum Zielpunkt und fuhren, beladen mit drei Booten auf dem Pkw-Dach zurück zu unserem Einsteigepunkt. Äußerst schwierig war es, unseren kleinen Bach im Wald zu finden. Ein freundlicher Bauer half uns. Wir durften sogar unser Auto auf seinem Gelände parken. Schmunzelnd sah er zu, wie wir unsere Boote abluden und zum Bach brachten. „Soll ich euch einen Spaten mitgeben,“ rief er uns zu, „damit ihr auch gut um die Kurven kommt?“ Na, so schlimm war es ja nicht, wir hatten eine Flussbreite von gut einem Meter. Mussten wir uns am Anfang auch von der Uferkante abstoßen, so wurde die Bäke bald breiter, so dass wir mit zwei Booten nebeneinander fahren konnten. Besser konnten wir es gar nicht haben. Es war Frühling und das erste zarte Grün leuchtete uns entgegen. Den frischen Duft des Waldes atmeten wir genussvoll ein. „Kennt ihr noch das Frühlingsgedicht von Eduard Mörike?“ rief ich meinen Paddlerfreunden zu. „Ja,“ antworteten sie, „erinnere uns bloß nicht an unsere Schulzeit!“ „Von der „Glocke“, über „Pole Poppenspäler“, und „Wer reitet so schnell durch Nacht und Wind“, mussten wir so manches Gedicht auswendig lernen!“ Gemeinsam haben wir im Päckchen liegend, gegrübelt und mit „Hängen und Würgen“, den Text der Strophe zusammen bekommen:

Er ist’s.
Frühling lässt sein blaues Band
wieder flattern durch die Lüfte.
Süße wohlbekannte Düfte
streifen ahnungsvoll das Land.
Veilchen träumen schon,
wollen balde kommen.
Horch, von fern ein leiser Harfenton!
Frühling, ja du bists!
Dich hab ich vernommen!

Unsere Deutschlehrer hätten sich gefreut, dass wir das Erlernte noch so gut konnten. Gegenseitig haben wir uns grinsend auf die Schulter geklopft. Stolz wie die Spanier setzen wir unsere Reise fort. Die Strömung brachte uns schnell vorwärts. Jeder war mit sich selbst beschäftigt und hing seinen eigenen Gedanken nach. So merkte ich gar nicht, dass Herbert und Wolfgang zurückblieben. Nur ihr herzhaftes Lachen konnte ich aus der Ferne noch deutlich hören. Ich kümmerte mich nicht weiter darum und setzte meine Fahrt fort. Kurz vor dem Dorf Halfstede entdeckte ich an der rechten Fluss-Seite eine selbstgebaute hölzerne Hühnerleiter, bei der in der Mitte eine Sprosse fehlte. Ich paddelte daran vorbei und dachte so bei mir, dass die Leiter wohl genau so lang sein könnte, wie der Fluss breit ist. Schnell machte ich eine Kehrtwendung und baute mit der Leiter eine Barrikade quer in den Fluss. Die Strömung kam mir zur Hilfe und das gute Stück verkeilte sich in den Uferkanten. Beide Ufer, waren ziemlich steil, leicht unterspült und auch noch mit Brennnesseln bewachsen. Schweißgebadet, die körperliche Ertüchtigung zur Ausführung meiner Flusssperrung hatte mich ganz schön ins Schwitzen gebracht, begutachtete ich mein Werk. „Das musste wohl so sein,“ dachte ich laut bei mir, „die ist extra dafür hergestellt worden.“ Es dauerte gar nicht lange und meine Freunde stießen auf das Hindernis. „Wie bist du denn da durch gekommen?“ rief Herbert mir zu. „Ganz einfach,“ antwortete ich, „durch das Loch!“ Die beiden bekamen einen Lachkrampf. „Das Loch ist nur einen halben Meter breit und fast genau so hoch und dein Boot ist 60 Zentimeter breit," riefen sie mir zu, „und dann noch deine Körperfülle!" „Ihr müsst euer Boot ankanten, schräg stellen," rief ich ihnen zu, „durch die Diagonale habt ihr mehr Luft und mit einer leichten Körperverrenkung seid ihr durch!" Sie tippten mit dem Finger an die Stirn. „Du hast `ne Meise!" Nun versuchten sie mit vereinten Kräften die Leiter aus dem Ufer zu ziehen. Nichts. Sie konnten ruckeln und ziehen soviel sie wollten, die Leiter löste sich nicht aus ihrer Lage. Ich konnte mir ein Grinsen nicht verkneifen. Es half ihnen nichts. Sie mussten aussteigen, was nun auch nicht ganz einfach war. Aber sie haben es geschafft und ich musste mir einige kernige Sprüche anhören. Sie haben es geahnt, dass ich die Sperre gelegt hatte, was ich dann auch kleinlaut zugegeben habe. Ich versprach eine Runde auszugeben, damit sich ihre Gemüter wieder beruhigten.

„Wir haben Frühling, meine Herren," sagte ich zu ihnen, „hört auf zu kaueln, euer Faseln und Labern geht mir auf dem Geist!" Langsam brachten sie mich aus der Ruhe. Um mich abzulenken, sang ich ein Lied auf den „Herrn Mai". „Das heißt nicht, der Herr Mai," riefen sie mir zu," sondern nur: der Mai ist gekommen!"

Nun war es nicht mehr weit bis zu unserem Ziel. Schnell waren die Boote aufgeladen. Nur sechs Kilometer hatten wir auf der Halfsteder Bäke zurückgelegt. Aber durch unseren Spaß und unsere Fröhlichkeit wurde die Fahrt auf der Bäke zu einem besonderen Erlebnis. Im Bootshaus des WKK gab ich die versprochene Runde aus. Es blieb nicht bei der einen. Immer lustiger wurden wir. Das Wort „Diagonale" wurde zum Zungenbrecher: „Du musst die D i o g o n o l e nehmen und dabei singen, der Herr Mai ist gekommen! Dann kommst du auch durch das Leiterloch!"

24 Stunden im Boot
oder einmal Emden und zurück

In unserer Chronik zum 50-jährigen Jubiläum des Wilhelmshavener Kanu-Klubs 1927 e.V. las ich zum ersten Mal etwas von einer 24-Stunden-Fahrt. „Was sie früher konnten, das kannst du bestimmt auch", sagte ich zu mir. Was Kondition und Sitzfleisch betraf, dürfte das wirklich kein Problem sein. Mit 35 Jahren ist man im besten Mannesalter und braucht sich vor so einer Fahrt nicht zu fürchten!

Weiter hieß es in der Ausschreibung: Start und Ziel ist der WKK. Die Mindeststrecke muss 120 Kilometer betragen und in 24 Stunden gepaddelt werden. Al-

so, wer nach 23 Stunden oder weniger die geforderten Kilometer schon erreicht hatte, durfte noch nicht aufhören. Die Zeit war bindend! Kleine Verschnaufpausen waren erlaubt, aber schlafen war bei Strafe verboten!
Ich suchte mir zwei Mitstreiter, die mich zunächst für nicht ganz normal hielten, aber dann doch im Sommer 1977 mit mir diese Tour unternahmen.
So machten Wolf, Dieter und ich uns nachmittags um 15 Uhr auf den Weg. Der Ems-Jade-Kanal sollte nun für 24 Stunden unser Gewässer sein. Viel Gepäck benötigten wir nicht. Die Boote sollten leicht bleiben. Ein bisschen zum Essen und ein paar Ersatzklamotten, falls wir Bekanntschaft mit dem Wasser machen sollten. Auch etwas Kleingeld, damit der mögliche „Bademeister" dann auch eine Runde ausgeben konnte. Ein „Glas-Bier-Geschäft" gab es fast an jeder Schleuse.
Wolf war der Stärkste in unserer Runde. Ausgerechnet er wollte im Rennkajak fahren. Seine Stärke demonstrieren konnte er aber auch im normalen Touringboot. Das haben wir dann für ihn besorgt. Seine Schwächen kannten wir. Er konnte nicht lange auf seinen vier Buchstaben sitzen. Er musste dann raus und ein paar Schritte laufen. Wir setzten jeweils stetig unsere Fahrt fort. Was konnten wir denn dafür, wenn er solche Sitzprobleme hatte? Seinen Feldwebelton: „Wartet doch", ignorierten wir einfach. Als Rennfahrer würde er uns doch wohl wieder einholen können?
Die ersten Kilometer ging es zügig voran. An unserem vereinseigenen Zeltplatz in Hoheesche rauschten wir nur so vorbei. Die „Wohnwagenfritzen" schüttelten mit dem Kopf.
„Könnt ihr nicht mal aussteigen und uns begrüßen, wie sich das gehört?" riefen sie. Wir hatten keine Zeit. Auf der Rücktour könnten wir das immer noch nachholen. Die Schleusen Wiesede und Üpschört waren aufgrund des wenigen Gepäckes schnell umtragen. Wolf fuhr immer ein Stück voraus. Was hatte er damit im Sinn? Dieter und ich ließen uns nicht ärgern und behielten unseren Rhythmus bei. Sollte er doch machen was er wollte! Oder waren ihm schon wieder die Beine und der Hintern eingeschlafen?
Langsam begann es zu dämmern. Jeder ging seinen eigenen Gedanken nach. Geredet wurde nur das Nötigste. Wir wollten Kräfte sparen. Ich beschäftigte mich in Gedanken mit der anstehenden Umstrukturierung des WKK. Bald sollte es vorbei sein mit der Rennabteilung. Das fehlende Geld zwang den geschäftsführenden Vorstand zur Auflösung dieser Sparte. Dann sollte es nur noch heißen: Förderung des Breitensports. Später stellte sich diese Entscheidung als richtig heraus. Die Kilometerleistungen sollten in die Höhe schnellen. Aber so weit waren wir noch nicht. Vorerst waren wir auf 24-Stunden-Tour.
Zur Zeit, als ich noch Rennen fuhr, bekam ich als schwächster Paddler im Glied immer ein paar Minuten Vorsprung. Es ist ja auch nicht schön, wenn man immer „hinterherhecheln" muss. Eines Abends gewährte man mir in Richtung Dykhau-

sen fünf Minuten Vorsprung. Ich paddelte wie ein Weltmeister. Nach drei Kilometern war ich so erschöpft, dass ich überhaupt keine Lust mehr hatte. Ich griff zu einer List. Anhalten, raus aus dem Boot. Mann und Boot hinter der Böschung verstecken. Gesagt, getan. Ich hörte am Eintauchen der Paddelblätter den Rest der Mannschaft schon kommen. Plötzlich, auf meiner Höhe, verringerten sie die Geschwindigkeit. Hatten sie mich entdeckt? Aber nein, die Truppe setzte sich wieder in Bewegung. Ich stieg, nachdem sie mich nicht mehr sehen konnten, wieder ins Kajak und paddelte seelenruhig ins Bootshaus zurück. Das Ende der Tour ist schnell erzählt. Sie hatten mich doch ertappt. Die durch mein Paddeln erzeugten Kringel und die Blasen auf der Wasseroberfläche hörten abrupt auf. Sie hatten es geahnt, dass ich hier das Wasser verlassen hatte. Ich musste Abbitte leisten und zur Strafe alle Rennkajaks waschen. So ist das eben. Wer andere eine Grube gräbt, fällt selbst hinein! „Dieter, Wolf – wisst ihr noch?", begann ich. Und ob sie es wussten. „Du, lieber Bernd", so Wolf, „das machst du nicht noch einmal mit uns."

Trotzdem, es ist und bleibt eine spaßige Erinnerung.

Plötzlich waren wir vor der Schleuse Wiesens. Bis zur Schleuse Rahe brauchten wir nur noch eine Stunde. Hier, nach 45 Kilometern Paddelei, genehmigten wir uns in der Schleusen-Gaststätte ein Bier.

„Wo wollt ihr denn zu so später Abendstunde noch hin?" fragte der Wirt. „Nach Emden und gleich wieder zurück", antworteten wir. „Ist das normal? Was soll man dazu sagen?" - meinten die Gäste. Na ja, ein wenig verrückt sind wir schon, aber das müssen wir denen nicht gleich auf die Nase binden. Die Ostfriesen hatten keinen Sinn für unser gestecktes Ziel. Wir hielten uns hier nicht lange auf und stiegen wieder in die Boote.

„He – weiter rüber! Was habt ihr denn hier im Dunkeln zu suchen?" „Das kann man auch anders sagen. Gleiches Recht für alle", erwiderten wir. Die Auseinandersetzung mit den Anglern ging zum Glück sportlich aus, trotz einer Angelschnur in der Steueranlage. Gleich danach wieder Angler. Sehen konnten sie uns nicht, aber gehört hatten sie uns schon. „Bei Dunkelheit habt ihr nichts mehr hier zu suchen!" „Ha, ha und was macht ihr hier?" Sie haben wohl gedacht, es kämen Riesenfische.

Emden – von fern ein heller Fleck am Horizont - erreichten wir nachts um 1 Uhr. Die erste Etappe hatten wir geschafft. Jetzt mussten wir uns erst einmal richtig stärken. Heißer Tee und Schwarzbrot mit Speck jagte uns die Müdigkeit aus den Knochen. „Lasst uns gleich zurückfahren", sagte Dieter, „vielleicht können wir noch mehr Kilometer schaffen". Wir wussten nicht, was uns noch blühte. Zurück fuhren wir in ein Nichts. Es war kohlrabenschwarze Nacht, man hörte nur das Eintauchen der Paddel. Keiner sprach ein Wort. Wieder hing jeder seinen eigenen Gedanken nach. Dann Wolf: „Auf was für einen Blödsinn haben wir uns da eingelassen?" „Auch hatte ich mir das anders vorgestellt; man fährt

im Zweier-Kajak und wenn einer müde ist, schläft er, während der andere paddelt - oder umgekehrt.“ „Das können wir ja beim nächstem Mal ausprobieren“, erwiderte ich.
Rumms, so ein Mist, ich war genau gegen einen Brückendalben gefahren. Danach war ich aber hellwach. Wolf und Dieter wären fast vor Lachen in den Kanal gefallen. „Lacht ruhig, der liebe Herrgott sieht euch auch nachts“, rief ich ihnen zu.
Morgens um 5 Uhr waren wir wieder an der Schleuse Rahe. Die Bauern fuhren zum Melken. Bei uns gab es Spiegeleier mit Speck, ein Paddler–Kraftessen! Dazu heißen Tee, und wir waren wieder bester Laune. Aber wie lange noch? Ab Aurich fielen uns dann die Augen zu. Nur gegenseitiges Anschreien hielt uns wach. Wolf weckte Dieter und mich mit seinem Feldwebelton immer wieder auf.
An der Schleuse Upschört nahte dann für Wolf die Strafe. Dieter hatte ihn überredet auf ein Brett zu fahren, um so bequemer aussteigen zu können. Das Brett hatte er wohl nicht richtig mittig erwischt und prompt fiel er in den Kanal. Wie ein Frosch sah er aus, denn der Kanal war voller Entenquark. Einen Kenterbeutel mit Ersatzklamotten hatte er nicht dabei. Es war nur eine reine Pilsfrage, wir konnten aushelfen. Die Hagebutten-Teebeutel färbten das Wasser im Boot rot. Wir hatten die Anwohner durch unser Lachen hochgeschreckt. Alles was laufen konnte, sah sich die Bescherung an. „Nun hört auf zu lachen, rein in die Boote, 30 Kilometer sind noch zu fahren!“ „Jawohl, Herr Feldwebel!“ Ab der Schleuse Wiesens fing es auch noch an zu regnen. Musste man uns denn noch härter bestrafen? Monika und Helmut vom WKK kamen uns im Zweier entgegen. Als Ehrengeleit brachten sie uns nach Hause. Die „Hoheeschler“ bemerkten uns gar nicht. Bei diesem Regen lagen sie zur Mittagszeit lieber in ihren Wohnwagen.
Fünf Minuten vor Ablauf der 24 Stunden erreichten wir drei völlig erschöpft und ausgelaugt das WKK-Bootshaus an der Mariensieler Schleuse. 135 Kilometer hatten wir auf stehendem Gewässer geschafft. Herzlichen Glückwunsch!
Eigentlich hätten wir todmüde umfallen müssen, aber wir waren so aufgekratzt, dass wir nach dem Duschen und ein paar Bieren noch eine Runde Skat gespielt haben.

Zum Gegenbesuch nach Polen

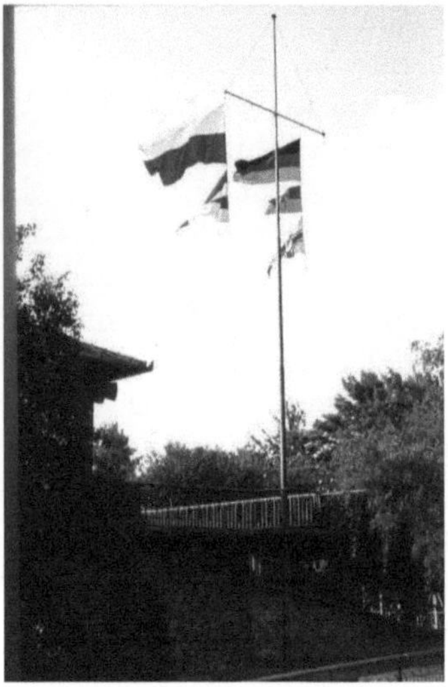

Das Jahr 1977 stand ganz im Zeichen des 50-jährigen Jubiläums des WKK. Unser ICF-(internationale Canoe Federation) Frieslandrundkurs startete am 27./28.August mit internationaler Beteiligung. Polnische Kanuten, die auch am Wochenende an der Jade teilnahmen, trugen beim WKK zum internationalen Flair bei.
Im Sommer 1978 starteten 34 WKK-Sportler im Reisebus nach Krakau. Wir verlebten in der Obhut der polnischen Kanuten herrliche, aber auch anstrengende Tage. Wir befuhren die wilden Wasser des Dunajec von Nowy-Targ bis Nowy-Sazc. Hier wurde so manchem Kanuten seine Grenze aufgezeigt. Gemütliches „Binsenbummeln" war bei diesem schnellen Wasser nicht möglich. Bei der internationalen „Drei-Talsperrenfahrt" auf der Sota stellte der WKK den Sieger. Das Ziel war noch gar nicht aufgebaut, da trafen die ersten WKK-Kanuten schon ein.
Die Bergwanderungen in der Hohen Tatra und im Beskiden-Gebirge stellten eine zusätzliche Herausforderung dar. Wer dabei war, wird die Hüttenübernachtung in der Hohen Tatra nie vergessen. Der warme Rhabarberkuchen ließ die Anstrengungen des Aufstiegs schnell vergessen. Ein Muss war für alle der Auschwitzbesuch mit Kranzniederlegung. So steht es in unserer Chronik zum 75jährigen WKK-Jubiläum.
Aber nun der Reihe nach:
Ich war zur damaligen Zeit Wanderwart im WKK. Eigentlich wollte ich nicht mit auf diese Reise. Ich kannte meine Mitpaddler zur Genüge und wusste genau, was ich ihnen zutrauen konnte. Schnelles Wasser waren sie nicht gewohnt und das, was auf uns zukam, war kaum mit Paddeln auf unseren Heidebächen zu vergleichen. Ein unruhiges Gefühl befiel mich. Ich setzte unbedarftes Handeln mit Leichtsinn gleich. Trotzdem ließ ich mich überreden. Janette beruhigte mich: „So schlimm, wie du denkst, wird es schon nicht werden."
Frühmorgens ging die Reise in Wilhelmshaven los. Ein Reisebus der Firma Imken aus Wiefelstede, bekannt für Polenreisen, war für zwei Wochen unser fahrbares Zuhause. Rüdiger, unser Busfahrer, jung und dynamisch, hatte alles gut im Griff. Über Hannover, Helmstedt, durch die DDR, Forst, mit Zwischenübernachtung in Breslau, erreichten wir nach zwei Tagen Krakau.

Von Mitgliedern des polnischen Kanuverbandes wurden wir im Krakauer Kanuverein feierlich begrüßt. Dort bauten wir unsere Zelte auf. Am Flaggenmast wehten die Krakauer Vereinsfahne, die des polnischen Kanu Verbandes und unsere WKK Fahne.
Als Gastgeschenk hatten wir einen selbstgebauten Kunststoff-Eski-Kajak mitgebracht. Das Oberdeck in den polnischen Nationalfarben, weiß–rot gestrichen. Der Rumpf war weiß gehalten. Die Freude war riesengroß, auch wenn das Meer für diesen Bootstyp weit weg war. An Ausruhen war gar nicht zu denken. Mit Hilfe eines umfangreichen Kulturprogramms gaben sich unsere gastgebenden polnischen Kanuten, mit ihrem Präsidenten Pilarsky, viel Mühe, uns Land und Leute nahezubringen.
Aber wir wollten auch aufs Wasser. Die Boote einschließlich Ausrüstung wurden vom polnischen Kanuverband gestellt. Welch ein Unterschied zu unserem heimischen Bootsmaterial! Manche Boote mussten wir erst mühsam flicken, um sie einigermaßen benutzen zu können. Auftriebskörper und Spritzdecken waren nicht vorhanden. Und die Paddel waren nicht einmal gedreht. Das konnte ja heiter werden.
Die „Drei Talsperrenfahrt“ auf der Sota von Zywiec bis Oswiecien war unsere erste Tour. Am ersten Tag konnten wir uns auf einer Wanderfahrt, mit unserem Bootsmaterial vertraut machen. Janette und ich fuhren einem Zweier-Kajak, mit dem wir gut zurechtkamen. Wir hatten schönes Wetter, so vermissten wir kaum die fehlenden Spritzdecken. Der zweite Tag war Regattatag. Viele Kanuten, auch aus anderen osteuropäischen Staaten, reisten an. Das weckte unser Kämpferherz, hier wollten wir ein Wörtchen mitreden! Unsere beiden stärksten Kanuten, Wilfried und Dieter, wurden in den schlanksten Kajak-Zweier gesetzt. Nach einigen Trainingsrunden kam von ihnen das Okay. Aber auch der Rest der Truppe wollte mitkämpfen.
Beim Start kochte förmlich das Wasser. Jeder wollte gleich vorne sein. Wilfried und Dieter waren schnell aus unserem Blickfeld heraus. Aber Janette und ich waren auch nicht langsam. So nach und nach überholten wir auf der 28 Kilometer langen Strecke die vor uns fahrenden Boote. Am Ziel war die Überraschung groß. Dieter und Wilfried waren als Erste dort und bei unserer Ankunft konnten wir noch erleben, wie das Ziel aufgebaut wurde. Wir kamen uns vor wie in dem Märchen „Hase und Igel“, aber alles ging mit rechten Dingen zu. Der WKK stellte den Sieger. Bei der Siegerehrung erhielten wir einen zusätzlichen großen gläsernen Pokal für die Mannschaft mit der weitesten Anreise.
Die Besichtigung des Konzentrationslager Auschwitz-Birkenau hat uns sehr betroffen gemacht. An der Gedenktafel haben wir mit unseren befreundeten polnischen Kanuten einen Kranz niedergelegt. Lange haben wir abends noch zusammengesessen und über das „Warum“ diskutiert.

Der Fluss Dunajec lockte uns. Wir fuhren zum Start nach Nowy Targ. Wieder brachten wir die Boote auf Vordermann. So manches Leck musste abgedichtet werden. Nach getaner Arbeit kühlten wir uns in der Eissporthalle ab. Es war interessant, polnische Eishockeyspieler im Sommer über das Eis flitzen zu sehen. Was würde uns der erste Tag auf den wildem schnell fließenden Fluss bringen?
Die Zweier-Mannschaften wurden „umgebaut“. Janette fuhr mit Monika und zu mir kam Seppl ins Boot. Ganz schnell wurden die Grenzen unserer Kanuten aufgezeigt. Eine deutsch–polnische Zweier-Mannschaft fuhr gegen einen großen Stein. Ruckzuck lagen die beiden im Wasser und das Boot war nicht mehr zu gebrauchen. Zum Glück war an dieser Stelle der Fluss nicht tief, sie konnten sich aus dieser misslichen Lage selbst befreien.
Seppl und ich hatten Glück mit dem Boot, es war im Rumpf dicht. So langsam, trotz nicht gedrehter Paddel, spielten wir uns ein. In kritischen Situationen, wenn wir festsaßen, sprang ich aus dem Boot und zog es von der Untiefe herunter. Das ging deshalb so gut, weil wir keine Spritzdecke für das Boot hatten. Die meiste Zeit saßen wir deshalb mit dem Mors im Wasser. Aber es war ja Sommer und nichts konnte uns erschüttern. Oder doch? Beim nächsten Hindernis große Aufregung. Ein Baum lag in Kopfhöhe quer über dem Fluss. Eine Sportkameradin konnte nicht schnell genug den Kopf einziehen und rumms war es passiert. Als Wandersportwart (einer muss ja aufpassen, dass alle mitkommen) kam ich mit Seppl als Letzter hinzu. Mir war gar nicht wohl in meiner Haut, denn die Verunglückte lag sehr benommen an Land. Zum Glück hatten wir in unseren Reihen eine Krankenschwester, die sie dann, so gut es ging, medizinisch versorgen konnte. An ein Weiterpaddeln der Betroffenen war nicht zu denken. Zum Glück war unser Bus in Sichtweite. Das ist noch einmal gut gegangen!
Mit einem mulmigen Gefühl meinerseits, setzte sich der Rest der Truppe wieder in Bewegung. Ein paar unschöne Worte einer Sportkameradin in meine Richtung machten die Fahrt auch nicht gerade kameradschaftlicher. Ich trug eine große Portion Verantwortung und deshalb hatte ich eigentlich nicht mit nach Polen gewollt. Nun war es zu spät.
Bald hieß es wieder hellwach zu sein, denn ein Rauschen war zu hören. „Dort, wo die stärksten Wellen sind, müsst ihr hineinfahren“, rief ich den Vorauspaddelnden zu. In Deutschland ist das umgekehrt, da liegen dort die dicksten Steine. Wir sind gut durch die Schnelle gekommen. Trotz meiner Bewunderung, wie unsere „Mädels“ das schnelle Wasser meisterten, war ich sehr beunruhigt. Einen Schutzengel kann man nicht immer haben. Wildwassererfahrung hatten die wenigsten unserer Kanuten. Wie das bei unseren polnischen Sportkameraden aussah, konnte ich nicht beurteilen. Sie sind sicherlich, wie wir auch, mit einer großen Portion Unbekümmertheit an diese Flussfahrt gegangen. Am späten Nach-

mittag erreichten wir unser Tagesziel Czorsztyn am Dunajec nach 26 Kilometern Paddelei.
Die Zelte waren schnell aufgebaut, und wir ließen den Tag noch einmal Revue passieren. Jetzt trennte sich die Spreu vom Weizen. Einige Sportkameraden waren unschlüssig, ob sie noch weiter fahren sollten, denn die schwierigen Stellen auf dem schnellen Wasser lagen noch vor uns. Ich überlegte nicht lange, mein Entschluss stand fest. „Auch ich höre hier auf“, sagte ich laut und deutlich. Es machte überhaupt keinen Sinn, auf andere aufzupassen und selber nichts von dieser Fahrt zu haben. Ich spürte förmlich die Erleichterung.
Am nächsten Morgen gab es ein paar Unstimmigkeiten, aber die wurden kurz und bündig ausgeräumt. Eine Gruppe legte noch die Etappe bis Nowy Sacz auf dem Fluss zurück und der Rest der Mannschaft machte sich einen schönen Tag. Dass wir denen, die gepaddelt hatten, am Ziel die Zelte aufgebaut hatten, erfreute sie sehr. So kam doch noch etwas Gutes dabei heraus.
Der Besuch bei unseren polnischen Sportkameraden klang aus mit vielen guten Reden, Musizieren und Singen. Dass Essen und Trinken nicht zu kurz kamen, versteht sich von selbst. Dass Kanuten tüchtig feiern können, ist im Allgemeinen bekannt, aber an diesem Abend nahm das Singen von Liedern, wie „Rosamunde“ und „Meine Oma fährt im Hühnerstall Motorrad“, in polnischer und deutscher Sprache, überhaupt kein Ende.
Zum Glück konnten wir uns am nächsten Tag im Bus ausschlafen. Rüdiger brachte uns sicher wieder nach Hause.

Mit Wilfried nach Polen

Internationale Wildwasserwoche in Polen

Wilfried und ich beschlossen eine zweite Reise nach Polen, diesmal mit eigenem Bootsmaterial zu der XIV. ICF Wildwasserwoche auf Poprad und Dunajec. Wir wollen unsere 1978 begonnene Freundschaft dadurch vertiefen und testen, wie belastbar wir beide waren. Durch den Kanusport kannten wir uns schon sehr lange. So manche gemeinsame Tour hatten wir schon im Kreise unserer Sportkameraden unternommen. Verbunden war ich auch immer mit Wilfrieds Frau Anita und den Kindern Neele, Gesa und Immo. Neele ist mein Patenkind; mittlerweilen steht sie längst auf eigenen Füßen. Dass Janette auch dazu gehört, versteht sich von selbst. Eine Freundschaft kann meines Erachtens nur funktionieren, wenn alle Familienmitglieder beiderseits zusammen harmonieren.

Tagelang warteten wir schon auf unser Einreisevisum nach Polen. Ein Jahr zuvor hatte das Reiseunternehmen bei unserem Vereinsbesuch alle Formalitäten übernommen. Jetzt mussten wir alles selber machen. Die Behörde in Köln ließ auf sich warten. Langsam kribbelte es in den Fingern. „Weißt du was", meinte Wilfried, „wenn wir keine Einreiseerlaubnis bekommen, disponieren wir um und fahren in die Ardennen zur Ourthe." „Behalte die Ruhe, auch wenn das Visum erst im letzten Moment kommt, wir sind doch flexibel!" antwortete ich.
Einen Tag vor unserer Abreise waren die benötigten Unterlagen im Briefkasten. Wilfried hatte sich Benzingutscheine besorgt; wir fuhren mit seinem Auto.
Wir trafen uns auf der anderen Weserseite in Dedesdorf; Janette brachte mich hin.
Recht bald kamen wir an die Zonengrenze in Helmstedt. Nach einer außerordentlichen peniblen und gründlichen Untersuchung unseres Autos durch die DDR-Grenzbeamten - wir mussten sogar von Wilfrieds VW Scirocco die hinterste Sitzbank ausbauen - durften wir unsere Reise fortsetzen. Kurz vor dem Grenzübergang Forst, haben wir noch einmal voll getankt. Unsere D-Mark war begehrt.
Nun hatten wir noch zwei Grenzen vor uns. Zuerst die DDR-Seite. Alle Klamotten raus. Zum Glück hatten wir gutes Wetter. Den hinteren Sitz konnten wir leicht herausnehmen, da wir beide es in Helmstedt nicht geschafft hatten, ihn wieder ordentlich einzubauen. Was Grenzer alles können! „Habt ihr keinen „Stern" oder „Spiegel" in eurer Ausrüstung?" Wir wussten genau, dass sie die Zeitschriften meinten, die wir gar nicht mitführen durften. „Ja, wenn wir das gewusst hätten, dass ihr so etwas zum Lesen haben wollt, dann hätten wir euch die Zeitschriften mitgebracht!" Es war das erste Mal, dass ich einen DDR-Beamten hab grinsen sehen. Auf meinen vielen Fahrten auf dem Transitweg nach Berlin habe ich DDR-Grenzer nur mit unfreundlichen Gesichtern gesehen, egal ob Frau oder Mann. Diese hier wünschten uns sogar noch eine gute Reise.
Gleich darauf erfolgte die Einreise nach Polen. Hier brauchten wir nichts auszupacken. Man wollte nur wissen, wie viel Geld wir im Portemonnaie hatten, wie viel wir einführten. Da wir zu einer internationalen Veranstaltung (ICF) fuhren, waren wir für diese Tage vom Geldumtausch befreit. Sonst wäre es Pflicht gewesen, pro Tag und Kopf 20 D-Mark in polnisches Geld, in Zloty, umzutauschen. Ein kluger Gedanke in ihrem System, denn bei unserer Rückkehr hätten wir das polnisches Geld nicht ausführen dürfen.
Es war schon später Abend, und wir suchten eine Bleibe. Trotz Vorzeigen unseres BRD-Passes und deutschen „Schmiergeldes" (ein Fünfer sah umgedreht wie ein Zwanziger aus) waren alle Hotels im Umkreis ausgebucht. Der Papstbesuch tat ein Übriges. Wir fanden an einem Waldsaum eine geschützte Wiese, mehr Sand als Gras, und bauten unser Zelt auf.

Die erste Überraschung im fremden Land erlebten wir beim Frühstück. „Nix zelten hier, hier fressen Kuh Gras“, so die zornige Stimme des Graslandbesitzers. „Police, Police!“ Wilfrieds Trick mit dem umgedrehten Geldschein hatte auch hier keinen Erfolg. Der Bauer schwang sich auf sein Fahrrad und weg war er. Wir aber auch. In Windeseile haben wir das Zelt abgebaut und alle Sachen in das Auto geworfen. Starten und weg. Wir waren gerade auf der Straße, als uns auch schon ein Polizei-Auto entgegen kam. Wir hatten Angst, dass man uns einbuchten würde, denn wir hatten uns seit der Einreise in Polen noch nicht polizeilich gemeldet. Das hätte innerhalb von zwölf Stunden geschehen müssen. Dies haben wir schleunigst nachgeholt, mit roten Ohren und einem schlechten Gewissen. Alle Aufregung war umsonst. Die Beamten waren zuvorkommend und nett. Beim nächsten Rastplatz verstauten wir erst einmal unsere Klamotten richtig und frühstückten in Ruhe ausgiebig. Wir hatten viel Geld gespart. Zweimal 20 D-Mark für Hotel und verwilderten Zeltplatz, aber eigentlich nur zweimal 5 D-Mark. Ein schlauer Fuchs mein Freund Wilfried. Buchhalter müsste man sein!
Trotzdem wollten wir uns kein Strafmandat einhandeln. Beide achteten wir auf die Verkehrsschilder, ganz besonders auf die mit Geschwindigkeitsbegrenzungen. Verkehrssünden mussten hier gleich bar bezahlt werden. Nach so mancher Vollbremsung hofften wir, dass die Boote auf dem Pkw-Dach liegen blieben. Die Stadt Krakau mussten wir weiträumig umfahren. Alles war auf den Papstbesuch ausgerichtet.
Am späten Abend erreichten wir Muszyna, unseren Einsatzort am Poprad. Wir fanden einen schönen erhöhten Platz zum Zelten. Kaum war das Zelt aufgebaut, gab es ein Gewitter, mit einem ordentlichen Guss. Alle, die dicht am Ufer des Poprad ihr Zelt aufgebaut hatten, bekamen nasse Füße. Auch die Berliner vom KC Charlottenburg, die uns gleich bei unserer Ankunft einen Platz in ihrer Mitte angeboten hatten. Wir machten es uns gemütlich, tranken erst einmal genussvoll ein Pils nach der langen Reise.
Die Berliner hatten eine Begleitperson als Fahrer abgestellt, der den VW Bulli zum Zielort brachte und das Gepäck mitnahm. Er nahm auch unsere Ausrüstung mit zum nächsten Etappenziel. Gegen eine kleine Gebühr war es auch machbar, dass unser Pkw nachgeholt wurde. So ließen wir uns unseren Urlaub gefallen.
Der Fluss Poprad führte nach dem Gewitter braun-gelbes Wasser mit sich. Zum Baden gerade nicht einladend. Die Fließgeschwindigkeit überraschte mich, sie war eigentlich zu schnell. Es half alles nichts, nun waren wir hier und machten auch mit.
Ich durfte Janettes „Brewi“, ein Touringkajak das für Wildwasser geeignet war, benutzen. Ich war mit diesem Boot „großgeworden“ und fühlte mich darin absolut sicher. Wilfried hatte ein Vereinsboot mitgenommen, ein Wildwasserboot mit einer Neoprenspritzdecke. Er schwörte darauf. Ich musste mich mit einer

herkömmlichen Decke begnügen, hergestellt aus einem mit PVC beschichteten Gewebe.
Wir paddelten langsam aus dem Kehrwasser in den Strom hinein. Schlagartig wurden wir mitgenommen. Mein Körper zitterte. Nur gut, dass der Fluss hier noch keine Stromschnellen hatte. So langsam gewöhnte ich mich an das schnelle Wasser und ich wurde ruhiger. Von nun an brauchte ich mich nicht mehr so stark auf das Geschehen zu konzentrieren, mein Boot und ich waren eine Einheit. In verblocktes Wasser, mit Stromschnellen dahinter, paddelten wir mit einem „Juchhe“ hinein. Bei diesen sommerlichen Temperaturen war die Abkühlung ein Genuss. Ein Genuss war es auch, wie Wilfried über seine Neoprenspritzdecke fluchte. „Die mag ja wohl atmungsaktiv sein, aber wasserdicht ist sie nicht!“ Es ist mit Worten nicht wiederzugeben, wie er sich aufregte. Auf jeden Fall war er klitschenass bis hin zu den Pobacken. Das kann doch kein Angstschweiß gewesen sein? Ich hatte überhaupt keine Probleme. Wenn Wassertropfen, dann nur beim Ein- und Aussteigen.
Wir beobachteten Frauen, die am Flussufer ihre Wäsche in dem braungelben Wasser wuschen. Womöglich würde der Wind die braunen Sandpartikel aus den aufgehängten Kleidungsstücken vertreiben. Wer weiß?
Bei jedem Haus, egal ob privat oder Schänke, gab es Hühnervolk, Enten und diese angriffslustigen Gänse. Es war jeweils ein Spießrutenlaufen, unter den Attacken des Federviehs ins Haus zu kommen. Begrüßt man hier so seine Gäste? Die Wirtsleute fanden das lustig, wir nicht. Ich glaube, mit Wachhunden wären wir besser zurechtgekommen. Der polnische Wodka und das deftige Essen brachte alles in Lot. Es ging manchmal richtig lustig zu. Unsere polnischen Sätze führten nicht zum Bezahlen, nein, es folgte noch eine Runde Wodka und Pivo. Zur Mittagsstunde hieß es: „Jemmer Pivo!“ übersetzt: kein Bier! Aber russischen Weinbrand konnten wir ausreichend bekommen. Wir mussten aufpassen, dass wir nicht aus dem Lokal torkelten. Das Paddeln auf dem Poprad verlangte unsere ganze Aufmerksamkeit. Nach 34 Kilometern Paddelei erreichten wir am frühen Abend unser Tagesziel Piwniczna.
„Wo kommt ihr denn her?“, fragten die Berliner, „wir waren schon um die Mittagszeit hier und haben uns große Sorgen um euch gemacht!“ „Wir sind doch keine Rennfahrer. Wir wollen Land und Leute erleben“, so unsere Antwort. „Um uns braucht ihr euch nicht zu kümmern, wir sind alt genug.“ Basta! Nach dem zweiten Tage gingen sie uns schon auf den Geist.
Unsere Paddelsachen, einschl. Spritzdecke und Lukendeckel nahmen wir mit ins Innenzelt. Beide Paddel banden wir zusammen und schoben sie zwischen Außen- und Innenzelt. Zusätzlich banden wir sie noch an den Aufstellstangen fest. Wir hatten schon so viel über verschwundene Sachen gehört, so dass wir lieber ein bisschen genauer auf unser Zeug aufpassten. Diesen Ratschlag gaben wir auch unseren Berliner Mitstreitern. Sie hatten ja ihr Auto und hätten alles darin

verstauen können. Aber es gibt immer welche, die wissen alles besser oder hören nicht richtig zu. Am nächsten Morgen fehlten ihnen diverse Spritzdecken. Wir hatten unsere Spritzdecken als zusätzliches Kopfkissen benutzt.
Der nächste Tag versprach wieder schön zu werden. Das Gewitter hat die Luft gesäubert und uns ein Hoch beschert. Die Berliner warteten schon auf uns, bereitwillig nahmen sie per Bulli unsere Sachen mit.
Der Fluss wurde zusehends klarer. Nun konnte man auch die Wassertiefe erkennen. Oft paddelten wir über seichte Stellen, die Kieselsteine schrammten an unseren Kajaks. An diesem Tag legten wir keine Pause ein, die 21 Kilometer erledigten wir in einem Rutsch. Obwohl wir uns treiben ließen, waren wir nach vier Stunden an unserem Ziel in Stary-Sacz. Gemeinsam holten wir unser Auto aus Muszyna zurück und verlegten zum Dunajec nach Nowy-Targ. Hier begann die internationale Wildwasserwoche, die zwei Tage auf dem Poprad waren eigentlich nur eine „Vorfahrt".
„Wollen wir an der Regatta mit Startnummern oder nur so, ohne Siegeschancen, teilnehmen, mein lieber Wilfried, was meinst du?" „Nun sind wir schon einmal hier und nehmen auch daran teil, aber nur so, wie es uns gefällt!" „Also doch mit Startnummern." Gesagt, getan. Nach Erledigung aller Formalitäten machten wir in aller Ruhe unsere Boote klar. „Macht doch in unserer Mannschaft mit, dann sind unsere Chancen zum Sieg größer", meinten die Berliner Kanuten. „Nein, verflixt noch mal, macht euren Scheiß alleine!" Nun hatten wir aber wirklich verspielt. Nicht einmal unser Gepäck wollten sie mitnehmen.
Eine DDR-Sportlerin, nur als Begleitperson eingesetzt, interessierte sich für meine „Romika" Gummistiefel. Die wollte sie gerne haben. Wir wussten, dass sie Auto fahren konnte. „Wir schließen einen Kompromiss: Du fährst in dieser Woche unser Auto mit all unseren Klamotten zum nächsten Zielort und dann erhältst du am Ende dieser Veranstaltung meine Stiefel." „Nein, auf keinem Fall! Das mache ich nicht, das kann ich nicht mit so einem schnellen Auto!" „Gut", sagte ich, „dann keine Stiefel!" Wir luden alle unsere Sachen in unser Auto und ließen es auf dem bewachten Campingplatz stehen. Wilfried wollte es zurückholen.
In der Ausschreibung stand: Wer als Mannschaft die beste Durchschnittszeit erreicht, ist Sieger. Wir verfielen nicht in Hektik, wir ließen alles langsam an uns herankommen. Am Start war großes Gedränge. Fast als Letzte stiegen wir in unsere Boote. Das erste Wehr ließ mein Herz gleich schneller schlagen. Alle Faltbootfahrer trugen um. Für die Boote aus Kunststoff war die Steinkante kein Hindernis, sie fuhren mit Schwung einfach darüber hinweg. Bis ich mich entschieden hatte, wie ich das Hindernis meistern könnte, war schon alles zu spät. Zum Überlegen hatte ich keine Zeit mehr. Das Wasser zog mich sofort an und wie von einem Katapult abgeschossen, war ich auf einmal im Unterwasser. Pudelnass, aber mein guter alter „Brewi" hat mich sicher heruntergebracht. Es war

kein Leichtsinn, nein, viele andere Kanuten sind dort ohne Probleme heruntergefahren. Ich war aber nicht so geübt. Stolz wie ein Spanier reihte ich mich in die Reihen der Wildwasserexperten ein. Auf Wilfried musste ich lange warten, er umtrug diese Schlüsselstelle. Das war bei dem Gedränge aller Faltbootfahrer gar nicht so einfach. Wir paddelten in einem Rutsch unserem Tagesziel Czorsztyn entgegen, das wir nach 24 Kilometern am frühen Nachmittag erreichten.

Nun musste Wilfried noch das Auto holen. Das Wetter zeigte sich von der besten Seite. Ich hatte einen faulen Resttag. Unsere Utensilien verstaute ich in den Booten, legte mich daneben und nahm eine Mütze voll Schlaf. Den hatte ich wohl bitter nötig gehabt, denn nach geschlagenen vier Stunden wachte ich wieder auf. Keine Spur von Wilfried weit und breit. Langsam machte ich mir Sorgen. Unsere DDR-Sportler, der Schornsteinfeger mit seinen beiden Frauen, beruhigten mich wieder: „Wir warten noch zwei Stunden und dann fahren wir mit dir zurück." Als ob Wilfried das gehört hatte. Plötzlich war er mit Sack und Pack wieder da. Was war passiert? Er war zur nächsten Bushaltestelle gelaufen und hatte auf den Bus nach Nowy-Targ gewartet. Hinzu gesellte sich ein polnischer junger Mann, der in die gleiche Richtung wollte. Er verstand ein bisschen Deutsch und erzählte, dass der ihm vor der Nase weggefahren sei und der nächste erst in zwei Stunden käme. Dann hatten beide beschlossen, in einer naheliegenden Gaststätte auf den Bus zu warten. Der junge Mann wurde von Wilfried eingeladen und beide merkten nicht, dass sie auch den nächsten verpassten. So dauerte es nochmals zwei Stunden, bis sie mit dem nächsten fahren konnten. Wilfried meinte: „Mach dir keine Sorgen, wenn was passiert wäre, wäre die Polizei gekommen!"

Unsere „Stiefelfreundin" hatte einen Sinneswandel. „Ab sofort bringe ich den Wagen vor!" So hatte die Warterei auch etwas Gutes. Nach dem Aufbau unseres Zeltes wurde die Nacht zum Tag. Gut, dass ich vorher so gut geschlafen hatte.

Der nächste Tag war voller Überraschungen. Wir hatten nicht etwa einen schweren Kopf, nein, polnischer Wodka ist ein reines Getränk. Er regt die grauen Zellen an. So konnten wir uns schwach erinnern, dass wir zum Passieren der slowakischen Grenze Papiere benötigen würden. Zu einem provisorischen Ausweis gehört ein Passfoto. Die nötigen Papiere zu besorgen, war kein Problem. Woher aber ein Passfoto nehmen? Ich hatte meinen DKV-Ausweis dabei, konnte das Bild heraustrennen. Aber Wilfried? Sollte vielleicht das Bild aus dem Führerschein dran glauben müssen? Das war uns zu gefährlich. Der Zufall kam uns zu Hilfe. Ein blonder DDR-Bürger hatte eine Reihe Passbilder, davon konnte Wilfried eins erstehen. Es war nur eine reine Pils- und Wodkafrage. Kein Problem. Statur und Größe passten so ungefähr, bloß Wilfrieds Haare waren dunkeler. Wir setzten ihm einen Sonnenhut auf. Nun konnte man die Haarfarbe nicht mehr erkennen. Noch dazu eine Sonnenbrille und er war perfekt getarnt. Wir lachten Tränen!

Mit ein bisschen Herzklopfen bekamen wir Wilfried über die Grenze. So starteten wir Richtung Kroscienko. Der Dunajec-Durchbruch lag vor uns. Es war eine Begegnung mit wilder, seit Jahrtausenden unveränderter Natur. Aber eine der größten und ältesten touristischen Attraktionen versperrte uns eine ungehinderte Durchfahrt. Die Goralenflößer waren unterwegs. Solange der Fluss ruhig war, kamen wir mit unserer Fahrgeschwindigkeit - wir waren etwas schneller als die Flöße - ungehindert vorbei. Aber wehe, ein Floß befand sich in der Schnelle vor uns. Ein Vorbeikommen war dann unmöglich. Das Kehrwasser half uns dann aus der Patsche: Dort konnten können wir das Vorbeifahren der lustigen Gesellschaft abwarten.
Die Goralen, die die Flöße steuern, sind ein westslawischer Volksstamm. Sie leben in der Bergwelt an der polnischen und slowakischen Grenze. Ihre farbenprächtigen Volkstrachten sind ein besonderer Anziehungspunkt.
Der Dunajec durchfließt das Pieniny-Gebirge in einem engen, gewundenen Tal. Eine Fahrt auf Flößen auf dem reißenden Fluss gehört zu den größten touristischen Besonderheiten Polens.
Die Flöße bestanden aus mehreren zusammengebauten hölzernen Kähnen. Die Steuerung erfolgte mit Holzstangen, den sogenannten Sprießen. Die Flößer trugen ihre traditionelle Tracht, einen großen Hut und eine üppig bestickte blaue Weste. Nach einer kurzen Strecke näherten wir uns der Grenze. Wilfried musste Hut und Sonnenbrille abnehmen und mit einem lachenden Gruß durfte auch er diesen Grenzabschnitt befahren. Hier begann erst der wunderschöne Durchbruch. Die weißen Hänge der hohen Berge boten einen unvergesslichen Anblick. Der Fluss wurde schmaler und schneller. Der Räubersprung erforderte von uns größte Aufmerksamkeit, um hier gefahrlos durchzukommen. Der Strom wurde immer schneller. Wir haben kaum Zeit die wunderschöne bergige und zerklüftete Landschaft zu betrachten. Der schnelle Fluss forderte unsere ganze Konzentration. Nach einer scharfen Kurve wurde der Dunajec schlagartig ruhiger. Die Ausblicke änderten sich rasch. Hier im ruhigen Wasser hörten wir einem Goralenflößer zu, der auf Deutsch etwas zu Legenden, Sagen, aber auch über das Pieniny-Gebirge mit seiner unberührten Natur erzählt. Auf einer Wiese machten wir Pause, und grillten Würste am offenen Feuer. Beim Hineinstechen platzte meine Wurst und das heiße Fett verbrannte mir fast den Oberschenkel. Der obligatorische Wodka ließ den kurzen Schmerz vergessen. Zu dieser derben und fetthaltigen Nahrung ist das klare Getränk für uns Pflicht. Bei unseren Kulturmägen würde uns sonst das Gegessene gleich wieder aus dem Gesicht fliegen. Wer kann schon frühmorgens Tomatensalat mit vielen Gewürzen vertragen, wo wir zu dieser Zeit doch an Honig und Marmelade gewöhnt sind.
Die ersten Slalom-Tore versperrten uns den Weg. Auch wenn wir nicht an der Bewertung im Zieleinlauf teilnehmen wollten, nahmen wir aus Spaß die aufgestellten Tore mit. Solch eine Übung kann doch wohl nicht schaden, dachten wir

uns. Da wir nicht wussten, welche Slalom-Tore vorwärts und welche rückwärts durchfahren werden mussten, brachten wir die Wertungsrichter zur Verzweiflung. Irgendwie machten die geringelten Farben an den Stangen Sinn. Womöglich musste ein rot-weißes Tor rückwärts und ein grün-weißes Tor vorwärts genommen werden, oder auch umgekehrt. Ich weiß es bis heute nicht. Da wir die polnischen Wertungsrichter nicht verstehen konnten, probierten wir es noch einmal in umgekehrter Richtung. Und siehe da, es muss wohl richtig gewesen sein, denn der Applaus war unüberhörbar. An der nächsten Pausenstelle, diesmal ohne Gänse, genossen wir unser Glücksgefühl. Langsam werden wir richtige „Wildwassercracks".

Den Ziehschlag hatte mir Wilfried zwischenzeitlich auch beigebracht. Er wunderte sich, dass ich ihn so schnell kapierte. Ich ließ ihn in seinem Glauben, denn einiges hatten mir meine Sportkameraden bereits beigebracht, auch seinen berühmten Ziehschlag. Trotzdem brachte er mich damit sehr in Bedrängnis. Wir paddelten in Gänselinie hintereinander. Er vorweg. Plötzlich machte er einen Ziehschlag ohne Vorwarnung nach links und ich bretterte mit vollem Schwung auf einen flachen großen Stein. Innerlich kochte ich wegen meiner eigenen Dusseligkeit und ärgerte mich, dass er mich so reingelegt hatte. Da saß ich nun hoch und trocken. Der Fluss rauschte links und rechts an mir vorbei. Was nun? „Los, Wilfried, hol mich hier wieder runter!", rief ich ihm vorwurfsvoll zu. Aber er machte keine Anstalten. „Da bist du alleine hinaufgefahren, nun seh zu, wie du da wieder herunterkommst!" Mit aller Kraft stemmte ich das Boot mit meinen Armen hoch und versuchte, es gegen den Strom zu drücken. Es gelang mir teilweise, aber der starke Strom erwischte die Bootsspitze und schwupps war ich wieder in der alten Richtung. Aussteigen konnte ich nicht, der Stein war nicht breit genug. Mit einem Hüftschwung ließ ich mich seitlich ins Wasser fallen. Mit Ach und Krach – mehr im Wasser – kam ich endlich wieder frei. Die vielen Leute vor mir auf der Brücke hatte ich in meiner Aufregung gar nicht bemerkt. Ihr Applaus war für mich gedacht. Warte, dachte ich bei mir, die Rache ist süß. Sicherlich wird sich in den nächsten Tagen dazu eine Gelegenheit bieten. Am späten Nachmittag erreichten wir beide glücklich und zufrieden unser Ziel Kroscienko. Unser Auto wartete schon auf uns. Wir brauchten es nur noch auszuladen und unser Zelt aufzubauen. Da staunten die Kanuten aus Berlin. Wir kamen auch ohne sie zurecht. Ihr Frozzeln – dass wir für 24 Kilometer den ganzen Tag gebraucht hatten, störte uns nicht im Geringsten, sie waren schon nach drei Stunden am Ziel gewesen.

Unsere neue Autofahrerin war gut zurechtgekommen. Am liebsten hätte sie zu den Stiefeln auch noch das Auto gehabt. Mit einem verschmitzten Lächeln sagten wir ja, sie müsse uns aber erst nach Hause bringen.

Das nächste Tagesziel hieß Jazowsko. Es war die längste Etappe, die wir in einem Rutsch zurücklegen mussten. Die Berliner würden für die 26 Kilometer

lange Strecke höchstwahrscheinlich wieder nur drei Stunden benötigen. Wir ließen uns dagegen fast nur heruntertreiben, wie die Flößer, die aber zu unserem Glück in diesem Flussabschnitt nicht mehr anzutreffen waren.
Meine Rache kam schneller als gedacht. Meistens paddelte ich vor Wilfried, auch jetzt. Der Fluss wurde wieder enger und ein Rauschen war deutlich zu hören. Rechts und links nur Berge. Ich tastete mich langsam treibend an die gefährliche Stelle heran. Links im Berg war eine große Madonna zu sehen. Aha – das war er, der berühmte Madonnablick und Madonnasprung mit dem starken Kehrwasser. Ich rauschte förmlich dort hinunter. Das Kehrwasser griff mich und wirbelte mich wie bei einer Karusselfahrt in die Runde. Mit äußerster Konzentration und mit hohem Kraftaufwand konnte ich mich endlich befreien. Zum Denken kam ich dabei gar nicht, aber im Unterbewusstsein machte ich doch alles richtig. Wozu haben uns die Ausbilder das alles sonst auch beigebracht. Das musste doch einen Sinn haben! Wilfried winkte ich lässig herunter, so, komm man her, ohne Probleme. Vom ruhigen Ufer aus sah ich seiner Karusselfahrt zu. Sein Gesichtsausdruck sprach Bände. Jetzt entdeckte ich auch erst die vielen Kenterungen der Faltbootfahrer, die über einen Nebenarm ihr Glück versuchten. Es war dort nicht tief, so konnten sie sich schnell aus ihrer misslichen Lage befreien. Aschfahl kam Wilfried zu mir herüber gepaddelt. „Ich hätte absaufen können!“, rief er vorwurfsvoll. „Du hättest mich warnen müssen!“ „Habe ich ja, aber du hast meine Handbewegung nicht richtig gedeutet!“
Wir setzten unsere Reise fort und erreichten erst am sehr späten Nachmittag unser Ziel. „Siehe mal da, lieber Wilfried, als Willkommensgruß steht schon unser Zelt.“ Die Überraschung war groß. Die zweite Überraschung war, dass wir nicht in das Innenzelt kamen. Der Eingang war zur Apsis gedreht. Wir machten es uns daher im Vorzelt gemütlich. Im Notfall konnten wir bei diesem herrlichen Wetter auch vor dem Zelt schlafen. Unsere DDR-Freunde hatten unter Anleitung der Berliner das Zelt so aufgebaut. Das aber kam erst viel später heraus.
Am nächsten Tag ging es auf die letzte Etappe von Jazowsko nach Nowy-Sacz. Ohne große Mühen erreichten wir unser Ziel am frühen Nachmittag. Die 16 Kilometer lange Strecke bewältigten wir, wie man so schön sagt, auf einer „Backe“. Nachmittags war Siegerehrung angesagt. Unser Zelt stand am Anfang des zirka zwei Kilometer langen Campingplatzes und die Verpflegungsstelle einschließlich des Platzes für die Siegerehrung waren am anderen Ende. So stiefelten wir, und das im doppelten Sinne, denn wir mussten ja die Stiefel abliefern, dorthin. Unsere Freunde warteten schon auf uns. Wir machten es uns gemütlich und harrten der Dinge, die auf uns zukamen.
Welch eine Überraschung! Erster Sieger in der Kategorie Wanderfahrer, beste Durchschnittszeit: Wilfried Kämpf, West-Deutschland! Das gab es doch gar nicht! Der Abend war gerettet! Jetzt hättet ihr mal die Gesichter der Berliner sehen sollen! Die gingen vollkommen leer aus. Alle Beteiligten erhielten eine

Urkunde und ein Hemd mit dem Emblem der Veranstaltung. Wilfried dazu einen großen Präsentkorb mit deftigem Essen und einer Menge vom flüssiger Lustigmacher. Wimpel wurden getauscht und dazu gab es viele bunte Ansteck-nadeln. Wir saßen lange am Lagerfeuer zusammen. Der Gesprächsstoff ging uns nicht aus. So mancher Schnaps verschwand in unseren Kehlen. Irgendwann stellte sich bei mir die Müdigkeit ein. Wilfried war überhaupt nicht zu bewegen mitzukommen. So machte ich mich alleine auf den langen Heimweg über den großen Campingplatz. Aus dem tiefen Schlaf holte mich mein auf meiner Brust kniender Freund Wilfried in die Wirklichkeit zurück. Wie ein Pastor hat er auf mich eingeredet. „Du darfst mich nicht alleine lassen!“, wetterte er,– „ich bin nachtblind und auf meinem Marsch hierher über so manche Zeltleine gestolpert! Ein reines Spießrutenlaufen! Das machst du nicht noch einmal!“ Er konnte sich gar nicht beruhigen. Dass er dabei den halben Zeltplatz aufweckte, merkten wir erst nach den vielen Bittrufen: „Ruhe!“

Ruhig schnurrte unser VW-Scirocco gen Heimat. Die Zeit wurde nicht lang, wir hatten uns noch viel zu erzählen. Alle Wimpel, wir hatten viele doppelt, hatten wir sichtbar auf unser Gepäck gelegt. So hatten wir es an der polnischen Grenze leichter. Den Grenzern gaben wir einige Wimpel und konnten somit ohne Probleme die Grenze passieren. Ähnlich lief es beide Male in der DDR. Eine Kontrolle wurde überflüssig. Sah man uns unsere Ehrlichkeit vielleicht an?

Ganz anders verlief die Einreise in die BRD bei Helmstedt. Langsam fuhren wir zur Kontrolle an den Schlagbaum. Die westdeutschen Zöllner vernahmen ein hörbares, befreites Durchatmen von uns. „Endlich können wir nun laut und öffentlich reden.“ „Was habt ihr denn alles mit?“ „Na, nur das, was wir dürfen. Jeder einen Liter Wodka, jeder eine Stange Zigaretten und ein bisschen Parfüm für unsere Lieben daheim.“ „Mehr nicht?“ „Nein!“ „Wo kommt ihr denn her?“ „Aus Polen.“ „Rechts ran, da zu der Rampe, damit wir in die Boote schauen können.“ Uns war gar nicht wohl zumute, aber alles ist gut gegangen. Die Zöllner haben unsere Schmuggelware in den Spitzen der Boote nicht gesehen. Unsere prall aufgeblasenen Spitzenbeutel versperrten ihnen die Sicht. Glück gehabt! Ein teurer Urlaub hätte es werden können. Ob man uns an der Nasenspitze angesehen hatte, dass wir ehrliche Menschen sind? Aber rote Ohren hatten wir sicherlich.

Ich saß am Steuer und blickte sorgenvoll auf die Tankanzeige, die auf „Reserve“ stand. „Wie weit kommen wir noch?“ „Mach dir keine Sorgen, fahr weiter! Bei der Ausfahrt nach Celle verlies ich sorgenvoll die Autobahn. Mit dem allerletzten Tropfen Benzin erreichten wir eine Tankstelle.

„Als Wiedergutmachung lade ich dich zum Essen ein“, sagte Wilfried. Wir beide, in Jeans und Pullover, brachten nach zwei Tagen Autofahrt vielleicht keinen frischen Geruch mehr mit, aber wir wollten unseren Polenurlaub mit einem feudalen Essen im „Kronprinzen“ zu Celle beenden. Schon der Blick des Hotelpor-

tiers am Eingang dieses sündhaft teuren Luxus-Prunk-Hotels auf unsere Kleidung genügte. „Ohne vernünftige Kleidung kommen sie hier nicht hinein!“ Wir redeten mit Engelszungen auf ihn ein. Nach Rücksprache mit seinem Chef hatte er Erbarmen und ließ uns eintreten. Der Ober wies uns einen Tisch in der äußersten Ecke des pompösen Kaisersaals zu. Da dies anscheinend noch nicht ausreichend war, stellte er eine halbhohe Trennwand zwischen uns Kanuten und die feine Gesellschaft. Stinkt vielleicht auch unser Geld? Wir sahen das als Diskriminierung an, aber ließen uns nicht zu einer Äußerung hinreißen. Das teuerste Essen war gerade gut genug für uns. Rehmedaillons auf feinste Art, dazu einen erlesenen Wein. Es hat vorzüglich geschmeckt. Beim Bezahlen gab es kein Trinkgeld, nur dem Portier an der Eingangstür steckten wir etwas in die Tasche.
Wohlbehalten kamen wir in Wilhelmshaven an. Wilfried blieb noch eine Nacht bei uns. Noch einmal machten wir die Nacht zum Tag. Wir hatten Janette so viel zu erzählen.
„Ach Janette, wie hältst du das eigentlich mit diesem Kerl aus?“

Und wieder nach Norwegen
oder : auf den Spuren von 1969

Probeweise waren Karin und Bernd und Janette und ich zwischen Weihnachten und Neujahr in Windhausen im Harz. Wir wollten uns testen, ob es uns gelingt, einen gemeinsamen Urlaub in Norwegen ohne Schwierigkeiten zu erleben.
Gemeinsam waren wir wandern im Schnee und tanzen zum Jahreswechsel im Kurhaus in Bad Grund. Es spielte eine Kapelle aus der Tschechoslowakei. Wir waren die Jüngsten in dieser Runde. Das war irgendwie toll!
Beim gemeinsamen Essen musste jeder aufpassen, dass er zu seinem Recht kam. Ein Essen für zwei Personen war nichts für Karin und Bernd. Karin, schlank und rank, hatte Angst, dass sie nicht genug zu essen bekam. Wir haben uns prächtig verstanden. Auch erkannten wir gegenseitig ganz schnell unsere Schwächen. Einer Gepäckfahrt auf Norwegens Fjorden im Jahre 1981 stand ab nun nichts mehr im Wege.
Ich wollte wieder zum Hardangerfjord, denn er ist nicht so schroff wie der Sognefjord, ein bisschen mehr besiedelt und bietet an seinen Ufern mehr grüne Wiesen. So hatten wir auch mehrere Möglichkeiten, gute Zeltplätze zu finden. Auch ist der Fjord bis Mitte Juni besonders schön. Dann blühen die Obstbäume und überziehen die Hänge und Wiesen mit einem weiß-rosaroten Teppich, während

auf den Bergen noch der Schnee glitzert. Dazu als wunderschöner Farbkontrast das türkisgrüne Fjordwasser. Mehr Überredungskünste brauchte ich nicht.
Da Janette und ich im Besitz eines Ford–Caravans waren und so auch genügend Platz auf dem Dach für zwei Zweier-Kajaks hatten, entschlossen wir uns, nur mit einem Auto zu fahren.
Über Kiel, weiter mit der Auto-Fähre nach Oslo, erreichten wir nach 20 Stunden Seefahrt frühmorgens ausgeruht norwegischen Boden. Noch vor dem Abend konnten wir unseren Einsatzort Ringöy am Eidfjord erreichen.
Unsere Autofahrt führte über Drammen und Mjöndalen nach Kinnes. Von dort ging es über Nebenstraßen zur E 8. Wir fuhren im östlichen äußersten Bereich durch das Hardangervidda-Gebiet und stießen bei Geilo auf die E 7. Traumhafte Landschaften begleiteten uns. Kurz nach Geilo passierten wir ein Skigebiet. Noch jetzt am 14. Juni liegt der Schnee meterhoch. Eine Schneefräse bahnte sich ihren Weg über den Pass in 1280 Metern Höhe. Wir machten eine Pause und tollten wie die jungen Hunde im Schnee. Eine Schneeballschlacht gefällig? In der Ferne erkannten wir den Gletscher Hardanger-Jökulen. Es war empfindlich kalt. Wir zogen unsere Jacken an und hofften, dass wir uns nicht noch zu Beginn des Urlaubs eine Erkältung einfangen würden. Die Seen hier oben sind noch mit einer dünnen Eisschicht bedeckt. Birkenstämme, wie bei uns im Wattengebiet, zeigten uns den Verlauf der Straße an. Langsam ging es auf einer kurvenreichen schmalen Straße bergab. Ein Wohnwagengespann kam uns entgegen. „Klack“, sagte es, und der Außenspiegel des anderen Fahrzeuges lag auf der Straße. Wir hielten an, aber der Fremde fuhr einfach weiter. Hatte er gar nicht bemerkt, dass ihm ein Spiegel fehlte? Bald darauf erreichten wir Eidfjord, ein kleiner Ort im steilsten Teil des Hardangerfjords. Über 1000 Meter hohe Felswände ragten direkt aus dem Meer. Nach einer Kurve gaben die Berge den Blick zum Fjord frei. Noch ein kurzes Stück und wir erreichten den Campingplatz in Ringöy. Wir bauten unsere Zelte auf und erholten uns von der langen Reise. Von dieser hübsch gelegenen großen Campingwiese aus hatten wir einen traumhaften Blick über den breiten Hardangerfjord. Und was für uns wichtig war, der Platz lag direkt am Wasser. Uns

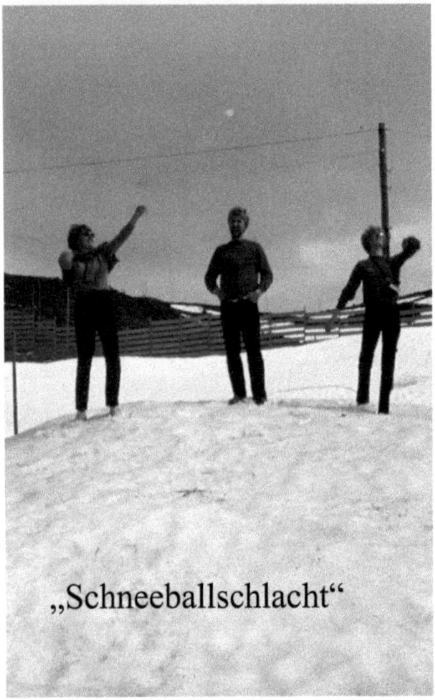

„Schneeballschlacht“

beeindruckte die saubere Anlage mit der gepflegten hölzernen Hütte, in der die Sanitäranlagen untergebracht waren.
Wir machten unsere Boote klar. Karin und Bernd hatten das gleiche Boot wie wir, einen Optima-Zweier von Lettmann, und auch unsere Zelte waren gleich: „Doppelnest“ von Berger. So hatten wir keine Mühe, die Boote zu bepacken. Trotzdem hat es bei uns nicht so geklappt wie es sollte: Unser Zelt passte nicht mehr hinein. Also packten wir alles aus und begannen mit der ganzen Prozedur von vorne. Sonst sitzt jeder Handgriff. Aber wenn andere zuschauen, funktionieren nicht einmal die einfachsten Dinge.
Norwegen! Wir schauen in den Sörfjord hinein. Steil aufragende Felsen rechts und links. Traumhaft, wie sich das Licht der aufgehenden Sonne im Wasser spiegelt! Leichte Wellen kräuseln sich auf der Wasseroberfläche, ideales Wetter für eine Paddeltour. Ich erinnere mich an das Jahr 1969, als Wolfgang und ich schon einmal hier waren. Heute werden wir erneut verzaubert von dieser grandiosen Kulisse.

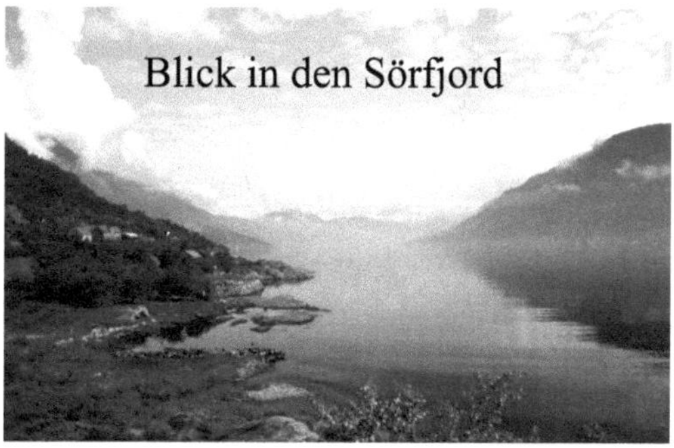
Blick in den Sörfjord

Die norwegische Nationalhymne beginnt mit den Worten: „Ja, wir lieben dieses Land ...!“ Ja, das tue ich auch, aber es steht erst an zweiter Stelle, denn als Deutscher sollte ich doch zuerst in das eigene Land verliebt sein, oder? Nun versuche ich mit diesem Bericht eine Liebeserklärung an das schöne Norwegen zu verfassen, denn beinahe wäre es ja meine zweite Heimat geworden. Damals, im Jahre 1969, der norwegische Orgelbauer! Es hätte nicht viel gefehlt. Janette habe ich ein paar Jahre später davon erzählt. Sie wäre sofort mitgegangen. Es klingt so einfach, aber ob wir es doch gewagt hätten?
Im Laufe von vielen Jahren waren wir immer wieder in diesem herrlichen Land, so auch im Jahre 1972 am Sognefjord in Fresvik: Hüttenferien in einer atemberaubend schönen Gebirgslandschaft, mit Kajaktouren im Sogne- und Aurlandsfjord. 1974 verlebten wir über Weihnachten Hüttenferien im Skigebiet Myking. Der Mythos hält uns in seinem Bann.
Nun waren wir wieder im Hardangergebiet, im Sörfjord. Er ist einer der schönsten Hardanger-Seitenarme, der südlichste, eingebettet in 1600 Meter hohen Bergketten. Wir blieben am linken Ufer und paddelten Richtung Kinsarvik, fuhren in eine geschützte Bucht hinein und machten am Fähranleger unsere erste Pause. Das war auch notwendig, denn über die Mittagszeit entstanden Fallböen. Dann sollte man möglichst nicht auf dem Wasser sein. Bedingt durch die Berg-

gletscher und die aufsteigende warme Luft entstehen Turbulenzen, die für den Sportbootfahrer nicht ganz ungefährlich sind. So wie sie kommen, sind sie nach gut zwei Stunden auch wieder verschwunden. Man kann fast die Uhr danach stellen.

Kinsarvik ist wegen der zentralen Lage im Hardanger, zwischen Sörfjord mit Utne und dem Eidfjord, eine wichtige Fährstation. Wir warteten den Wind ab und paddelten weiter Richtung Lofthus zum Zentrum des Obstanbaus. Das vom Golfstrom erwärmte Wasser wirkt wie eine große Warmwasserheizung und sorgt auch im Winter für angenehme Temperaturen. Die hohen Felswände reflektieren die Wärme. Dadurch frieren im Winter auch die Fjorde nicht zu.

Wir erreichten Lofthus am frühen Nachmittag und stiegen inmitten einer Obstplantage aus. Von hier hatten wir einen herrlichen Blick in den Sörfjord und auf die majestätisch wirkende Bergfront mit dem Folgefonn-Gletscher. Lofthus ist ein bezauberndes Uferdorf inmitten von Obstgärten. Diese hübsche Umgebung wählte der Komponist Edvard Grieg zu seinem Sommersitz. Direkt am Fjord stand eine bescheidene Blockhütte. Wir lagen im Gras und genossen die Schönheit des Fjordes mit dem warmen Licht, das sich im Wasser spiegelte. Die Stille ergriff mich und ließ mich an Edvard Grieg denken, der Hendrik Ibsens dramatisches Gedicht „Peer Gynt“, musikalisch unterlegte. Die bekanntesten Sätze daraus, „Morgenstimmung“, „In der Halle des Bergkönigs“, „Peer Gynts Heimkehr“ und „Solvejgs Lied“ gehören zum klassischen Repertoire vieler Konzertorchester in aller Welt. Mit der schwermütigen Musik im Kopf holte mich die Wirklichkeit wieder ein. Wir wollten weiter nach Ullensvang und dann hinüber zur anderen Seite des Fjords, bis nach Aga. Wären wir diesseits geblieben, hätten bis nach Odda nur steile Felswände und eine viel befahrene Straße gehabt, die es kaum zuließen, einen geeigneten Zeltplatz zu finden. Auch wenn es scheint, als wäre das andere Ufer greifbar nahe, dauerte es eine ganze Weile, bis wir die andere Seite erreicht hatten. Zum Glück brauchten wir nicht auf den Schiffsverkehr zu achten und keine Wellen zu fürchten. Wir landen fast im heimischen Kirsch- und Apfelgarten eines Bauern. Nachdem wir den Eigentümer um Erlaubnis gefragt haben, bauten wir unsere Zelte aus der Sichtweite seines Hauses auf. Hier zählte noch das „Jedermannsrecht“, ein uraltes Recht, das in Norwegen auch den mit Gepäck fahrenden Kanuten mehr Freiraum in der Natur gibt, als anderswo in Europa. Dass wir uns hier korrekt benahmen, verstand sich von selbst. Unser Abfall wurde auch nicht hier vergraben, sondern dort, wo es erlaubt war. Von einer kleinen Anhöhe aus hatten wir einen phantastischen Blick. Eine atemberaubende Stille legte sich über den abendlichen Sörfjord. Auch wenn es zu dieser Jahreszeit nicht mehr richtig dunkel wird, hatten wir das Gefühl, dass die Nacht anbrach. Die letzten Sonnenstrahlen beleuchteten die Bergkuppen und hüllten sie in ein gedämpftes Licht. Keine Welle kräuselte sich auf der Wasseroberfläche. Es war, als wollte die Natur sagen: „Nun schlaft alle

schön!“ Das haben wir auch nach unserer ersten Tagestour über 25 Kilometer von Ringöy nach Aga auf dem Sörfjord. Am nächsten Morgen waren Janette und ich schon früh auf den Beinen. Die Sonne stand schon hoch und färbte den Fjord in ein eigenartiges Licht. Eine Schule Schweinswale schwamm, nicht weit vom Ufer entfernt, in Richtung Odda. Ihre Fiepgeräusche waren klar zu hören. Anmutig sah es aus, wenn sie mit ihrer Rückenflosse aus dem Wasser kamen. Es war herrlich, ihnen zuzuschauen. „Das kommt davon, Karin und Bernd, langes Schlafen muss nicht immer ein Vorteil sein!“ Wir gönnten ihnen aber die Ruhe.
Ich beobachtete Janette bei ihrer Morgentoilette. Da das Wasser so kalt war, vermutlich 11 bis 12 Grad, stand sie mit Stiefeln im Wasser und versuchte den Seifenschaum von der Haut zu waschen. Es sah richtig lustig aus, der Kampf zwischen Seife und dem kalten Wasser.
Nach einem ausgiebigen Frühstück starteten wir Richtung Kvitno, zu dem Platz, an dem wir im Jahre 1969 schon einmal waren. Wir blieben auf der rechten Fjordseite. Die Luft war glasklar und sonnendurchflutet. In der Ferne konnte man schon schemenhaft den Endpunkt des Fjordes mit der Stadt Odda erkennen. Aber bis dahin waren es noch gut 35 Kilometer. Die Berge auf der gegenüberliegenden Seite waren zum Greifen nahe, aber dazwischen lagen vier Kilometer, fast eine Stunde geruhsames Paddeln. Der Folgefonn-Gletscher lag vor uns im gleißenden Licht. Ruhig glitten unsere Boote vorwärts. Wir hatten keine Eile, denn 20 Kilometer bis Kvitno sind spielend bei diesem traumhaften Wetter zu erreichen. An kleinen malerischen Orten zogen wir vorbei. Die Kirsch- und Apfelbäume standen in voller Blüte. Eine Personenfähre, ein Doppelrumpfboot, kam uns pfeilschnell entgegen. Das hohe „Singen“ der Motoren war schon lange vorher zu hören. Das Schiff flog förmlich an uns vorbei.
Wir konnten uns kaum sattsehen an dieser herrlichen Landschaft. Am frühen Nachmittag erreichten wir unser Ziel Kvitno. Nach 12 Jahren fand ich den schönen Zeltplatz auf Anhieb wieder. Bei der Begrüßung erkannte man mich sofort wieder. „Du warst schon einmal hier!“ Vater und Sohn, hatten sich kaum verändert! Schnell waren unsere Zelte im Obstgarten aufgebaut und in fröhlicher Runde hatten wir uns viel zu erzählen. Wir richteten unser Lager für ein paar Tage ein, denn die Gastfreundschaft haben wir gerne angenommen.
Lange Wanderungen auf ausgewiesenen Wegen, bis in die Nähe des Gletschers, haben wir unternommen. Ich habe unseren Trip von 1969 noch vor Augen und davor gewarnt, etwas auf eigene Faust zu machen. Wir hätten uns auch einen Bergführer nehmen können, aber bei einer Bergwanderung von acht bis neun Stunden ist eine ausreichende Kondition erforderlich. Die war bei uns nicht vorhanden. Unsere Kraft lag in den Armen. Außerdem hatten wir nicht die entsprechende Ausrüstung. Uns haben die Wanderungen auf den markierten Wegen, mit herrlichen Blicken auf Fels, Gletscher, Wasser und liebliche Wiesen- und Waldlandschaft auch genügt.

Um nach Odda zu kommen haben wir den Bus vorgezogen, der mehrmals täglich verkehrte. Auf einem Holzstoß bei der Haltestelle machten wir es uns so gut es ging gemütlich und warteten. Wir kamen mit Einheimischen ins Gespräch, die auch nach Odda wollten. Auf halber Strecke sagte Janette: „Ich habe das Fernglas auf dem Holzstoß liegengelassen!“ Pech gehabt. Abwarten, vielleicht würde es dort noch liegen wenn wir wieder zurückkommen. Wir bummelten durch Odda, das am Ende des Fjords zwischen den steilen Berghängen liegt. Touristisch bot der Ort nicht viel.

Odda war eine kleine aufstrebende Industriestadt. Kleine Geschäfte in der Innenstadt luden zum Kaufen ein. Janette und ich machten einen kleinen Spaziergang zu einer Anhöhe. Von hier aus hatten wir einen schönen Blick in den Fjord. Auf der kurvenreichen Straße kamen uns zwei Jungs mit ihren selbstgebauten Seifenkisten entgegen. Wir versuchten, mit ihnen ein Gespräch anzufangen in einem Kauderwelsch auf Englisch, Norwegisch und Deutsch. Sie merkten schnell, dass wir Deutsche waren und ließen uns mit den Worten: „Und so weiter, und so weiter!“ einfach stehen. Wir haben laut gelacht. Ein Stückchen höher sind die beiden Jungs noch mit ihren rollenden Kisten gelaufen, um dann mit einem „Hallo“ und „noch einen schönen Tag“ abwärts an uns vorbeizusausen.

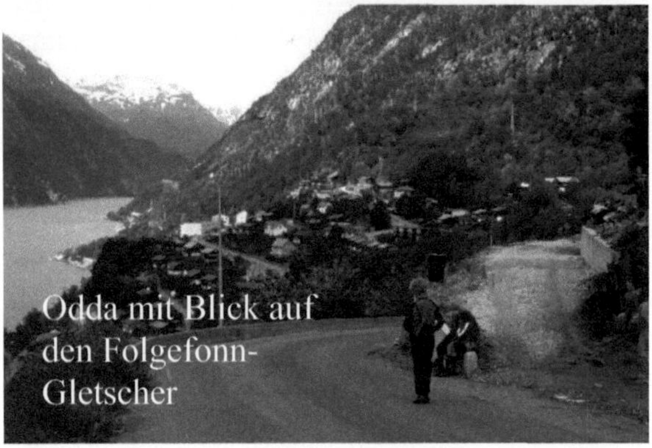
Odda mit Blick auf den Folgefonn-Gletscher

Zurück nach Kvitno sind wir wieder mit dem Bus gefahren. Zwischen den aufrechten Stützen im Bus hingen Lederschlaufen. Wir machten uns Gedanken, wozu sie wohl dienen könnten. Ich habe sie als Festhalteschlaufen betitelt, worauf Karin sie gleich ausprobierte. Schlagartig blieb der Bus stehen, so wie bei einer Notbremsung im Zug. Der Busfahrer dachte, dass wir hier aussteigen wollten und öffnete die Türen. Wir stiegen auch artig aus, wie es sich nun mal für Bürger gehört. Zum Glück war der Marsch zu unserem Platz nicht mehr weit.

Aufgeregt kam der Bauer zu uns herunter. „Sie haben auf dem Holzstoß einen Fotoapparat liegen gelassen! Eine Frau hat ihn gefunden und sie können ihn dort wieder abholen“. Uns war klar, das war unser vergessenes Fernglas. Unser Gastgeber brachte mich mit dem Auto zu der Finderin. Zwischenzeitlich habe ich über den Finderlohn nachgedacht. Aber beim Zücken meiner Geldbörse hob die nette Frau beide Arme in die Höhe. Nein, nein, Finderlohn wollte sie nicht haben! Zu dieser Ehrlichkeit nun auch noch solche Bescheidenheit. Ich wusste

im Moment nicht, was ich sagen sollte. Wir haben das später von Wilhelmshaven aus geregelt, nachdem ich mir ihre Adresse notiert hatte. Einen Tag später haben wir Abschied genommen von unseren Gastgebern in Kvitno. Es ist uns nicht ganz leicht gefallen, diesen schönen Platz zu verlassen, aber es nützte nichts. Wenn wir noch mehr sehen wollten von diesem herrlichen Land, dann müssten wir weiter. „Sigurd Kvitno, du hörst von mir!“ Versprochen: „Ich schicke dir ein paar Orgelschallplatten zur Erinnerung an diese schönen Tage.“
Wir querten den Fjord. In gut einer Stunde waren wir auf der anderen Seite, aber mit einem gehörigen Schrecken in den Knochen. Folgendes war passiert: Erst hörten wir aus der Ferne ein feines Singen und dann sahen wir auf einmal das Doppelrumpfboot auf uns zurasen. Wenn der Kapitän des Schnelldampfers uns nicht gesehen hätte, wäre es wahrscheinlich zu einem Malheur gekommen. Aber 500 Meter vor uns stoppte er das Schiff abrupt. Es bäumte sich regelrecht auf, als wollte es sagen: „Nun lass mal den Kajaksportlern schön den Vortritt. Sie haben sonst gar keine Chance, sich nur durch Muskelkraft sich aus unserer Richtung zu entfernen.“ Ruhig, kaum Wellen werfend, fuhr das Fährschiff an uns vorüber. Durch Mützenschwenken haben wir uns artig beim Kapitän bedankt. Im Nachhinein war uns klar, dass wir überhaupt keine Chance gehabt hätten auszuweichen, wenn die Schiffsführung uns nicht gesehen hätte. Wie immer im Leben, Glück gehört einfach dazu.
Wir blieben dicht unter Land auf der rechten Fjordseite. Von hier hatten wir einen herrlichen Blick auf den Folgefonn-Gletscher. Wieder hatten wir Glück mit dem Wetter. Der leichte „Schiebewind“ brachte uns ohne größere Anstrengungen vorwärts. Wir wollten heute in einem Rutsch nach Kinsarvik. Eine Autostraße führte am Ufer entlang. Wo etwas Platz am Fjord war, standen bunte Holzhäuser. Sie bildeten hübsche Farbtupfer zwischen den Obstplantagen. Wir passieren die Orte Ullensvang und Lofthus. In der Nähe des Campingplatzes machten wir eine Pause. Von hier hatten wir nochmals einen Superblick auf Fjord und Gletscher. Kurz vor 18 Uhr erreichen wir nach 32 Kilometern unser heutiges Ziel Kinsarvik.
Da die Norweger zur Abendzeit erst ihre warme Mahlzeit einnehmen - zur Mittagszeit ist Brotzeit - konnten wir gemeinsam mit einer amerikanischen Reisegruppe in einem feudalen Hotel in diesen Genuss kommen. Aber vorher haben wir in Windeseile noch unsere Zelte aufgebaut. Der Rinderbraten einschließlich Gemüse und Kartoffeln hat gut geschmeckt, trotz des saftigen Preises. Aber die Menge war nicht ausreichend für hungrige Paddler. Zum Glück gab es unterhalb des Hotels einen Imbiss. Die amerikanischen Gäste konnten sich ein Lachen nicht verkneifen, sie fühlten mit uns, als wir den Imbiss betraten. Hier waren die Preise erschwinglich und unser Hunger konnte gestillt werden. Ein kleiner Verdauungsspaziergang rundete den Tag ab. Wir saßen noch lange vor dem Zelt und ließen noch einmal die vergangenen Tage Revue passieren.

Am nächsten Tag legten wir eine Pause ein, aber nur vom Paddeln, unsere Füße wollten wir schon bewegen. Wir wollten von oben einen Blick auf den Fjord werfen. Hardangervidda lag uns zu Füßen. Dieses große Wandergebiet wird im Westen von den schroffen Wänden des Hardangerfjords begrenzt. Im Norden grenzt der Eidfjord an das Gebirgsmassiv mit dem 1876 Meter hohen Gletscher Hardanger-Jökulen und im Süden an die Haukelistraße der E 76. Die E 76 ist eine der kühnsten Bergstraßen und dramatischsten Gebirgsstraßen Südnorwegens.
Wir verließen den Ort und gingen gemächlich höher. Nur ein paar Stunden wollten wir unterwegs sein und hatten es deshalb nicht eilig. Oberhalb der Serpentinen hatten wir einen herrlichen Blick in den Sörfjord. Wir wanderten an einem kleinen Kraftwerk vorbei und erreichten ein enges schluchtartiges Waldtal. Nach gut einer Stunde erreichten wir die baumlosen Kuppen der Hardangervidda. Stille umfing uns. Wir sprachen über gruselige Geschichten mit Geistern und Kobolden. Eine Gänsehaut überzog meine Arme, die Haare standen mir zu Berge. Wir hatten ein ungutes Gefühl und gingen den Weg zurück. Dass sich in Norwegen das Wetter schlagartig ändern kann, war uns bekannt. Uns erwischte es stark. Sturm und Regen vermischten sich mit Hagel und Schnee. Zum Glück waren wir in der Nähe des Kraftwerkes und konnten uns dort unterstellen. So schnell wie das Wetter gekommen war, so schnell war es auch wieder weg. Danach war die Luft jungfräulich rein und der Duft des Waldes war überwältigend. Im Fährhafen machten wir Rast. Eine einfache Bierzeltgarnitur lud uns ein. Janette saß außen auf der Bank, der Rest der Mannschaft verteilte sich. Wir beobachteten die vielen ein- und auslaufenden Fähren. Für uns war das ein ungewöhnlicher Anblick. Große Straßen enden am Fjordufer und führen auf der anderen Seite weiter. Wir entschlossen uns spontan, zum anderen Ufer nach Utne mitzufahren, und standen unverzüglich auf. Janette mit ein bisschen Verzögerung. Da sie am Ende der Bank saß, konnten wir sie gerade noch vorm Fallen retten. Es war gutgegangen, aber der Schreck saß uns gehörig in den Knochen.
Ganz vorne auf der Landspitze in Utne, am Sörfjord, saßen wir in einem urgemütlichen Hotel, das seit Generationen von derselben Familie geführt wurde. Uns faszinierten die alten Bauernmöbel, teilweise noch Betten aus Omas Zeiten, dazu rustikale Nachttische. Wir fühlten uns wunderbar wohl in diesen hölzernen Wänden. Der peinlich saubere Holzfußboden veranlasste uns, die Schuhe auszuziehen. Auf Socken gingen wir in den Schankraum. Die Wände waren mit Webteppichen verziert und der große Kamin gab dem Raum die richtige Atmosphäre. Hier stimmte alles!
In diesem kleinen Ort gab es auch ein Museum, das Hardanger Folkemuseum. Wir schlenderten am Ufer entlang und schauten hinein in Eidfjord, Sörfjord und Granvinfjord. Strahlend blauer Himmel lud zum Paddeln ein, aber Zelte und Boote waren in Kinsarvik, und nach unserem Marsch im Hardangervidda trauen

wir dem Frieden nicht. Auf der Rückfahrt mit der Fähre nach Kinsarvik kam starker Wind auf. Die Wellen zeigten recht schnell weiße Köpfe. Es wäre also doch nichts geworden mit einer Paddeltour.
Der nächste Tag überraschte uns mit bedecktem Himmel und frischem Wind. Sollte jetzt womöglich das Wetter kippen? Unser Tagesziel hieß wieder Ringöy, elf Kilometer von Kinsarvik entfernt. Da wir diese Strecke in gut zwei Stunden bewältigen konnten, entsprachen wir dem Wunsch von Karin und Bernd, es einmal zur Mittagszeit zu den vorprogrammierten Winden zu versuchen. Wie hoch würden sich die Wellen auftürmen? Würden sie wirklich mit unseren Kajaks so schwierig zu meistern sein? Kaum waren wir auf dem Wasser, bekamen wir die ganze Wucht des Windes zu spüren. Es war vollkommen zwecklos, sich da durchzuquälen! Wir waren dicht unter der flachen Uferkante und konnten uns schnell in Sicherheit bringen. „Ungläubiger Thomas!“, habe ich Bernd zugerufen. „Da haben wir nun den Mist und müssen hier in diesem unwegsamen Gelände abwarten bis das Wetter besser wird.“ Aber auch so etwas geht vorbei. Am frühen Nachmittag fuhren wir in den Eidfjord hinein und erreichten ohne Schwierigkeiten den Campingplatz in Ringöy. Schnell waren unsere Zelte aufgebaut und nun konnten wir uns in aller Ruhe erholen. Wir waren nicht alleine auf diesem kleinen Platz. In unserer Nachbarschaft befanden sich zwei Lübecker Ehepaare, die zum Fischen angereist waren. „Habt ihr noch Alkohol?“ fragten sie. „Wir tauschen Bier gegen Schnaps.“ Wir hatten noch eine angebrochene Flasche Rum, die wir ihnen anbieten konnten. Das Bier hatten die Lübecker in einem Hotel gekauft, den Kasten für 120 D-Mark. „Bitte seid so nett und sagt unseren Frauen nichts davon!“, sagten sie. Versprochen! Irgendwie kam es doch heraus, aber uns war es egal.

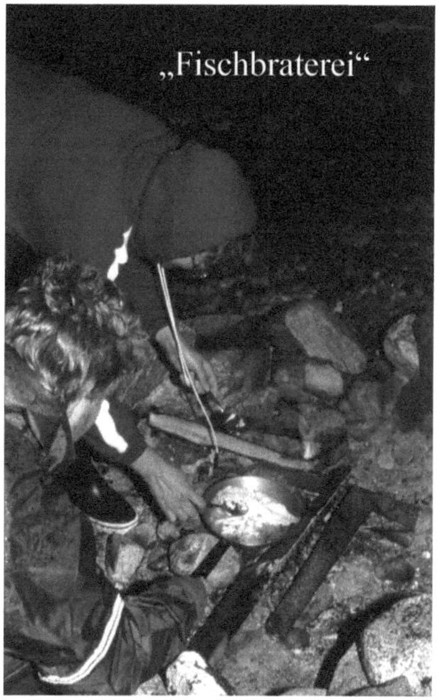
„Fischbraterei“

Bernd konnte Janette überreden, mitzukommen auf eine Angeltour. Ich war zu faul und legte mich lieber ins Gras und genoss das Wolkenspiel. Auf einmal wurde die Ruhe unterbrochen. „Ich hab etwas, ich hab was“, rief Janette. Sie hatte eine Plastiktüte am Haken. Ihr fröhliches Lachen schallte bis zu mir herüber. Aber sie kamen auch mit Fischen zurück. Sogar ein großer Heilbutt war dabei. Die Lübecker Angler haben uns die Fische filetiert. Wir

brieten sie in einer Pfanne über unserem Lagerfeuer. Auch wir Faulen, Karin und ich, haben etwas abbekommen. Für Nichtstun, so ein Genuss!
Am nächsten Tag, am Abend des 22. Juni, war das Fest der Mitternachtssonne. Das ganze Dorf versammelte sich auf dem Campingplatz. Musikanten mit Geige und Fidel zogen auf und unsere Ohren vernahmen eigenartige Klänge. Die Menschen waren festlich gekleidet, wobei viele in der Landestracht erschienen. Alle fassten sich an und tanzten vergnügt um ein großes Feuer. Auch wir wurden aufgefordert mitzumachen. Das ließen wir uns nicht zweimal sagen. Auch wenn mir die Musik monoton erschien, war es ein fröhliches Fest.
Am nächsten Tag verschlechterte sich das Wetter. Zum Paddeln wurde es uns zu riskant. Auch auf eine Tagesreise unter der geschützten Landseite verzichteten wir vorsichtshalber. Wir brachen unsere Zelte ab und disponierten um. Unsere Boote hatten ihre Schuldigkeit getan und wurden wieder auf dem Dachträger befestigt. Überflüssiges und leichtes Gepäck verstauten wird in den Booten, so dass wir genug Bewegungsfreiheit im PKW hatten. Über die Hauklistraße, das ist eine der kühnsten und dramatischsten Bergstraßen in Südnorwegen, wollten wir nach Haukligrend, von dort ein bisschen die Telemark durchfahren und dann nach Oslo.

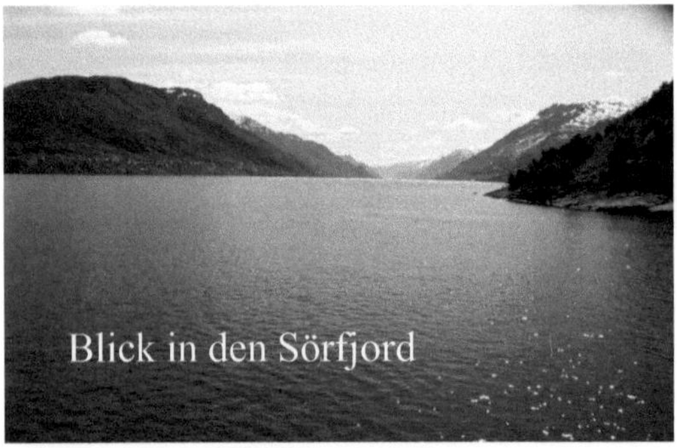
Blick in den Sörfjord

Wir fuhren am Sörfjord entlang und gelangten durch Kinsarvik und Lofthus nach Odda. Hinter Odda rauschte und plätscherte Wasser überall. Wir schalteten die Scheibenwischer ein. Nicht Regen, sondern Sprühnebel bedeckte die Scheibe. Wir waren am Latefoss, einem wildtosenden zweiarmigen Wasserfall, der sich mit 165 Meter Fallhöhe in die Tiefe stürzt. Er wirkte besonders eindrucksvoll, da er direkt neben der Straße herabstürzte und unter der Straßenbrücke abfloss. Auf der Serpentinenstraße fuhren wir aufwärts. Jeweils in den Kehren hatten wir einen herrlichen Blick auf den Fjord und auf Schneebedeckte Bergrücken. Auf der Passhöhe wurden wir abrupt gestoppt: eine Ziegenherde hatte sich in einer Mulde auf der Straße niedergelassen. Langsam umfuhren wir die Tiere. Sie machten auch keine Anstalten aufzustehen.
Wir kamen nach Rördal, wo in großen Mengen brauner Ziegenkäse hergestellt wird. Wir haben ihn probiert. Der eigenartige Geschmack war nicht Jedermanns Sache. Aber wer ihn nicht probiert hat, war noch nicht in Norwegen!
Wir erreichten eine „Mondlandschaft“. In den Mulden erkannten wir Seen, die noch mit einer dünnen Eisschicht überzogen waren. Wir stiegen aus und genos-

sen die Stille. Trotz öder und trostloser Landschaft empfand ich eine eigenartige Faszination. Wenn es nicht so kalt gewesen wäre, hätte ich für eine Nacht hier das Zelt aufgebaut. Zwei Tunnel ersparten es uns nochmals eine Passhöhe zu erklimmen.

Wir erreichten die Provinz Telemark. In Hedda wollten wir für eine Nacht bleiben. Myriaden von Mücken, die wir zum Glück im Fjord nicht hatten, sirren, summen und stören uns gewaltig. Wir mieteten uns deshalb auf dem Campingplatz eine Hütte. Aber hier waren sie auch, die kleinen Biester. Sie einfach zu ignorieren war leichter gesagt als getan. Wir überstanden die Nacht doch ganz gut und besichtigten am nächsten Morgen die Stabkirche in Heddal. Stabkirchen, wegen ihrer von der Schiffsbaukunst der Wikinger abgeleiteten Statik auch Mastkirchen genannt, sind eine ureigene Architekturschöpfung Norwegens. Wir waren überwältigt von der Bauart dieser hölzernen Kirche, der größten der etwa 25 erhaltenen Kirchen dieser Bauart in Norwegen. Auch im Inneren bestaunten wir den geschnitzten Bischofsstuhl und die bäuerliche Rosenmalerei. „Wie eine Orgel hierin wohl klingen mag“, dachte ich.

Unsere beiden letzten Urlaubstage wollten wir in Oslo verbringen. Noch einmal fuhren wir über einen Gebirgspass. In kühnen Serpentinen ging es auf den Talgrund zu und wieder hinauf. Auf der Weiterfahrt bot die Gebirgslandschaft abwechselungsreiche Bilder: rauschende Wildwasserbäche, tiefdunkle Wälder, verträumte Seen und heitere Blumenwiesen. Abwechslungsreicher kann kaum eine Landschaft sein. Der wenige Autoverkehr bereitete uns keine Sorgen und so kamen wir gut voran. Am Nachmittag erreichten wir die norwegische Hauptstadt. Einen Campingplatz brauchten wir nicht lange zu suchen. Einen Grasuntergrund hätten wir uns gewünscht, aber mussten mit dem vorlieb nehmen, was wir vorfanden: mehr Erde als Rasen und knochentrocken. Wir ließen uns nicht entmutigen und bauten unsere Zelte auf. Nach der Fahrerei war ich auf Faulenzen eingestellt. Karin, Bernd und Janette wollten noch einen kleinen Spaziergang machen. Dass sie auf einem Golfplatz waren, merkten sie erst nicht. Ein junger Mann sprach sie an: „Sprechen sie deutsch“?, fragte er Karin. „Oh yes, a little“, antwortete sie und stutzte. Wochenlanges „Kauderwelsch“, auf jeden Fall mehr Englisch als Deutsch, kann schon so etwas zulassen.

Wir besichtigten Oslo. Vom Holmenkollen aus hatten wir einen schönen Blick auf Stadt, Hafen und Fjord. Paddeln wollten wir nicht mehr, auch wenn das schöne Wetter uns dazu animierte. Die spielzeughaft wirkenden Kanonen auf den Wällen der Festung haben wir nicht belächelt. Ich habe viel darüber gelesen, dass im Zweiten Weltkrieg im Jahre 1940 ein ähnlich wirkendes Geschütz unseren Kreuzer „Blücher“ unter Feuer nahm und zum großen Erstaunen bei Freund und Feind auch versenkte. Wir besuchten die Wikingerschiffe und das Fram-Museum mit dem Polarschiff, bevor wir uns wieder auf das Fährschiff nach Kiel begaben. Eine schöne Reise ist zu Ende gegangen, auch wenn wir mit unseren

Kajaks auf den Spuren von 1969, nicht alles erreichen konnten, was wir uns vorgenommen hatten.

Wanderwege

vom Wilhelmshavener Kanu-Klub zum Wassersportverein Norden

„Wilfried, wie wärs, hättest du nicht Lust, Anfang Mai eine Tour mit mir zu den Ostfriesen zu unternehmen? Du hast doch die DKV-Flusskarte, die du bei jeder Befahrung der einzelnen Flüsse bemalst! In der linken oberen Hälfte sieht alles noch so leer aus." So ähnlich spielte sich das erste Telefongespräch Anfang des Jahres 1981 zwischen uns ab.
Die Antwort ließ nicht lange auf sich warten. „Gut, du bist der Scout. Ich habe als Termin die Zeit vom 29.April bis 2.Mai eingeplant."
Da ich die Fahrt des Öfteren durchführte, brauchte ich mich nicht lange vorzubereiten. Das Kartenmaterial war vollständig und alles andere noch im Gedächtnis haften geblieben. So rückte der Starttag immer näher. Die nötigen Paddelsachen wurden überprüft und zusammengelegt. Was will man nicht alles im Winter machen! Beginnt die Saison, ist nichts in Ordnung.
Einen Tag vorher brachte ich mein Auto, zum Rücktransport der Boote nach Wilhelmshaven, zum Norder Wassersportverein. Meine Rückreise zum Start erfolgte per Bus und Bahn.
In den letzten zehn Jahren hatten wir die Strecke Greetsiel – Wilhelmshaven (87 km) in zwei Tagen gepaddelt, davon am ersten Tag 42 Kilometer zum „Eingewöhnen". Im Jahre 1981 hatten wir vor unserem Start tagelang Ostwind, also Rückenwind gen Emden, so dass diesmal in Wilhelmshaven gestartet wurde.
Wir paddelten am 29. April um 17 Uhr los. Unser Etappenziel hieß Hoheesche. Die Fahrt auf dem Ems-Jade-Kanal begann bei Nieselregen und leichtem Gegenwind. Beim Kanusportverein Sande trafen wir einige Kanuten. Schon ging die Fragerei los: „Wo wollt ihr denn hin? Eure Boote liegen ja so tief." „Wir wollen nach Norden!" „Bei dieser Wetterlage müsst ihr in Norden einsetzen, dann habt ihr Rückenwind!" Sie hatten ja Recht, aber nun ging es nicht mehr anders. Unser Auto stand in Norden.

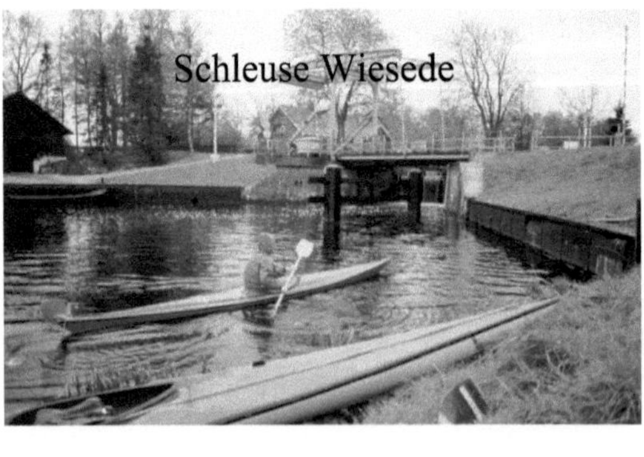

So ganz stimmte das nicht mit

dem Rückenwind, denn Paddler und Radfahrer haben meistens den Wind von vorne.
Nach dreistündiger Paddelei erreichten wir unseren vereinseigenen Zeltplatz in Hoheesche. Wer hier etwas Zeit hat, sollte sich die Mauritius-Kirche in Reepsholt aus dem Jahre 1148 ansehen. Auch die Wenthin-Orgel ist sehenswert. Das Dorf wurde 1983 tausend Jahre alt. Von 1364 bis 1400 bestand eine Wasserverbindung zur Jade, darum diente Reepsholt auch als Schlupfwinkel der Seeräuber.
Mit einem kleinen Plausch mit dem befreundeten Bauern Haio ging der Tag zu Ende.
Am nächsten Morgen starteten wir sehr früh. Die Sonne schien und der Gegenwind erfrischend. Bei den Schleusen Wiesede und Upschört musste umgetragen werden. Wenn Sportboote schleusen, ergibt sich meistens eine Möglichkeit sich anzuschließen. Bei Fracht-Binnenschiffen aber passt kein Kanute mehr mit hinein, so kurz und eng sind die Schleusen hier. „Wollen wir noch einen Abstecher nach Wiesmoor machen?“, fragte ich meinen Freund Wilfried. Wir passierten gerade den Nordgeorgsfehn-Kanal. „Nein, schau mal geradeaus, dann kannst du sehen, wo du heute Abend ankommst!“ Aber auch solche „Geradestrecken“ gehen vorüber. Außerdem hat man etwas Abwechselung durch die am Kanal liegenden Dörfer, wie hier Marcardsmoor.
Nach Passieren der Schleuse Wiesens erreichten wir die „Hauptstadt“ Ostfrieslands, Aurich. Die ehemalige Residenz ist heute Kreisstadt. Sehenswert ist die Lamberti–Kirche aus dem 13. Jahrhundert mit dem spätgotischen vergoldeten Schnitzaltar. In dem Schloss war zu diesem Zeitpunkt die Bezirksregierung untergebracht. Zur Besichtigung ist der Marstall von 1852, ein Überbleibsel der vormaligen fürstlichen Schlossanlage der Cirksenas zu empfehlen.
Einen Aufenthalt hielten wir jedoch für verfrüht und fuhren weiter bis zur Schleuse Rahe. Hier waren die Vorbereitungen zur Aufstellung des Mai-Baumes in vollem Gange. Die Wilhelmshavener Kanuten waren bekannt in Rahe. Hier zelteten wir im Obstgarten des Schleusenmeisters. In seinem Haus befindet sich eine Gaststätte, „Kukelorum“ heißt sie. Zu empfehlen hier: Bratkartoffeln mit Spiegeleiern und viel Schinken.
Wir zelteten diesmal etwas abseits, bei der Marinejugend, denn beim „Tanz in den Mai“ feiern die Ostfriesen lautstark.
Als wir am nächsten Morgen in unseren Booten saßen, kam Wind auf, etwa Stärke sechs bis sieben. Ab und zu regnete es auch. Wir setzen rechts in die Ehe um, schnitten dadurch etwas von der Streckenlänge ab und paddelten auch geschützter.
Wir befuhren die Ehe über den Ringschlot zur Hive. Das südliche Große Meer durfte aus Naturschutzgründen nicht befahren werden. Die Wasserspiegel der

Hive und des Großen Meeres liegen etwa 1,4 Meter unter Normal Null. Das Große Meer füllt eine 450 Hektar große Mulde; es ist etwa 70 Zentimeter tief. Hier gibt es eine interessante Vogelwelt. Reiher, Trauerseeschwalben, Austernfischer, Haubentaucher, Schilfrohrdommeln und viele andere Vögel sind hier zu Hause.

Nach einer kurzen Rast paddelten wir weiter über das Hannewerker Tief, die Süder-Riege, das Neue Maar, das Loppersumer Tief und das Alte Greetsieler-Sieltief bis Weel-Aland. Es war ganz schön anstrengend gegen den starken Wind. Die Saison ist zu dieser Jahreszeit noch jung, und wir müssen uns erst noch Kondition und starke Muskeln antrainieren. Wir zelteten bei einem Bauern. Es war sehr schwierig, bei diesem starken Wind einen geschützten Platz zu finden. „Wilfried, wieso haben wir denn nur so wenige Heringe für dein Zelt?“ „Es muss auch so gehen“, so Wilfried, „wir müssen die Schlaufen des Innenzeltes und des Außenzeltes dann mit nur einem Hering festmachen.“ Zusätzlich wurden alle verfügbaren Leinen mit einbezogen. Es ging, aber nur durch unser „Kontergewicht“. Immer wenn eine Windböe ums Zelt sauste, blähte sich dieses auf wie ein Ballon. Unsere Unterkunft zu verlassen war nicht möglich. Aber da hatten wir die Rechnung ohne unseren paddlerfreundlichen Bauern gemacht. Plötzlich stand ein Anhänger, seitlich hochgeklappt, hinter unserem Zelt. Zusätzlich wurde eine dicke Holzbohle vor die Räder gelegt, und unser Quartier stand wie eine Eins. Nun konnten wir getrost zum nächsten Ort gehen, um Land und Leute kennen zu lernen.

Ein Rütteln und Schütteln unseres Zeltes raubte uns am frühen morgen unseren Schlaf, der Bauer brauchte seinen Anhänger. Nach einem ausgiebigen Frühstück, Eier und Speck – Paddlerkraftnahrung – paddelten wir dem nächsten Ziel Greetsiel entgegen. Der Wind blies unvermindert in gleicher Stärke von vorne. Bloß nicht aufhören. „Stell dich nicht so an“, sagte ich zu Wilfried, „gleich fahren wir in südlicher Richtung, dann haben wir ein kurzes Stück den Wind von hinten“. „Das glaubst nur du“, antwortete er, „kennst du eigentlich nicht das berühmte Schlauchsystem? Durch die Eindeichung oder die hohen Ufer unserer norddeutschen Tiefebene ist es egal, wie sich der Fluss windet. Bei unserem Nordwestwind hast du ihn immer von vorne!“ Er hatte ja Recht, aber die moralische Aufrüstung war ungeheuerlich.

Nach dem Passieren der Krummhörn - Dörfer Grimersum und Eilsum sahen wir die beiden Windmühlen von Greetsiel. Hier endete nach einigen Kilometern unsere Fahrt, da wir die Nordsee nach Leybuchtsiel wegen des zu starken Windes und des zu hohen Seeganges nicht überqueren konnten. Die Krummhörn ist eine Marschenlandschaft, Siedlungsland der Friesen, das sich erst in den letzten 2000 Jahren durch Aufschlickung gebildet hat. Bis zum Beginn des planmäßigen Deichbaues (um 1000 nach Christus) konnte das Marschenland durch Auf-

schüttung von Wohnhügeln, Warfen genannt, genutzt werden. Die meisten Deiche sind heute noch erkennbar.
Greetsiel ist ein beliebter Ferien- und Ausflugsort, außerdem Heimathafen einer der größten Kutterflotten an unserer Küste.
In Greetsiel wurden wir von einem Norder Kanuten abgeholt. Das Norder Tief von Leybuchtsiel nach Norden, zirka acht Kilometer schenkten wir uns. Bei einem ordentlichen Schluck „Ostfriesen-Wein" ließen wir noch einmal die anstrengende, aber doch schöne Fahrt Revue passieren.

Eierfahrten

Die so genannten Eierfahrten sind fast ein „Muss" für jeden aktiven WKK-Kanuten. Es gibt sie schon seit der Gründerzeit des Vereins. Der „Eierpreis" war für diejenigen Mitglieder ausgesetzt, die im Jahr jeweils als Erste auf dem Vereinszeltplatz am Ems-Jade-Kanal in Hoheesche im Zelt übernachteten.
Der Name Eierfahrt stammt daher, weil sich die Kanuten für den Preis von 20 D-Mark mit Eiern, Speck und Schinken zu versorgen hatten – wegen der notwendigen Kalorien.
Diese Naturalien konnte man bei den Bauern in Hoheesche erstehen. Der Preis hat heute nur noch symbolischen Charakter. Der Termin zu diesen Fahrten wurde meistens geheim gehalten. Auch wenn sich mehrere Kanuten zusammentaten, es hat gut funktioniert.
Ich erlebte die erste Eierfahrt am 15./16.März 1969 mit Wolf und Ingo. Ich kann mich so gut noch daran erinnern: Wolf und ich jeweils im Kunststoff-Einer-Kajak, Ingo im Klepper-Faltboot. So paddelten wir mit Gepäck nach Hoheesche. Der Wind blies uns aus Süd-West-Richtung kräftig entgegen. Auf den Drähten der Telefonleitungen hatte sich Eiskristalle gebildet, die sich bei jeder Windböe vom Draht lösten und eine Attacke auf uns Paddler flogen. Wir konnten nur die Arme schützend vors Gesicht halten, um so den prasselnden Eisregen abzuwehren. Beim Krankenhaus Sanderbusch hatte sich auf dem Ems-Jade-Kanal eine dünne Eisschicht gebildet. Wolf und ich fuhren mit unseren Kunststoffbooten als „Eisbrecher" vorweg. Ingo musste tüchtig aufpassen, dass die scharfen Eiskanten sein Faltboot nicht aufschlitzten.
In Hoheesche angekommen, bauten wir unser Zelt auf, einschließlich Überzelt und Vorzelt. Es fing leicht an zu schneien und die Temperatur sank auf den Gefrierpunkt. Nachdem wir Luftmatratze und Schlafsack und die restlichen Klamotten eingeräumt hatten, machten wir uns einen Grog, um die steifen Glie-

der aufzuwärmen. O weh, wir hatten keinen Würfelzucker! Bei Bauer Hafer war kein Mensch anzutreffen und so machten wir uns auf den Weg nach Reepsholt. In der Klosterschänke, sie hatte zum Glück schon auf, haben wir uns körperlich und innerlich aufgewärmt. Der freundliche Wirt, genannt „Nikita", weil er wie der russische Staatspräsident Chruschtschow aussah, versorgte uns mit genügend Würfelzucker. Promi, der langhaarige Mischlingshund, musste erst gekrault werden, bevor er uns gehen ließ. Am Zelt angekommen, setzte ich Wasser auf, für einen vernünftigen Grog mit allen Zutaten. Langsam wurde es dunkel. Und noch etwas hatten wir vergessen – Licht! Aber dazu brauchten wir nicht noch einmal ins Dorf. Wir waren ja alle Soldaten: Wolf war bei der Marine (plitsch-platsch), Ingo bei den Grenadieren (Stoppelhopser) und ich bei der Luftwaffe (Weichensteller). Eine leere Dose hatten wir ruckzuck gefunden, Sand hinein, mit Benzin aufgefüllt und angesteckt. Wir hatten die schönste Beleuchtung. Es roch ein bisschen unangenehm, aber das störte uns überhaupt nicht. Die halbe Nacht spielten wir Skat, bis uns die Müdigkeit überfiel.
Der nächste Tag war voller Überraschungen. Es schneite tüchtig und der Kanal war zugefroren. Ein steifer kalter Wind aus Richtung Osten verhieß nichts Gutes. Ingos weiße Mütze war rußig grau-schwarz. Die Paddeljacken mochte man nicht anfassen. Ein schmieriger Belag war überall zu fühlen. Die „Schneekatzenwäsche" verschlimmerte noch alles. Wir sahen aus, als würden wir ins Manöver ziehen. Warum nur?
An Zurückpaddeln war überhaupt nicht zu denken. Wir brachten unsere ganze Ausrüstung bei Bauer Haio in der Scheune unter. Ein Anruf im Bootshaus des WKK hatte keinen Erfolg. Es war keiner bereit, uns bei diesem Schneetreiben und diesen Schneeverwehungen abzuholen. So machten wir uns zu Fuß auf den Weg, obwohl wir zum Wandern gar nicht ausgerüstet waren. Trotz langer Unterhosen spürten wir sehr schnell die Kälte. Die Trainingshosen hielten nicht den starken Wind ab. Die Pudelmütze über die Ohren gezogen, einen Schal vor unseren Allerwertesten gebunden und dann so schnell es ging, auf der Kanalkante zum Bootshaus.

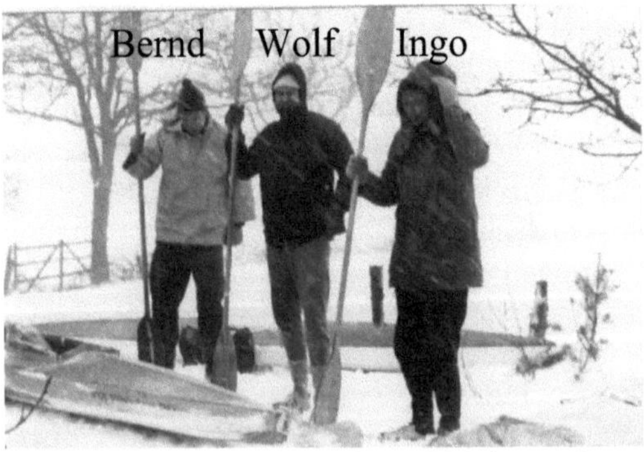

Hier stand mein VW-Käfer. Nachdem wir uns kurz erholt und aufgewärmt hatten, packten wir Schaufeln ein und fuhren zurück nach Hoheesche. Immer wenn eine Schneewehe uns die Straße versperrte, stiegen Wolf und Ingo aus, schauten, ob ein Auto von vorne kam, und ich bin dann mit Karacho in die Wehe gefah-

ren. So manches Mal saßen wir fest, aber wir hatten ja Schaufeln mit! Trotz Mistwetter: das war eine Gaudi!
Wir luden das Gepäck ins Auto. Die Boote haben wir bei Haio gelassen und zu einem späteren Zeitpunkt auf eigenem Kiel wieder zurückgeholt. Die Rückfahrt war ein Kinderspiel. Ein Schneeflug hatte die Straße frei geräumt.

24. / 25. Januar 1970

Eierfahrt zu Fuß auf dem Eis des Ems-Jade-Kanals. Mit Emil, Herbert, Wolfgang (Moby) und Neufundländer „Barry".
Im Sommer zuvor waren Herbert und Emil in Frankreich auf der Loire und Moby und ich in Norwegen im Hardangerfjord gewesen. Darum hießen wir auf dieser Eierfahrt die wärmeverwöhnten Franzosen und die abgehärteten Norweger. Die „Franzosen" hatten auch Barry mit im Zelt. Er wärmte ihre Füße. Weicheier! Wir mussten sehen, wie wir zurechtkamen. Für Barry hatte Emil extra ein Schlittenzuggeschirr angefertigt. Einspannen ließ er sich, aber den Schlitten ziehen wollte er nicht. Er blieb nach ein paar Schritten einfach stehen, als wollte er sagen, ich kann nicht mehr. So nahm ihn Emil wieder aus dem Geschirr. Als wenn nichts gewesen wäre, tollte Barry übers Eis. Für uns war es manchmal schwierig auf dem glatten Eis zu laufen. So war es weniger eine Eierfahrt als vielmehr ein Eiertanz! Auch wenn das Ziehen der vollbepackten Schlitten zu Anfang ganz leicht ging, hatten wir nach der Hälfte der Strecke ganz

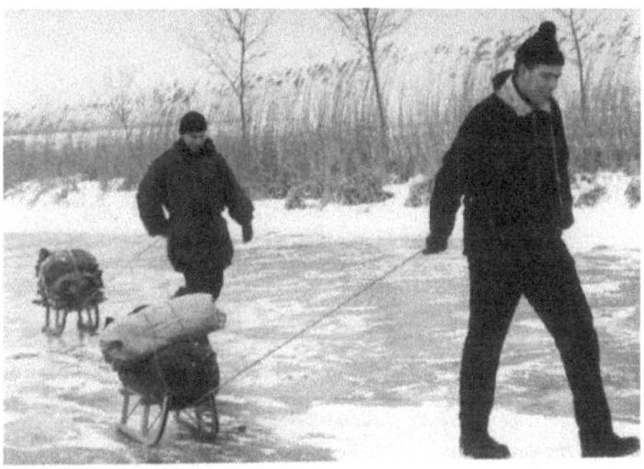

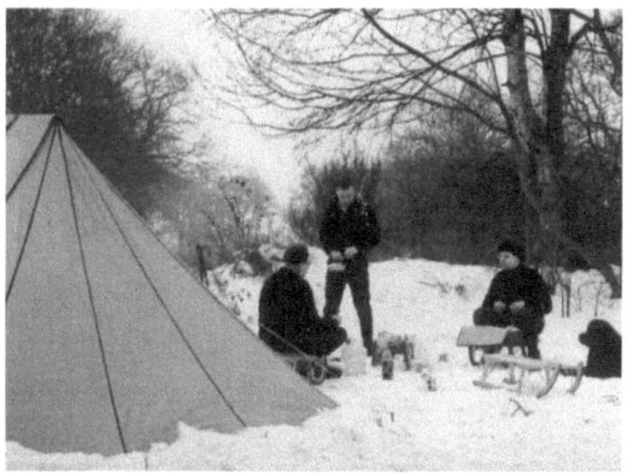

schöne Mühen. Wir hätten vorher trainieren sollen! Die tollsten Ideen zum Vorwärtskommen fielen uns ein, bis hin zum Eissegeln, aber leider hatten wir keinen Wind. Nach vier Stunden erreichten wir unser Ziel Hoheesche. Beide Klepper-Zelte waren schnell aufgebaut. Die offenen Seiten der Überzelte haben wir mit Schnee zugeschaufelt.
Schnee ersetzte Wasser, denn das war in unserem Transportbehälter eingefroren. Zum Glück war der Rum flüssig geblieben. Die Nacht überstanden wir ohne

Komplikationen. Es war fühlbar wärmer geworden. Trotzdem ließen sich die Apfelsinen nicht abpulen. Auch die rohen Eier waren gefroren. Wir konnten die Schale abpulen, sie sahen danach aus wie rohe Austern. Das Ei haben wir dann mit der Spitze zuerst in die heiße Pfanne gesetzt und sahen belustigt zu, wie die Masse sich ausbreitete und zu einem richtigen Spiegelei wurde.
In aller Ruhe bauten wir unsere Zelte ab, verstauten unser Gepäck auf dem Schlitten und machten uns auf den Heimweg. Kein Lüftchen regte sich. Schnell kamen wir auf Betriebstemperatur. Ein bisschen fühlten wir uns noch verkatert, aber durch unsere körperliche Ertüchtigung wurden wir auch geistig schnell wieder frisch. Nach knapp zwei Stunden kam die Brücke Dykhausen in Sicht. Hier wurden wir zu unserer Überraschung sehnsüchtig erwartet. Emils Vater, „Onkel Willi“, stand auf der Brücke und lud uns zum Mittagsessen ein. Unsere Schlitten banden wir hinten an sein Auto an und ab ging es nach Dykhausen. Essen und Trinken haben vorzüglich geschmeckt und es war deshalb ganz schön schwierig, wieder in den gewohnten Tritt zu kommen. Aber nach nochmaliger zweistündiger Eis-Kanal-Wanderung erreichten wir alle wohlbehalten das Bootshaus des WKK.

Silvester-Eierfahrt

31. Dezember 1970 / 1. Januar 1971

Mit von der Partie waren Maria und Christian, Janette, Ingo, Moby, Herbert und Heinz. Den Grill, Grillgut und die „Musik“ brachten wir einen Tag vorher per Pkw nach Hoheesche. Der Rest der Ausrüstung kam in die Boote. In Hoheesche stellten wir zwei Hauszelte, jeweils mit den Eingängen in zirka zwei Metern Abstand voreinander. Dazwischen spannten wir ein Überdach. So hatten wir Platz zum Grillen, Essen und Trinken. Wurde die Luft zu dick, klappten wir einfach eine Seite des Überdachs hoch. Zur vorgerückten Stunde wurden wir immer lustiger. Moby zauberte für Ingo Zigaretten hervor. Dass sie aus Ingos eigener Schachtel waren, bemerkte er erst am nächsten Tag. Lustig ging es schon zu!

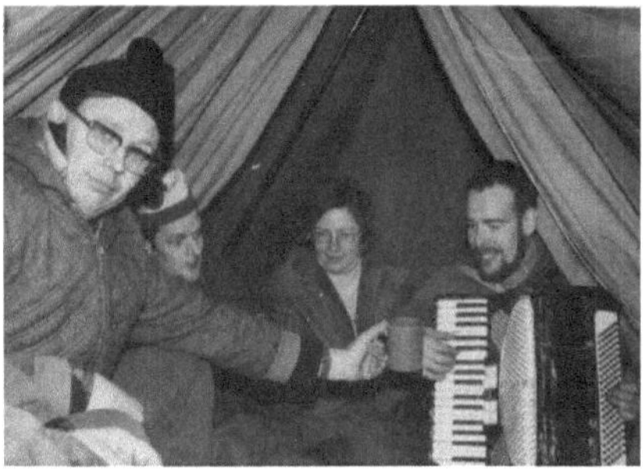

Die Musik spielt auf

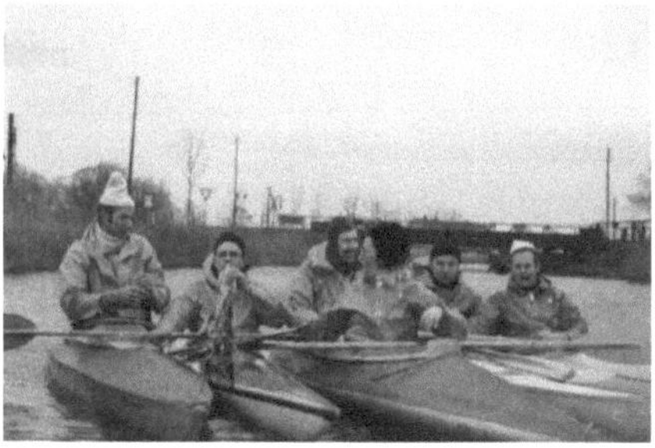

Pause in Sanderbusch

Die ersten Zelter des Jahres 1979

von Wolf Germer / Wilhelmshaven

„Udo, wie wär's, hättest Du Lust, am Wochenende in Hoheesche mit mir zu zelten?" „Hm, Lust schon, aber, ich muss mal sehen, vielleicht, es könnte klappen, ja, ich ruf Dich wieder an!"
So ähnlich spielte sich das erste Telefongespräch am 4. Januar 1979 ab. Der Zeitraum in den ersten Januartagen erschien eigentlich recht günstig, obwohl wir einen bitterkalten und seit vielen Jahren erstmals wieder richtigen Winter hatten. Jeder weiß, dass wir in unseren Regionen nie wissen, wie lange so ein Winter anhält und deshalb musste diese Gelegenheit eigentlich so schnell wie möglich beim Schopfe gefasst werden.
Am 5. Januar kam dann schließlich das Okay von Udo, so dass wir beide uns für den Nachmittag 17 Uhr verabredeten und zur ersten Zeltübernachtung zum 15 Kilometer entfernten Hoheesche am Ems-Jade-Kanal zum Vereinszeltplatz aufbrechen wollten.
Der Ems-Jade-Kanal war zugefroren, so dass es eigentlich keine Schwierigkeiten wegen des Geländes würde geben. Die Rucksäcke waren relativ schnell verpackt und die Schlafsäcke auf einen kleinen Schlitten verzurrt. So konnten wir kurz nach 19 Uhr vom Bootshaus aus starten.
Die Außentemperaturen lagen zu diesem Zeitpunkt nach dem von mir mitgeführten Taschenthermometer bei minus zehn Grad. Bei flottem Marschtempo erreichten wir alsbald die nötige Betriebstemperatur, so dass uns die Kälte nicht

zu schaffen machte. Schon in Sanderbusch hatten wir einen weiteren Temperaturabfall bis auf minus 14 Grad. Beim Goedenser Hammrich erreichte die Temperatur schließlich 18 Grad minus, und bei einer späteren Messung an der letzten Brücke von Hoheesche zeigte das Thermometer 19 Grad minus an.
Um unser Energie-Depot aufzuladen, hatten wir Wurst vom Stück (als „Pemmikan-Surrogat" – es ist eine Notration, die als Überlebungsnahrung hergestellt wird. Sie findet Verwendung beim Militär und bei Expeditionen) gegessen, die uns ganz gut über die Runden half.
Der Marsch auf dem zugefrorenen Ems-Jade-Kanal war eine reine Freude. Eine leichte Schneedecke dämpfte die Eisglätte, so dass es ohne Schwierigkeiten voranging. Bis Sande liefen wir unter einem sternklaren Himmel mit einer Märchen-Mondsichel. Ab Sande, als wäre dort einen Wetterscheide, liefen wir plötzlich in ein milchiges Dunkel hinein. Urplötzlich hatte sich eine Nebelwand gebildet, die sich bis Hoheesche hielt. Udo sah mit seinem Bart bald wie „Väterchen Frost" aus. Eine völlig neue „Bart-ab-Methode" hätte man kreieren können: abbrechen statt rasieren!
Bei dem Wetter kamen wir uns fast wie Polarforscher vor, die in bislang unerforschtes Gebiet vordrangen. Alles war anders und sah fremd aus. Trotz des flotten Marschtempos machte sich irgendwann doch die Kälte bemerkbar, die sich bei mir insbesondere in leicht frostanfälligen Fingerspitzen bemerkbar machte, so dass ich ständig bemüht war, die Finger durch Bewegung warmzuhalten. Richtig unangenehm war es aber eigentlich nie.
Bauern gehen mit den Hühnern schlafen und stehen auch mit ihnen auf, sagt man. So war es. Erst nach vielen Mühen bekamen wir einen Bauern aus den Federn, um uns eine Schaufel zu leihen; Wasser – ungefroren – gab's gratis.
Der Zeltaufbau war relativ einfach. Die Bodendecke mochte etwa fünf bis zehn Zentimeter gefroren sein. Die Zeltheringe gingen wie geschmiert in den Boden. Die offenen Seitenteile des Überzeltes wurden mit Schnee zugeschaufelt wegen der besseren Isolierung. Tee mit Rum (nur einen Tasse, damit wir auch wieder heil aufwachten) war der krönende Abschluss. Vorher noch ein Blick auf das auf dem Zeltfirst aufgesteckte Thermometer: es zeigte runde 20 Grad minus. Später, nachts im Zelt, war die Zeltinnentemperatur noch immer bei minus acht Grad.
Bei solch extremen Temperaturen steht und fällt die Freude an einer solchen Geschichte selbstverständlich mit der Qualität der Ausrüstung. Obwohl wir vier Schlafsäcke hatten und diese zu einem großen Doppelschlafsack zusammengefügt hatten, merkten wir doch, wie bitterkalt es war. Dennoch haben wir bis weit in den nächsten Morgen geschlafen. Der erste Blick aus dem Zelt bescherte uns wohl die seit Jahren schönste Winterlandschaft. Bedingt durch den in der Nacht vorherrschenden Nebel hatten sich wahrlich traumhafte Raureifgebilde an Bäumen, Sträuchern und Freileitungsdrähten gebildet, die sich im Sonnenlicht äußerst erhaben ausnahmen. Es war so still und friedlich, dass man hätte meinen

können, die Erde sei gerade erschaffen worden, so rein und jungfräulich erschien die Welt.
Die Minustemperaturen lagen jetzt noch bei 16 Grad. Im Vergleich zum warmen Schlafsack traf uns die Kälte zunächst wie ein Faustschlag und wie waren bemüht, uns irgendwie warmzuhalten. Wir hatten uns dann doch entschlossen, zum Bauern zu marschieren und dort Tee zu trinken, statt das am Abend zuvor wohlweislich noch in den Topf gegossene Wasser, zur Teebereitung zu nehmen.
Wie immer fanden die „verrückten" Kanuten beim Bauern wohlige und heimische Aufnahme. Ein ausgedehntes Frühstück mit Plausch über die neueste Wetterentwicklung, Tierzucht, Milchleistung usw. beendete den aufwärmenden Vormittag.
Leichte Konditionsschwächen ließen die Rückmarschdauer etwas länger werden.
Der Ems-Jade-Kanal war an diesem herrlichen sonnendurchfluteten Wintertag zu einem wahren Eisläuferdorado geworden. In Sande schien die gesamte Ortschaft auf dem Eis zu sein. Neugierige Eisläufer, die uns nach unserem Vorhaben gefragt hatten, schüttelten nur verständnislos ihr Haupt und meinten wohl, wir wollten uns für den Mount Everest vorbereiten.
Aber da bleiben wir doch lieber Kanuten!

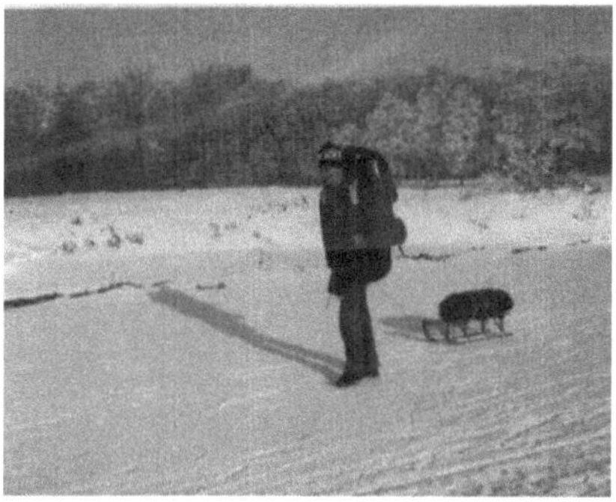

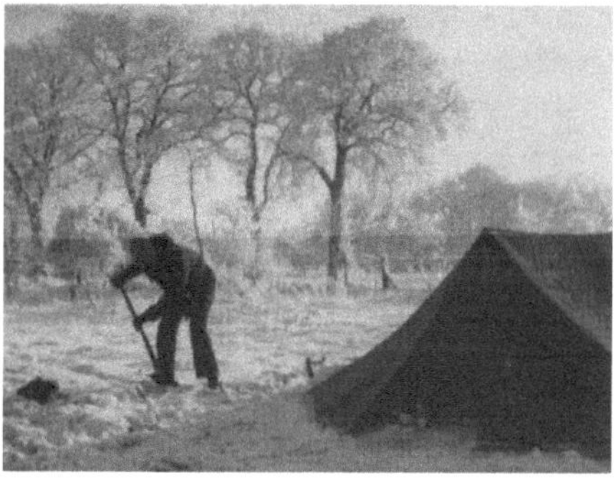

5. Januar 1979, mit Rucksack und Schlitten
bei Minus zehn Grad auf zum Zelten

Eierfahrt

6./7. Januar 1980

Auf dieser Tour war ich alleine unterwegs. Da der Ems-Jade-Kanal zugefroren war, schnürte ich meinen Rucksack und verließ mein Zuhause am frühen Nachmittag. Zuerst ins WKK-Bootshaus zwecks Eintragung ins Fahrtenbuch. Ordnung muss sein!
Danach machte ich mich auf die Reise. Die Temperatur lag über dem Gefrierpunkt. Das Eis auf dem Kanal war nicht dick genug, um darauf zu laufen. So benutzte ich den Rad- und Wanderweg entlang des Kanals. Ab Dykhausen wurde es schlagartig nebelig. In Hoheesche angekommen, habe ich am Ende des Platzes mein kleines Iglu-Zelt aufgebaut. Nach einer kleinen Ruhepause habe ich unserem befreundeten Bauern Haio einen Besuch abgestattet. Haio war gerade mit dem Melken fertig und brauchte nur noch die Kannen zu reinigen. Ich stand mit Händen in den Taschen daneben und beobachtete sein Tun. Auf einmal ein Ruf: „Mellenthin, wo bist du?“ „Hier, bei Haio!“ Ich traute meinen Augen nicht: Annegret und Werner mit ihren beiden Kindern Stefan und Peter standen vor uns. „Wo kommt ihr denn her?“ „Wir sind auch zu Fuß und wollen sehen, ob du auch zeltest! Wir können dein Zelt nicht finden!“ Eigentlich wollten sie nur einen kleinen Spaziergang machen. Aber da sie meine Eintragung im Fahrtenbuch gelesen hatten, sind sie bis hier gelaufen.
Nach dem Zeigen meines Zeltes - man konnte es bei diesem pottendichten Nebel kaum finden - machten sie sich auf den Weg zu Werners Eltern, die in Reepsholt wohnten. Ich habe sie noch ein Stück begleitet. Mir taten die Füße weh, aber was die Kinder vollbracht hatten, verdiente Achtung! Werner hatte Clogs an und Annegret war auch ganz schön geschafft. „Die Kinder sind zu bewundern“, sagte Werner, wo die die Kondition hernehmen?
Bei Haio gab es noch den obligatorischen Grog. Böse Zungen behaupteten, dass Haio den Rum im Kessel heiß macht und dann nur zwei Schnapsgläser Wasser zugibt. Da wir oft schwankend dort weggegangen sind, kann das schon möglich sein. Sein schelmisches Grinsen und seine leuchtenden Augen beim Verlassen seines Hofes bestätigten diese Vermutung.
„Rumms“ und noch einmal „Rumms“! Schlagartig saß ich aufrecht im Zelt. Hatte ich womöglich geträumt? Oder was war das? Draußen war nichts zu erkennen. Tiefschwarze Nacht. Im Licht meiner Taschenlampe sah ich nur den starken Nebel. Irgendwie fühlte ich mich nicht wohl in meiner Haut. Nennt man das Angst, wenn der Atem schwer geht? Wieder horchte ich in die Nacht. Nichts. Ich ging bis zur Brücke. Lauschte. Das kommt davon, wenn man alleine unterwegs ist, dachte ich so bei mir. Langsam wurde mir kalt und es trieb mich zurück in den warmen Schlafsack.

„Rumms“ – „krach“! Jetzt wusste ich, was es war: Das Eis brach in Längsrichtung auf! Die Natur hatte mir einen Streich gespielt.

Über die Eierfahrt mit Heiko (1998) gibt es auch noch eine kleine Geschichte. Wir paddelten an einem normalen Werktag nach Hoheesche. Ab „Alter Bahndamm“ wurden die Uferkanten des Ems-Jade-Kanals neu gespundet. Da die Mitarbeiter des Wasser- und Wirtschaftsamtes Aurich auch im Winter beschäftigt werden müssen, übernahmen sie zu dieser Jahreszeit die Instandsetzungsarbeiten, was in den Sommermonaten von einer Fachfirma erledigt wurde. Man konnte genau den Ansatz sehen. Beim Unternehmer sah die hölzerne Spundwand korrekt und schnurgerade aus, danach gab es keine gerade Linie mehr.
Werner, Mitglied im WKK und Mitarbeiter beim Amt, musste sich allerhand von uns anhören. Heiko fragte ihn, ob er eine Bogenschnur als Richtschnur genommen hatte? Trotzdem muss ich ihn ein bisschen in Schutz nehmen. Die Fremdfirma rückt mit schwerem Gerät und mit hervorragender Technik an und die Mitarbeiter vom Auricher Amt mit veralteten Geräten. Bei ihnen konnte kein Bagger die hölzernen Spunde in den Boden drücken, sondern es war körperlicher Einsatz und viel Muskelkraft gefragt.
Bei unserer Rücktour machten die Amtsmitarbeiter gerade Mittag in ihrem Arbeitsschiff. Wir sind vorsichtig an das Schiff herangefahren. Auf „eins, zwei, drei“ haben wir mit unseren Paddeln an den stählernen Rumpf geschlagen. Das muss da drin fürchterlich gedröhnt haben. Wir haben sie nicht nur beim Mittagsessen gestört, nein, wir haben sie auch aus dem Tiefschlaf geholt! Ihr Fluchen höre ich noch heute.

Die Eierfahrt mit Herbert (1999) war meine schönste Tour. Hier stimmte einfach alles. Der Kanal war eisfrei und kaum ein Lüftchen regte sich bei unserer Hintour nach Hoheesche. Haio wollten wir nur begrüßen und ihm ein gesundes neues Jahr wünschen. Bei unserer Ankunft war der Bauer beim Füttern seiner Tiere. Er bestand darauf, dass wir kurz nach 20 Uhr noch mal zu ihm kommen sollten. Wir bauten unsere Zelte auf und bereiteten Abendessen und Lagerfeuer vor. Meinen alten Feuertopf füllten wir mit Glühwein, gaben einen (kleinen) Schluck Rum dazu, legten den Deckel darauf und setzten ihn am Rande des Lagerfeuers in die Glut. Kurz vorher hatte es stark zu schneien angefangen. Wir zogen unsere Regenjacken über und machten es uns am Feuer gemütlich. Auf einmal schlugen Flammen aus unserem Topf. Mit einem beherzten Zugriff nahm Herbert den Pott vom Feuer und stellte ihn in den Schnee. Es zischte gewaltig! Den Deckel konnten wir nicht mehr vom Topf bekommen, es hatte sich ein Vakuum gebildet! Ein nochmaliges Anwärmen brachte auch nicht den gewünschten Erfolg. Hier half nur ein langer Knüppel, den wir mit Hebelwirkung einsetzten. Mit einem „wusch“ sprang der Deckel auf. Nun waren wir glücklich

und zufrieden und der Abend war gerettet. Wir sprachen über alte Zeiten und vergaßen Raum und Zeit. Der Glühwein schmeckte ausgezeichnet.
„Du, Herbert, hör mal, Vogelgezwitscher!“ „Das gibt es doch gar nicht, jetzt im Winter!“ „Und bei dieser Dunkelheit!“ „Doch, jetzt wieder!“ Es hörte sich eigenartig an.
Plötzlich stand der Vogel neben uns. „Haio, dich haben wir ganz vergessen!“
Es war das erste Mal, dass Haio kurz mit uns am Lagerfeuer gesessen hat. „Ein Glühwein nur und dann kommt ihr mit zu mir!“ Wir mussten mit, da halfen keine Ausreden. Wir haben aufgepasst, wie Haio den Grog zubereitete, und wir sind auch ganz manierlich zurückgekommen. Unser Feuer brannte noch und wir haben die Nacht fast zum Tag gemacht. Es hatte aufgehört zu schneien. Der Mond verzauberte die Landschaft und tauchte sie in ein gedämpftes Licht. Man kann das kaum beschreiben, eine eigenartige Stimmung umrahmte uns. Der Schnee begann zu strahlen. Alles war ruhig und still, nur zwei Kanuten saßen am Lagerfeuer und hatten sich unheimlich viel zu erzählen.
Bilderbuchwetter prägte den nächsten Tag. Unsere Zelte sahen aus wie Zuckerhüte. Nur so einen komischen Geschmack hatten wir auf der Zunge. „Nie wieder dieses Feuerwasser. „Teufelszeug!“ Wie oft haben wir das schon gesagt. „Für ein paar Stunden bist du Gesichtsältester“, meinte Herbert.
Wir machten Paddelpause in Dykhausen, um endlich diesen Geschmack loszuwerden, denn vorher waren wir beim besten Willen nicht an unseren Biervorrat gekommen.. Durst ist doch schlimmer als Heimweh. Beim WKK angekommen war die Welt wieder in Ordnung.
Eigentlich sollte das meine letzte Eierfahrt gewesen sein, aber eine Tour habe ich doch noch drangehängt. Die runde Zahl 20 ist doch auch ein schöner Eierfahrtenabschluss!

Der Phylloscopus collybita

„Es war einmal …“

Es war aber eine ganz besondere Geschichte, die wir am 22. April 1984 erlebt haben.
Wir Kanuten vom Wilhelmshavener Kanu-Klub waren zur Osterzeit in der Nähe von Emsdetten auf dem Elting-Mühlbach. Sehr früh waren wir auf dem Wasser und wollten einmal so richtig das Erwachen der frühlingshaften Natur erleben. Leise und andächtig glitten unsere schlanken Kajaks auf dem klaren fließenden

Gewässer dahin. Ein wunderschönes Vogelgezwitscher ließ uns das Paddeln fast vergessen. Ein jeder lauschte auf seine Art dem Gesang der Singvögel.
„Du, Bernd“, fragte Jörg, unser Jugendwart, „was ist das für ein Vogel, der da ruft?“ „Ach, Jörg, das ist eine Meise“. „Hör mal den ansteigenden Ruf, zerretetetet oder zizi-zirrrr“. „Donnerwetter, kennst du noch mehr?“ „Na ja, noch den Buchfinken, da müssen wir warten bis einer ruft, den kann ich nicht nachmachen.“ „Hör mal, jetzt, ein Zaunkönig. Ruft der kleine Kerl nicht erstaunlich laut sein Lied, mit schmetternden und trillernden Strophen? Jetzt endet das Lied mit einem langen Roller. Sieh mal, da unten an der Uferkante fliegt er gerade weg.“ Hoffentlich fragt jetzt Jörg nicht noch nach anderen Vogelstimmen, denn noch mehr kannte ich auch nicht. Na – noch die Spatzen, aber die leben ja meistens auf dem Bauernhof oder in der Stadt und sind im Wald kaum zu hören. Ich war eigentlich sehr erstaunt, dass Jörg nicht mal einen von unseren heimischen Singvögeln kannte. Ruhig – nur nicht die erwachende Natur stören – paddelten wir durch den Wald. Man muss schon staunen, wie still unsere Jugendlichen sind. Lauschen sie auch dem Vogel-Sänger-Wettstreit? Oder sind sie noch nicht ganz wach, weil wir sie so früh aus den Federn geholt haben?
„Hüid – zilp-zalp-zelp-zilp-zalp“. „Bernd, das ist ein Zilpzalp!“ „Was ist das, Jörg?“ „Ein Zilpzalp! Hörst du das nicht? Er ruft auf der ersten Silbe höher!“ Bloß nichts anmerken lassen. Renate lächelt vor sich hin, Janette hebt leicht die Schultern hoch und ich fühlte mich leicht auf die Schippe genommen. „Was – Jörg? Erzähl das noch mal“.
„Glaubst du mir nicht“, fragte Jörg, „da bin ich mir ganz sicher, das war ein Zilpzalp!“
Das hast du dir nur zusammengereimt nach den vielen schönen Stimmen. Das klingt eher wie ein Sperling – „schelp–schelp“! Sollte es doch Spatzen im Wald geben? Zum Glück waren unsere Jugendlichen außerhalb unserer Gesprächsreichweite. Wer weiß, was sonst noch alles passiert wäre. Am frühen Morgen streiten sich zwei erwachsene Männer um einen kleinen Vogel. Hört endlich auf! Die mahnenden Worte unserer Ehefrauen beendeten unseren Vogelstreit. Aber der Ruf des Zilpzalp „zilp-zalp-zelp-zilp-zalp“ hatte sich bei mir doch eingeprägt. Nach zirka hundertmal Paddeleintauchen entwich der Ruf meinen Lippen. Auch bei der Mittagsrast konnte ich mich nicht zurückhalten. Die frohe Runde schaute mich ganz verdutzt an. Jörg reagierte gar nicht mehr, er mag sich wohl seinen Teil gedacht haben.
Zu Hause angekommen, hatte ich nichts Eiligeres zu tun, als einen Blick in unser Vogelbuch zu werfen. Sieh mal – ein Zilpzalp! Aussehen: elf Zentimeter, neun Gramm, Oberseite blass grünoliv, Unterseite weißlicher. Füße dunkelbraun – dem nahe verwandten Fites sehr ähnlich; auch das noch – ein Fites! Gesang: unverkennbar, lange stammelnde Strophe wie „zilp-zalp-zelp-zilp-zalp“.

Beobachtungstipp: Der Gesang ist das einzige zuverlässige Erkennungsmerkmal schreibt Jürgen Nicolai in seinem Buch „Natur-Führer der Singvögel".
Mein rot angelaufenes Gesicht hat ja nur der Spiegel gesehen. Mensch, Jörg, das kann ich gar nicht wieder gut machen! Ich habe nach meiner ersten Beruhigung zum Telefon gegriffen und mich bei Jörg entschuldigt. Meine „Vergebungs-Verbeugung" mache ich nun nach so langer Zeit mit diesen Zeilen. Es hat sich so in meinem Kopf festgesetzt, dass ich bei jedem Zilpzalp an diese Geschichte denke.
Ja – Bernd, sagt Jörg, das ist der einzige heimische Singvogel, den ich kenne und den machst du mir auch noch madig!

Eine denkwürdige Paddeltour.

Im Kanu-Wanderbuch für Nordwestdeutschland steht unter der Rubrik „Nordsee" folgender Wortlaut:

„*So groß die Begeisterung des Binnenländers für das Wattenmeer mit seiner amphibischen Landschaft und Tierwelt sein mag, so muss aber auch mit allem Nachdruck auf die Tücken und Gefahren hingewiesen werden. Was eben noch ruhiges Meer war, kann bei entsprechender Wetterlage in kurzer Zeit tobende Wasserhölle mit Grundseen sein, die alles zerschmettern, was sich ihnen in den Weg stellt. Plötzlich auftretende Seenebel gehören ebenfalls zu den Gefahren, wie nicht richtig berechnete Tiden. Eine Alleinfahrt ist deshalb unverantwortlich.*
Gute Schulungen sind Fahrten im Zusammenhang mit den größeren Veranstaltungen an der Küste wie die Wattenfahrten anlässlich der Bremer-Tiden-Rallye, Vorfahrt zur Drei-Meere-Fahrt des EKC Emden, die Nordseewanderfahrten des WSV Norden und die Fahrten ins Wattenmeer, die mein Verein, der WKK Wilhelmshaven, durchführt."

Hier war ich jahrelang mit in der Verantwortung. Ich lernte viel über Navigation, Seezeichen, Seeschifffahrtsstraßen-Ordnung und Wetterkunde. Auf Lehrgängen lernte ich den Umgang mit Seekarten und das Fahren nach dem Kompass. Ganz wichtig waren die Übungen des Wiedereinstiegs nach einer Kenterung. Dass ich bei jedem Wetter mit einer Rettungsweste fahre, ist für mich selbstverständlich.

Die viele Fragerei gestern Nachmittag - im Juni 1982 - im Bootshaus des WKK ist uns auf den Geist gegangen. „Warum packt ihr jetzt schon die Boote?“ „Wohin wollt ihr?“ „Nehmt ihr uns mit?“ „Nein!“ Klipp und klar unsere Antwort. Wilfried und ich haben ein paar freie Tage und die wollen wir für uns haben. Wie Max und Moritz stehlen wir uns am frühen Morgen aus dem Bootshaus. Wir müssen uns schon beeilen. Ebbe und Flut sind pünktlich, und wir haben uns danach zu richten, umgekehrt geht das nicht.
Alles ist noch ruhig. Die Stadt schläft noch. Darum sieht nur Wilfried, dass ich beim Aussteigen am glatten Stein abrutsche und ein erfrischendes Morgenbad nehme. Das ist wohl die Strafe, dass ich aus dem warmen Schlafsack, ohne mich zu waschen, in die Paddelklamotten gesprungen bin. „Das Kenterbier bekommst du erst heute Abend. Wie sieht es denn aus, morgens schon Bier zu trinken?“ Ohne den sonst störenden Autoverkehr überqueren wir die Straße und rollen unsere Boote zum Südstrand. An der breiten hölzernen Badetreppe lassen wir sie zu Wasser. Noch einen Schluck aus der Wasserflasche und unsere Reise geht im Stauwasser des Jadebusens Richtung Norden. Der Seewetterbericht verheißt schwachen Wind aus östlicher Richtung und dazu viel Sonne. Ein Hoch liegt schon tagelang über Norddeutschland. Es sollte auch noch so bleiben. Wir paddeln auf der rechten Seite, außerhalb der Fahrwassertonnen, im Jadestrom. Querab vom Ölhafen, um 8 Uhr, setzt die Ebbe ein. Die Boote laufen gut, und ohne große Kraftanstrengung kommen wir schnell vorwärts. Unser Ziel ist die in der Außenjade künstlich angelegte Insel Minsener Oog.
Ab Hooksiel queren wir das Jadefahrwasser und paddeln auf der linken Seite weiter. Eine Fregatte der Bundesmarine überholt uns. Zum Glück ist der Abstand beträchtlich, denn wir fahren wieder außerhalb des Fahrwassers. Trotzdem sind die Wellen beachtlich. Wellengang, und dann noch von achtern, das ist nichts für mich. Mit großer bremsender Kraftanstrengung versuche ich, die Geschwindigkeit zu verringern. Das gelingt mir auch gut, ich kann sie ohne besondere Vorkommnisse abreiten. Es sieht so aus, als wenn Wilfried in dieser Hinsicht nicht so ein „Schisshase“ ist, er lässt sich von den Wellen mitziehen. Ruckzuck liegt zwischen uns ein großer Abstand. Ich muss mich ganz schön anstrengen, um ihn wieder einzuholen. „Du musst mich warnen“, so Wilfried, „ich habe doch keine Ahnung von großen Schiffswellen! Wenn ich hier abgesoffen wäre?“ „Dann hätte ich ein Kenterbier gespart.“ Wilfrieds Gesicht war weiß wie Schnee, aber er konnte schon wieder lachen. Es ist mir vollkommen klar, weshalb die Wellen so hoch sind. Wir haben seit geraumer Zeit ablaufendes Wasser und befinden uns nicht mehr im tiefen Fahrwasser, sondern im Wattgebiet. Nun heißt es, auf dem kürzesten Weg wieder zurück ins Fahrwasser, sonst laufen wir noch auf.
Wir machen ein Päckchen und lassen uns treiben. Keine Welle kräuselte mehr die Wasseroberfläche und so können wir uns in aller Ruhe stärken. „Guten Ap-

petit“, ruft uns ein vorbeifahrender Segler zu. Wir lassen es uns schmecken. In der Ferne können wir schon unsere Insel ausmachen. Wir passieren das Nordseebad Schillig. Auf der anderen Seite des Fahrwassers können wir die Vogelinsel Mellum erkennen. Die Sicht ist so klar, dass man meinen könnte, beide Inseln wären greifbar nahe. Aber es sind noch gut vier Kilometer bis zu unserem Tagesziel. Die gute Verbindung zum Wasser- und Schifffahrtsamt Wilhelmshaven macht es uns möglich, dort eine Nacht zu bleiben. Man erwartet uns schon. Unser Zelt bleibt im Boot, wir können in der auf Stelzen erbauten Wohnungsbaracke nächtigen. Unser hochprozentiges Mitgebrachtes wird von beiden Buhnenwärtern dankend angenommen. Als vorbeugendes Medikament wird ein Probeschluck genommen und der Rest dann im Medikamentenschrank für alle Fälle verwahrt.

Nun hatten wir viel Zeit. Die beiden Mitarbeiter des Wasser- und Schifffahrtamtes auf Minsener Oog sind froh, mal wieder andere Gesichter zu sehen. Es gibt viel zu erzählen. So erfahren wir einiges über dieses Eiland.

Sinn und Zweck ist es, das Jadefahrwasser von Versandungen freizuhalten. Dafür wurden die kleinen Inseln Minsener Oog und Olde Oog durch den Bau von Dämmen und langen Buhnen verbunden. Dies begann schon vor dem Ersten Weltkrieg. Weiter war geplant, die Insel Wangerooge mit Minsener Oog zu verbinden, damit die Landabspülungen auf Wangerooge ein Ende finden sollten. Dazu ist es aber nicht gekommen. Zur Sicherung des Jadefahrwassers entstand in den 70-er Jahren durch Sandaufspülungen eine großflächige Düneninsel. Für die großen Öltanker, die Wilhelmshaven anlaufen, wurde die Fahrrinne auf 20 Meter Tiefe ausgebaggert. Dieses Baggergut wurde auf der Insel verklappt, so dass die Insel immer größer wurde.

Das Angebot, noch einen Tag länger zu bleiben, nehmen wir gerne an. So können wir unter Führung die Insel erkunden. Wir werfen einen Blick in den 1976 erbauten Radarturm und in den am Ende der Buhne A stehenden ehemaligen Flakturm, der als Leuchtturm umfunktioniert ist.

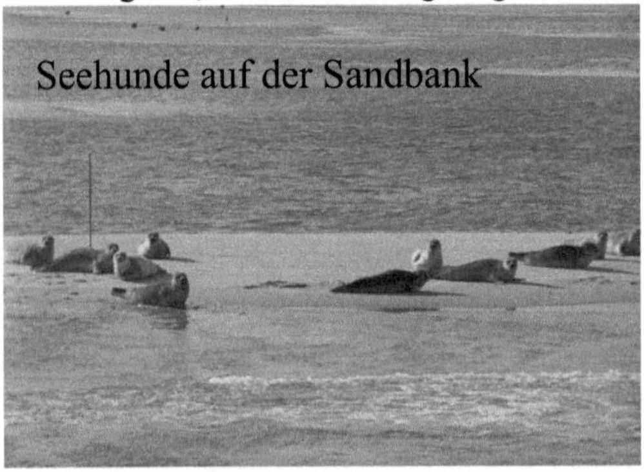

Seehunde auf der Sandbank

Die Seehunde lassen sich gar nicht stören. Sie schauen zu mir herüber, so dass ich sie in Ruhe fotografieren kann. Mehr Mühe haben wir mit den Seeschwalben. Sie greifen uns wie Stuka-Flieger an. Ein über den Kopf gehaltener Stock rettet uns aus der Not.

Über die vielen Kaninchenbauten wundern wir uns. Die Mitarbeiter erzählen, dass die Leuchtturmwärter, die früher auf der Insel lebten, Kaninchen als lebende Nahrungsreserve auf der Insel ausgesetzt hatten. Wir haben das zunächst als Witz verstanden, aber das stimmt. In den verlassenen Kaninchenbauten brüten jetzt die Brandgänse.

Ein wunderschöner, warmer Tag neigt sich dem Ende zu. Auch das Geschrei der Vögel lässt langsam nach. Wir genießen die letzten Sonnenstrahlen und verschwinden rechtzeitig in unser Nachtlager. Bei offenem Fenster genießen wir die Stille, bis der Schlaf uns übermannt. Der neue Tag verspricht, wieder schön zu werden. Langsam steigt die Sonne höher. Der Seewetterbericht meldet das richtige Wetter für uns. Wir machen die Boote startklar und warten auf das auflaufende Wasser. Eine Entenmutter kommt mit ihren Küken ganz dicht an uns heran, als wollte sie sich von uns verabschieden. Herrlich ist so ein Naturschauspiel. Sie lässt sich auch nicht durch mein Fotografieren stören.

Der Seenotrettungskreuzer, der auf der anderen Seite des Fahrwassers vor Mellum liegt, lichtet den Anker und fährt mit hoher Bugwelle gen Wilhelmshaven. Heute ist Freitag, Wachwechsel auf dem Kreuzer. So eilig haben wir es nicht. Wir bleiben vorerst auf der rechten Seite. Kurz vor Schillig kreuzen wir das Jadefahrwasser und paddeln an der sandigen Wattkante Richtung Süden. Ein paar Seehunde flüchten ins Wasser. Sie umkreisen uns, sie sind ganz schön neugierig. Einer kommt ganz nahe an uns heran. Wir sehen seine großen Kulleraugen, und seine Barthaare können wir fast zählen. Sicherlich war er in einer Seehundaufzuchtstation und ist an Menschen gewöhnt. Wir beobachten die lustige Horde noch eine ganze Weile.

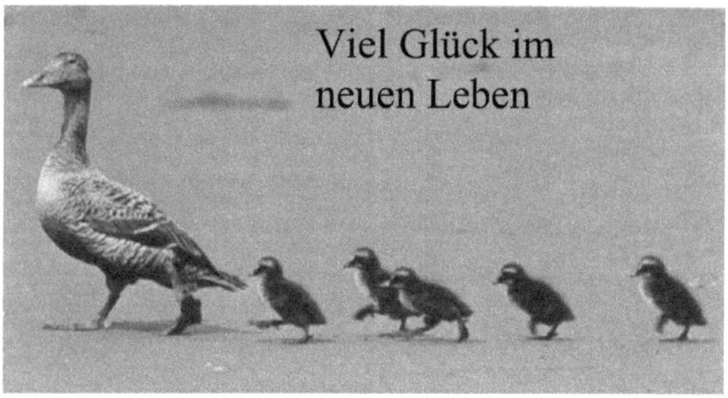
Viel Glück im neuen Leben

Der Flutstrom nimmt uns schnell mit. In Höhe des Solthörner Watts überlegen wir, ob wir nicht Tossens anlaufen sollten, um dort zu zelten. Wir haben aber noch genügend Kraft und Ausdauer, um unser Tagesziel Eckwardersiel zu erreichen. So langsam füllt sich der Jadebusen. Die Flut läuft über das Watt. Nun ist die Wattkante nicht mehr unser Richtungsweiser, sondern die Fahrwassertonnen. Am Eckwarder Feuer paddeln wir in die Ahne hinein und halten Kurs auf die Landmarkierung Eckwarden. Man wundert sich, wie stark hier die Strömung läuft. Wir huschen nur so um die Ecke und erreichen genau bei Hochwasser Eckwardersiel. Beim Sielwärter dürfen wir in seinem Garten unser Zelt aufbauen. Das erstandene Bier zischt nur so durch unsere durstigen Kehlen.

Wieder geht ein schöner Tag zu Ende. Wir sitzen noch lange im Garten unserer Wirtsleute und haben uns viel zu erzählen. Es wird uns berichtet, dass in den 60-er Jahren, immer zu Pfingsten, Wilhelmshavener Kanuten hierher gekommen sind und außendeichs gezeltet haben. Gekommen sind sie immer per Kajak, aber oft mussten sie zurück die Fähre nehmen, denn so stark hatte der Wind geblasen. Ich konnte mir ein Grinsen nicht verkneifen. Einmal war ich auch mit dabei und erinnere mich noch ganz genau an diese Tour. Der Kapitän - das Schiff trug den Namen „Eckwarden" - blaffte uns gewaltig an: „Mit solchen Nussschalen hat man auf der Nordsee nichts zu suchen!" Auch der kleine, schwarzweiß gefleckte Hund namens Teddy, knurrte und bellte um uns herum, als wollte er sagen: „Herrchen, die machen wir fertig!" Aber wir kannten den Kapitän zur Genüge, er meinte es nicht so ernst. Wir sind ab Eckwarderhörn samt unserer Boote und Ausrüstung immer wieder nach Wilhelmshaven mitgenommen worden.
Viel später habe ich den Kapitän Hermann Rosendahl persönlich kennengelernt. Anne-Rose, Hermanns Frau, und Janette wurden später Arbeitskolleginnen. Wir haben dann mit den beiden eine Kreuzfahrt ins Reich der Antike und eine Urlaubsfahrt in die Berge nach Balderschwang unternommen. Auf Anhieb haben wir uns sehr gut verstanden. Hermann konnte lustig erzählen und man wusste nicht, ob er es ernst meinte oder ob es doch wieder ein Witz war. Dass er uns Kanuten oft auf die Schippe genommen hat, habe ich ihm bei nächster Gelegenheit zurückgegeben. Wenn wir die „Eckwarden" mit ihrem lustigen Kapitän auf der Jade getroffen haben und er wieder ein paar Döntjes zum Besten gab, haben wir auf Kommando hinübergerufen: „He lüggt!" Für kurze Zeit war es dann ganz still, sicherlich war er überrascht, formulierte wohl ein paar passende Worte, und dann kam es deftig wieder zurück.
Langsam ziehe ich am nächsten Morgen vom Zelt den Reißverschluss hoch. Ein leichter Dunst liegt über Land und See. Der Seewetterbericht lädt uns aber doch zum Paddeln ein. Wir packen unsere Siebensachen und verlassen gut vier Stunden vor Hochwasser unsere netten Wirtsleute. Unser Ziel ist heute der Vareler Hafen. Nach einem kurzen Aufenthalt wollen wir bei Tidenwechsel über das Watt zurück nach Wilhelmshaven. Wir kommen aus dem verschlickten Sielpriel heraus, passieren Buhne acht, sechs und vier und paddeln zwischen Jappensand und Stollhammer Watt Richtung Süden zur Vareler Schleuse. Der Leuchtturm Arngast ist im Dunst ganz schwach zu erkennen. Wir machen uns keine Sorgen. Unser Wissen und unser Kompass werden uns schon den richtigen Weg zeigen.
„Moin Kanute!" schallt es zu uns herüber. Wir haben die beiden Anglerboote wohl gesehen, aber ich habe nicht damit gerechnet, dass ich meinen Arbeitskollegen Atze hier treffe. Sie liegen vor Anker und pieren Aale. Wir fahren zu ihnen hinüber. Beide Angler sitzen förmlich in ihrem Fang. Das hat sich gelohnt! Alle Eimer sind randvoll. „Was ist, Kanute, willst du ein paar Aale mitnehmen?", fragt Adolf. „Nee, mein Lieber, die leben ja noch und roh mag ich sie

auch nicht!“, so meine Antwort. „Räuchere sie erst, dann hole ich mir zwei schöne bei dir ab“. Dabei ist es auch geblieben, oder habe ich es vergessen, die leckeren Aale bei ihm abzuholen?
Ein komisches Gefühl befällt mich. Es ist so erdrückend. Ich weiß nicht, was es sein kann, aber ganz wohl ist mir nicht in meiner Haut. Die Flut läuft schon über den Jappensand, nur der hohe Rücken schaut noch heraus. Adieu, Vareler Hafen. Ich entschließe mich, sofort nach Wilhelmshaven zu paddeln. Wilfried schaut mich ganz ungläubig an. Wir paddeln wieder ein Stück zurück Richtung Eckwarden. Bei genug Wasser unterm Kiel queren wir den Jappensand und halten Kurs auf die Küste Wilhelmshavens. Schlagartig wird das Wasser ganz still, keine Welle kräuselt die Oberfläche. Wir fahren im rechten Winkel, wie eine Seilfähre, zur anderen Seite hinüber. Regattastimmung ist angesagt. Ich will so schnell wie möglich das andere Ufer erreichen. Mitten im Jadefahrwasser versetzt uns das auflaufende Wasser seitlich. Die Uferkante rauscht förmlich an uns vorbei. Achterbahn fahren, bloß ein bisschen langsamer. Eingangs des Nassauhafens atme ich erleichtert auf. Der Schweiß steht mir auf der Stirn. Warum wohl?
Der Hafen liegt voller Segelboote. Die für vormittags angesagte Segelregatta des Wilhelmshavener Segler-Clubs ist abgesagt worden. Die Sache klärte sich schnell auf. Über die Wesermündung und über Nordenham ist eine Windhose hinweggezogen, die alles, was nicht niet- und nagelfest war, zerschmettert hat! Man hat befürchtet, dass sie auch die Jade erreichen würde. Davon hat der von uns abgehörte Seewetterbericht nichts gesagt, er konnte sicherlich auch keine Warnung melden. Die Windhose hätte auch uns mitten auf dem Jadebusen treffen können. Glück gehabt! War das mein komisches Gefühl?
Wir zogen unsere Boote am Slip hoch. Pause war angesagt. Das „Glas-Bier-Geschäft“ des Wilhelmshavener Segel-Clubs ist unser Ziel. Wir haben es uns gut ergehen lassen, auch das Fischessen, das wir sicherlich preiswerter in Varel bekommen hätten. Aber das können wir immer noch nachholen.
Konzentriert paddeln wir durch den Hafen. Unsere Promillegrenze liegt sicherlich über dem Erlaubten. Das ist uns vollkommen egal. Zufrieden erreichen wir den WKK und bauen für eine Nacht die Zelte wieder auf. Glücklich und zufrieden holen wir unseren Mittagsschlaf nach. Ich bin mit mir rundherum zufrieden. Zum Paddeln auf Salzwasser, mit Ebbe und Flut, brauche ich keine fremde Hilfe mehr. Den Schulterschlag habe ich von Wilfried dafür bekommen.

Auf nach Dänemark
die Gudena

1979 war ich schon einmal auf der Gudena, aber nicht als Wanderfahrer, sondern im schlanken Rennkajak zur Langstreckenregatta über 120 Kilometer von Skanderborg nach Randers. So steht es in meinem Fahrtenbuch Nr. 4 aus dem Jahre 1973. Im Jahr zuvor waren meine Sportkameraden schon einmal dort. Sie hatten normale Wanderkajaks und konnten damit die geforderte Zeit nicht einhalten. So haben wir - Wolf, Ulli, Dieter, Harald und ich - uns entschlossen, diese Tour im Rennkajak zu wagen. Ohne Vorbereitung, also intensives Training, ist solch eine Herausforderung nicht zu meistern.

Mein Problem war mein Beruf. Zum Glück hatte ich einen Chef, der sich nicht nur unserer alltäglichen Sorgen annahm, sondern sich auch für den Kanusport begeisterte, auch wenn sein Herz mehr für den Fußballsport schlug. Welche Firma leistet sich schon eine eigene Fußballmannschaft?
So hatte ich vier Monate Zeit zu trainieren. Gleich nach der Arbeit fuhr ich direkt zum WKK. Nach einer kurzen Brotzeit und einer Aufwärmphase war Konditionstraining im Rennkajak angesetzt. Im Rhythmus von zwei Tagen befuhr ich die Strecke von Mariensiel zu unserem Zeltplatz nach Hoheesche, 15 Kilometer hin und nach einer kurzen Pause 15 Kilometer wieder zurück. Gegen 21 Uhr war ich jeweils endlich zu Hause. Ausgelaugt, aber dennoch glücklich und zufrieden. Ein paarmal kam auch Wolf mit zum Training. Ich bekam immer etliche Minuten Vorsprung, weil er zu stark für mich war. Ist eigentlich auch logisch. Wolf sitzt beruflich stundenlang am Schreibtisch, ich musste damals mehr körperlich arbeiten. So konnte er beim Paddeln seine überschüssige Kraft loswerden. Da er mich nach zehn Kilometern wieder eingeholt hatte, nahm ich an, dass er gemogelt und die vereinbarte Vorsprungzeit verkürzt hatte. In Hoheesche machten wir eine halbe Stunde Pause. Zum Glück war unser Sportkamerad Erich Lübben in Hoheesche und passte auf, dass Wolf die Vorsprungszeit bei meiner Rücktour auch einhielt. Entschlossen und mit dem Willen, dass Wolf mich diesmal nicht wieder einholte, paddelte ich zurück zum Bootshaus. Die rechts am Kanal stehenden Telefonmasten, im Abstand von zirka 20 Metern, kamen mir dabei zu Hilfe. Bei zehn Masten (200 Meter) fuhr ich äußerste Kraft, die nächsten acht Masten waren zur Regeneration gedacht, bei den nächsten zehn hieß es wieder volle Kraft voraus. Das ging bis Dykhausen (7,5 Kilometer) prächtig, und so war ich auch durch das Mastenzählen genug abgelenkt.
In Dykhausen machte Ulli, auch per Rennkajak im Training, gerade Pause. Meinen Hilferuf nahm er sofort zur Kenntnis und ich konnte, nachdem er mich überholt hatte, auf seiner Welle gut mithalten. An Wolf verschwendete ich keinen Gedanken mehr. Ich wusste, dass Ulli meine Rettung war. Zu zweit geht es

eben besser. Schweißgebadet erreichte ich unseren Anleger, platt wie eine Flunder, aber glücklich und zufrieden. Von Wolf keine Spur. Als er nach Sande die lange Gerade des Ems-Jade-Kanals einsehen konnte, sah er mich am anderen Ende und da wusste er, dass er mich nicht mehr einholen würde.
Der Zeitpunkt des Starttermins in Dänemark rückte immer näher. Ein paar Mal war ich noch im Hafen, um auch mit den Wellen fertig zu werden. Gut gerüstet fuhren wir zum Gudena-Marathon. Wir waren zwei Tage vorher angereist, um uns zu akklimatisieren. Das Wetter war nicht berauschend. Hoffentlich würde die Regatta bei diesem Wind nicht ausfallen und die vorherige Quälerei wäre umsonst gewesen. Kneifen konnte ich so oder so nicht. Wie würde das denn gegenüber meinem Chef aussehen? Ich wusste ganz genau, dass er gedanklich auch bei unserem Sport war. Ich überarbeitete noch einmal die Kajakspritzdecke und machte eine Probefahrt im Wellengang. Dicht war sie nicht, nach gut einer halben Stunde saß ich schon mit meinem Mors im Feuchten. Das konnte ja heiter werden! Hier kam mir Uwe, unser Begleitfahrer, zu Hilfe. Er hatte für seinen Sohn einen nagelneuen schmalen Touring-Rennkajak erstanden, den er mir für diese Tour anbot. Zur Probefahrt war keine Zeit mehr. Nur noch die Steueranlage für meine Beine konnte ich einstellen und ab ging es zum Start. Wir fuhren in verschiedenen Klassen. Wolf im Einer-Kajak in der Leistungsklasse eins, Ulli, auch im Einer, aber in der Seniorenklasse, Dieter und Harald im Zweier-Kajak und ich im neuen dänischen Fehnjer in der Touringklasse. So hatte jeder einen anderen Starttermin.
Das Wasser kochte förmlich, als 150 Kanuten in meiner Klasse starteten. Darauf war ich nicht gefasst. Mehr paddelstützend als kraftvoll loszufahren, kam ich langsam in Fahrt. Das hätte noch gefehlt, gleich nach dem Start Bekanntschaft mit dem nassen Element zu machen. Langsam kam ich auf Touren, den einen oder anderen Rennteilnehmer überholte ich nach und nach. Der große See flößte mir einen gehörigen Respekt ein, und mit dem neuen Boot war ich noch nicht richtig im Einklang. Das wurde aber nach jedem Paddelschlag besser. 48 Kilometer lagen vor mir, die ich in einer vorgegebenen Zeit zurücklegen musste. Groß war die Drängelei an der ersten Portage. Schnell raus aus dem Boot, das Boot geschultert und so schnell wie möglich über die von der dänischen Polizei hervorragend abgesperrte Straße zur anderen Einsatzstelle. Viel Zeit hatte ich wieder verloren und ich musste mich sputen, in der vorgegebenen Zeit zu bleiben. Die Kajakspritzdecke war dicht, kein Wassertropfen gelangte ins Boot.
Nach 30 Kilometer gab es eine Pflichtpause von 30 Minuten. Vom Veranstalter wurden Bananen, Brot, Säfte und eine heiße Brühe gereicht. Janette fuhr mit Wolfs Frau Angelika mit unserem Auto nebenher und so konnten sie mich ausreichend beköstigen. Dadurch hatte ich mehr Zeit für eine kurze Erholung. Nach dieser Pause lagen noch 18 Kilometer vor mir zum Etappenziel Silkeborg. Ich bewältigte sie ohne Mühe. Trotzdem war ich mit Ach und Krach in der Zeit

geblieben. Von 150 Startern in meiner Klasse war ich als 127-ster durchs Ziel gegangen. Es kam mir vor, als wäre ich bei der Tour de France. Der Besenwagen nahm die letzten Kanuten mit. Tour der Leiden wäre der richtige Ausdruck. Nun hatte ich erst 48 Kilometer zurückgelegt, 72 Kilometer lagen noch vor mir. Wie sollte ich das noch schaffen? So schnell wie möglich regenerieren, wie sollte das gehen? Alles tat mir weh. War vielleicht doch meine Vorbereitung falsch gewesen? Waren die Trainingskilometer zu kurz ausgelegt? Viele Gedanken beschäftigten mich. Der rechte Arm tat mir durch das Drehen des Paddels höllisch weh. Hatte ich schon jetzt eine Sehnenentzündung? Wie sollte ich nur die restliche Etappe überstehen? Hier kam mir der Masseur der Südafrikanischen Nationalmannschaft zu Hilfe. Ein fester Griff, mein Schmerzensschrei ließ alle aufhorchen, die Behandlung brachte mir wohltuende Linderung. Geschlafen habe ich wie ein Murmeltier.

Am Sonntag war die Nacht um 5 Uhr vorbei. Um 7 Uhr erfolgte der erste Start. Vor uns lagen 72 strapaziöse Kilometer. Das Wetter meinte es besser mit uns. Blauer Himmel, nur der Wind blies unvermindert stark von vorne. Ich schloss mich einer Gruppe an, die aus dem skandinavischen Raum kam. Sie fuhr ungefähr mein Marschtempo, so konnte ich mühelos mithalten. Wieder kreuzten wir einen großen See. Die Wellen kamen schräg von vorne. Ich konnte erkennen, dass viele Kanuten den Schutz des Ufers suchten. Das war meine Chance. Ich ließ mich nicht anstecken und paddelte quer über den See. Durch diese direkte Überquerung hatte ich beim Studieren der Anzeigetafel im ersten Etappenziel über 60 Plätze gut gemacht.

Wolf hatte mich immer noch nicht eingeholt. Meine Vermutung, dass er bei diesem starken Wellengang nicht quer über den See gefahren war, bestätigte sich. „Janette“, fragte Wolf, „wo ist Bernd?“ „Der ist schon lange wieder weg!“ war ihre Antwort.

Endlich hatten wir Strömung. So machte mir die Gudena das Leben angenehmer. Die nächsten 24 Kilometer erreichte ich ohne große Mühe. Ich hatte überhaupt keine Sitzbeschwerden, was bei einigen Mitstreitern ganz anders aussah. Die begleitenden Betreuer hatten alle Hände voll zu tun. Hose runter, Creme drauf, Hose hoch und ab ging es wieder. Sie müssen große Schmerzen gehabt haben. Meine Kräfte ließen merklich nach. Es war nur noch ein Eintauchen der Blätter. An einem Überholvorgang war überhaupt nicht mehr zu denken. Knapp zehn Kilometer vor dem Ziel überholte mich Wolf. Endlich, mag er gedacht haben! Schade, dass ich dies nicht vermeiden konnte. Aber ich war zu ausgelaugt.

Nach 72 Kilometer Paddelei erreichte ich das Ziel. Wenn mir nicht jemand geholfen hätte, wäre ich nicht aus dem Boot gekommen. Meine Finger verkrampften und der rechte Arm schmerzte fürchterlich. Die Tour der Leiden hatte endlich ein Ende! Nach der Siegerehrung und Erhalt der Urkunde, einschließlich T-

Shirt mit dem Regattaemblem, war ich mächtig stolz. Von 150 Startern in meiner Klasse war ich 41-ster geworden. Ich hatte nach Platz 127 am zweiten Tag 86 Plätze gut gemacht! Von Land und Leute hatte ich nicht viel gesehen. Das haben wir im 1984 nachgeholt.

Die Gudena ist der längste Strom Dänemarks und kann auf gut 140 Kilometern befahren werden. Die Gudena entspringt einige Kilometer westlich der Kleinstadt Törring, fließt weiter durch das Silkeborger Seenhochland im Zentrum Jütlands und mündet im Randersfjord in die Ostsee. Die Gudena ist ein herrliches Kanurevier mit Fluss- und See-Etappen. Entlang der Ufer gibt es einfache Zeltwiesen und komfortable Campingplätze mit Swimmingpool. Die Befahrung des Oberlaufs unterliegt Beschränkungen und setzt eine Befahrungserlaubnis voraus.
Ende Juli 1984 starteten Janette und ich nach Dänemark. Unser Clubkamerad Walter hörte von unserem Vorhaben, wir nahmen ihn mit.
Am frühen Nachmittag erreichen wir die kleine Stadt Törring. Wir hatten Glück. Der Campingplatz lag direkt an der Gudena. In aller Ruhe bauten wir die Zelte auf und erholten uns von der Reise. Bei herrlichem Wetter starteten wir am nächsten Morgen zu unserer ersten Etappe nach Bredsdenbro. Langsam und ruhig nahm die Gudena uns mit. Glasklares Wasser und eine himmlische Ruhe umgab uns. Wir paddelten durch ein kleines Waldgebiet und fühlten uns wie auf der Hunte im Barneführer Wald. Eine niedrige Brücke versperrte uns fast den Wasserweg. Aber wir waren geübt und kamen problemlos unter dem ersten Hindernis hindurch. Nachmittags erreichen wir bei Horsens einen schönen Campingplatz. Die Parzellen waren durch Hecken abgegrenzt, so hatte jeder sein eigenes Reich. Ruhig und gemütlich ging es hier zu. Wir waren überrascht von der Hilfsbereitschaft der dänischen Camper. Ein kleiner Fußmarsch durch den Ort rundete den herrlichen Tag ab.
Am nächsten Morgen waren wir wieder früh auf dem Wasser. Wir hatten einen schönen Blick über die Weite dieser leicht hügeligen Landschaft. Die Fließgeschwindigkeit der Gudena war eher gemächlich. Das nächste Hindernis, eine Brücke mit Schützen, konnten wir ohne Schwierigkeiten passieren. Die Schützen waren auf Paddleraugenhöhe hochgezogen. Ob das extra für uns gemacht worden war? Ein Dankeschön an die sportbegeisterten Dänen. Nach einer kurzen Kanalfahrt verbaute uns ein Kraftwerk die Weiterfahrt.
Das Umkarren der Vestbirk Kraftstation war für uns kein Problem. Wir hatten unseren eigenen Bootswagen mit. Nach einer kurzen Pause setzten wir unsere Reise fort. Die Strömung der Gudena wurde zusehends stärker, es ging schneller voran, als wir dachten. Wir mussten schon konzentriert fahren, um an überhängenden Zweigen gut vorbeizukommen. Nach 22 Kilometer Paddelei erreichten wir einen schönen Platz zum Zelten in Gudenamuseet. Der Platz lag auf einer

kleinen Anhöhe, so dass wir einen herrlichen Blick über Eichen- und Buchenhochwald hatten. Die Umgebung reizte zu einem ausgiebigen Fußmarsch durch hügelige Waldlandschaft. Wir aber waren zu faul und legten uns lieber in die Sonne.
Die Seen bis Silkeborg, klein und groß, brachten viel Abwechselung. Während am linken Ufer fast durchweg Auenwälder zu erkennen waren, zeigte das rechte Ufer kleine Grundstücke mit schmucken Holzhäusern. In der Ferne, links von uns, erkannten wir den Himmelsberg mit einer Höhe von 147 Meter.
Hinter einer Biegung stieg urplötzlich schwarzer Rauch auf. Wir vermuteten das Schlimmste. Was kam denn da schwarzdampfend? Ein uralter Raddampfer fauchte uns entgegen. Die Passagiere winkten zu uns herüber. Die Luft roch für kurze Zeit nach Kohlenfeuer. Ob die Mitreisenden wohl am Ende der Fahrt auch angeräuchert waren? Schade, dass der Dampfer uns entgegen kam, wir hätten den historischen Raddampfer gerne etwas länger begleitet. An der Silkeborger Schleuse war reger Betrieb. Anfänger in Mietbooten versperrten uns den Weg. Die Schleusenwärterin machte keine Ausnahme: zuerst die Mietboote, dann wir. Kurz danach erreichen wir den Campingplatz Ahrhus Bakken in Silkeborg. Er lag auf einer Anhöhe. Nachdem wir Walters und Janettes Boote hochgerollt hatten, sprang ausgerechnet beim Transport meines Bootes der Hartgummireifen von der Felge. Walter konnte sich ein Grinsen nicht verkneifen, als ich unter Aufwendung meiner ganzen Kräfte versuchte, das Malheur zu beheben. „Das wird nichts, Bernd, lass mal einen Zimmermann ran!“ Kräftig packte er zu, und mit einer gekonnten Bewegung war das Rad wieder in Ordnung.
Die City Silkeborg war nur ein paar Minuten vom Zeltplatz entfernt. Unzählige kleine Geschäfte luden zum Bummeln ein. Zum Abschluss des Tages leisteten wir uns ein Eis in den Landesfarben von Dänemark.
Für den nächsten Tag hatten wir nur eine kurze Strecke geplant. Die 28 Kilometer gestern, es war sehr warm, hatten uns geschlaucht. Hinter einer Brücke verengte sich der See zum Fluss, der von jetzt an das Tempo mit einem kräftigen Stromzug unterstützte. Wir ließen uns treiben und genossen die schöne Landschaft und die Stille. Zur späten Mittagszeit erreichten wir ein schmuckes Restaurant. Wir beschlossen spontan, dort einzukehren. „Eigentlich“, so die Besitzerin, „ist die Mittagszeit schon vorbei. Aber da Sie schon lange unterwegs sind, mache ich eine Ausnahme.“ Wir haben unsere kurze Tour ein bisschen dramatisiert. Ein bisschen Flunkern sei doch erlaubt, wie hätten wir sonst Einlass erhalten? Drinnen war es urgemütlich und gespeist haben wir vorzüglich. Unseren nächsten Platz Trust in Färvang erreichen wir ausgeruht nach nur 18 Kilometer Paddelei. Dieser Platz bestach mit größter Sauberkeit in all seinen Einrichtungen.
Die erste Hälfte des Tange-Sees liegt in einem Feuchtgebiet. Eine Seeschwalbenkolonie machte durch lautes Geschrei auf sich aufmerksam. Immer wieder

versuchten Krähen, den Seeschwalben die Eier zu stibitzen. Mit schrillem Lärm und fliegerischen Attacken versuchten sie das zu verhindern. Wir schauten eine Weile diesem Treiben zu.
Beim Tange-Kraftwerk mussten wir umtragen. Über eine steile Treppe brachten wir die Boote ins Unterwasser. Der Fluss weitete sich. Wir paddelten durch Kieferwälder. Die Strömung der Gudena war auch hier recht flott. Wir erreichten den Campingplatz Bamsebro in Ulstrup.
Heute paddelten wir den letzten Abschnitt bis Randers. Der Fluss lief wieder gut, wir kamen gut voran. Die hochgelegene Stadt Randers war schon von weitem zu erkennen. Wir paddelten an Schilfgürteln entlang und lauschten dem Gesang des Schilfrohrsängers. Am Ortsrand, unter hohen Weiden, erreichten wir den Kanuklub Randers, genaue Bezeichnung „Kano-Og Kajakklubbern Gudenaa". Der Bahnhof war nicht weit entfernt. Wir nahmen am nächsten Tag den Omnibus und ließen uns nach Törring bringen. Mit unserem Auto fuhren wir zurück nach Randers und packten unsere Siebensachen ein. Wir hatten 139 Kilometer auf der Gudena zurückgelegt. Die Ufer mit ihren Feuchtgebieten, die vielen Wälder entlang der Seen und die üppige, weite Naturlandschaft hatten uns begeistert. Es war nie langweilig. Die artenreiche Vogelwelt hatte uns beeindruckt. Wir haben die Ruhe der Natur genossen. Zum Glück spielte das Wetter mit. Der sonst empfindliche Gegenwind, gerade im letzten Abschnitt vor Randers, zeigte Erbarmen und ließ diese Fahrt zu einem unvergessenen Erlebnis werden.

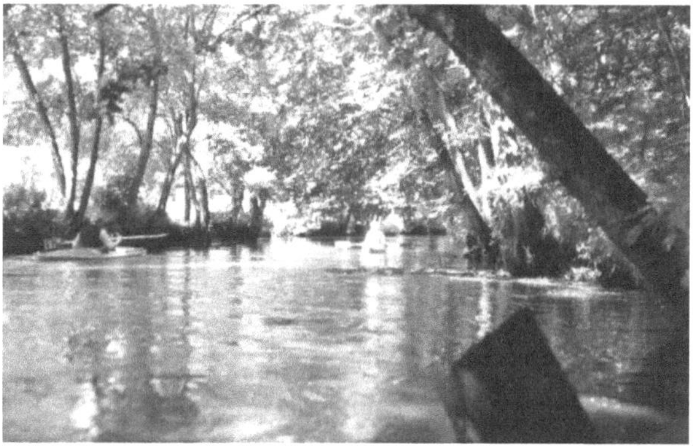

Die Gudena

Von Wildeshausen nach Wilhelmshaven
Kanu Wanderwege

Wie kann man eigentlich sechs Urlaubstage nützlich verbringen ohne weit anreisen zu müssen?
Da ich sehr gerne mit dem Kajak ausgiebige Gepäckfahrten unternehme, kam mir die gute Idee, eine Fahrt durch das oldenburgische und ostfriesische Land gen Wilhelmshaven zu unternehmen.
Da solche Fahrten mit großem Gepäck auch mit Schwierigkeiten, z. B. dem beliebten Umtragen, verbunden sind, wurde Wilfried angesprochen, der ganz spontan zusagte.
Nach Ausarbeitung der Fahrtroute begann im Juni 1985 unsere Tour auf der Hunte in Wildeshausen. Durch eine lange vorherige regenlose Zeit erkannte man die Hunte gar nicht wieder; kleine Schwälle, Steinbrocken und andere Hindernisse, die man von früheren Fahrten überhaupt nicht kannte, ließen sie verändert erscheinen. Bei der Eisenbahnbrücke, gleich hinter Wildeshausen, hätte es mich fast erwischt. Dem dicken Stein konnte ich nicht mehr ausweichen, da das Boot im Schwall hinten aufsaß und sich nicht mehr dirigieren ließ. Es ist gerade noch gut gegangen; das Kentermaß konnte ich mir sparen. Nach zirka zwei Stunden Paddelei machten wir eine Pause – wir waren in Westrittrum. Da es zum Mittagessen noch zu früh war, gab es ein zweites Frühstück. Es gab ein kühles Pils nach dem Motto: „Das bisschen, was wir essen, können wir auch trinken“.
Schön ist so ein Urlaub, man wird gar nicht zur Eile getrieben. Ein großes schwarzes Schlauchboot weckte unsere Neugier. „Wo wollt ihr denn damit hin?“, so meine Frage.
„Wir sind von der Wasseracht“, antwortete die Bootsbesatzung „und wollen den Fluss erkunden. Es kommen noch Professoren und Gelehrte von der Universität dazu“. Ich wollte nicht mehr fragen, denn beim Anbringen ihres großen starken Außenbordmotors kamen mir leichte Zweifel, ob diese Leute denn gar nichts wussten von Flussbeschaffenheit, niedrigem Wasserstand Naturschutz usw. Mit einem Stechpaddel oder vielleicht zu Fuß hätten sie viel mehr erreicht.

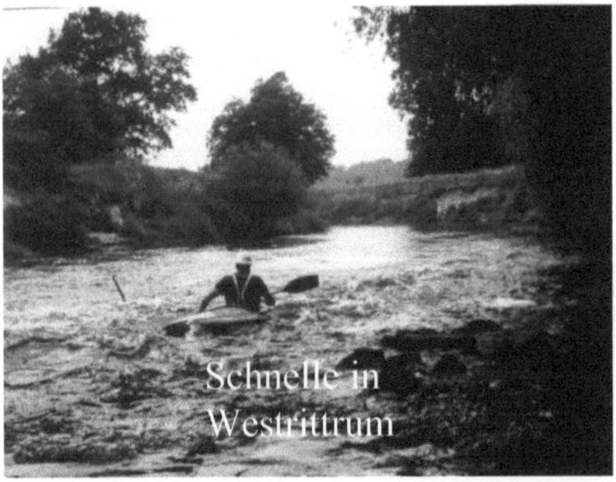
Schnelle in Westrittrum

War denn „Motoren“ hier erlaubt? Ob die eine Sondergenehmigung hatten? Wir wollten uns nicht mit ihnen anlegen und setzten, nachdem wir einige Fotos gemacht hatten, unsere Fahrt fort.

Der ehemalige Stau Huntlosen brachte mein Herz stärker zum Schlagen, aber es war halb so schlimm. Wird man ab einem gewissen Alter etwas vorsichtiger?
An der Dehlandbrücke legten wir an und kehrten bei den paddelfreundlichen Wirtsleuten ein. Aber erst musste noch ein Foto, mit Selbstauslöser, geschossen werden. Ich saß noch im Boot, Wilfried montierte seine Kamera auf das Stativ, oben neben der Straße. Er löste aus und rannte den steilen Steinhang hinunter zum Fluss. Bevor er sein Gesicht zur Kamera gedreht hatte, klickte es. Das musste erst ein paar Mal geübt werden, bis ich sagte: „Beim zweiten Mal hatte es schon geklappt". Wenn Blicke hätten strafen können! So gelacht hatte ich schon lange nicht mehr. Dass wir Zaungäste hatten, bemerkten wir erst beim Betreten der Schänke. Auch die Gäste hatten sich sehr amüsiert.
Nachdem wir unseren Durst gelöscht hatten, ging unsere gemeinsame Fahrt durch das Barneführer-Holz Oldenburg entgegen. In weit ausholenden Schleifen fuhren wir durch dieses fünf Kilometer lange Naturschutzgebiet. Knorrige Eichen, Buchen mit großen ausladenden Kronen säumten das Ufer. Auf einer Fußgängerbrücke stand ein junger Mann mit einem großen Sheriffstern auf der Brust. Diesen Spaßvogel hatten wir schon des Öfteren bei unseren Huntetouren gesehen.
Am Ende des Waldes ist die Hunte leider begradigt und eingedeicht. Nach dem ehemaligen Stau wurde die Strömung merklich langsamer. Die letzten Kilometer bis zum Oldenburger Yacht-Club fielen uns ganz schön schwer. Beim befreundeten OYC war unser Zelt schnell aufgebaut. Trotz Donner und Blitz in der Nacht haben wir sehr gut geschlafen.
Vorbei war es jetzt mit dem schönen Wetter. Am nächsten Tag ging es bei leichtem Nieselregen auf den Küstenkanal weiter. Die Sonne zeigte sich ab und zu auch einmal, aber für uns hieß es immer wieder: „Paddeljacke an – Paddeljacke aus".
Trotz der langen geraden Strecken ist der Küstenkanal, der von Oldenburg bis nach Dörpen in die Ems führt, gut zu befahren. Beiderseitig Buschwerk, Straßenbrücken mit sehr genauen Kilometerangaben, und die Binnenschiffer brachten immer wieder Abwechslung.

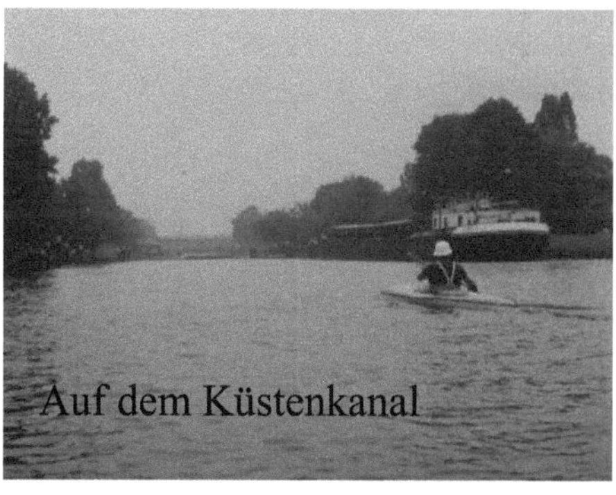
Auf dem Küstenkanal

Nur die parallel verlaufende Bundesstraße mit dem starken Autoverkehr haben wir als störend empfunden.
Nach 38 Kilometer stehendem Gewässer und mit vollbepacktem Boot erreichten wir am späten Nachmittag die Sagter Ems. Im Westen zogen drohende Gewitterwolken auf, ein fernes Don-

nern war zu hören. Wir versuchten so schnell wie möglich den nächsten Ort zu erreichen. Die flotte Strömung brachte uns bis nach Scharrel. Wie aus heiterem Himmel brach über uns ein Regenguss herab. Wir konnten gerade noch eine Straßenbrücke erreichen und hatten so ein wenig Schutz. Wer ist schon gern bei einem schweren Gewitter auf dem Wasser? Nach geraumer Zeit schien wieder die Sonne und wir fanden nach gut einer Stunde Fahrzeit in der Nähe der Ortschaft Hollen einen schönen Zeltplatz. Nach einem ausgiebigen Abendessen und kurzen Zurückdenken an die 50 Kilometer lange Tagesstrecke überkam uns bald die Müdigkeit.
Der Wecker wurde auf 5.30 Uhr gestellt, denn wir mussten am nächsten Morgen spätestens um 7 Uhr im Boot sitzen. Ab Hollen läuft die Tide. Wir paddelten zwei Stunden gegen das schwach auflaufende Wasser, um rechtzeitig nach 12 Kilometer den vollen Ebbstrom auf der Leda zu erwischen.
Nur machte uns wieder das Wetter einen Strich durch unsere Zeitrechnung. Es zogen Gewitterwolken mit Sturmböen auf, so dass wir bei Elisabethfehn, am Beginn der Leda, den starken Wind genau von vorne bekamen. Von der Tide hatten wir gar nichts mehr. Es war, als fuhren wir auf stehendem Gewässer mit großen, kurzen Wellen. In Wiltshausen, wo die Jümme in die Leda fliest, stand für uns fest, dass wir unser Tagesziel Oldersum an der Ems nicht mehr erreichen würden. So ließen wir uns Zeit und hatten gut eine Stunde vor der Tidenkenterung die Stadt Leer erreicht. Immer noch hatte sich das Wetter nicht beruhigt. Es war für diese Jahreszeit zu kalt. Der Gegenwind nahm an Stärke noch zu. Wir beschlossen mit dem Abendebbstrom die letzten 15 Kilometer bis Oldersum zu paddeln. So hatten wir sechs Stunden Zeit und konnten uns in aller Ruhe die schöne ostfriesische Stadt Leer ansehen.
Wir zogen unsere Boote hoch genug hinauf, sprachen ein paar Worte mit dem Wärter der Jann-Berghaus-Brücke und baten ihn, ein Auge auf unsere Kajaks zu haben. Dann unternahmen wir einen Besichtigungsbummel durch die Stadt. Da Regen und Hagelschauer sich ablösten, flüchteten wir in ein altes Cafe. Dort verbrachten wir die restliche Wartezeit bei Kaffee und ostfriesischer Rumflockentorte.
Der Nordwestwind hatte noch nicht abgenommen. So zogen wir es nochmals vor, gegen das letzte Hochwasser zu paddeln, denn dann sind die Wellen nicht so hoch. Wir fuhren frohen Mutes im Windschatten die Ems hinunter. Aber nach einer Stunde Fahrzeit trat doch das ein, womit wir eigentlich schon gerechnet hatten. Der Wind schlief nicht ein, er blies genau von vorne. Das Wasser lief ab und jetzt türmten sich vor uns spitze hohe Wellen auf. Der Strom läuft gegen den Wind. Innerhalb kurzer Zeit waren wir durch und durch nass. Wir waren froh, dass uns nach zehn Kilometern der kleine Sielhafen Terborg Schutz gab. Hier waren wir nur fünf Kilometer vor unserem geplanten Ziel Oldersum. Uns blieb gar nichts anderes übrig, als unser Zelt hinter dem windgeschützten Schilf-

gürtel im Deichvorland aufzubauen. Zum Glück gab es hier keine Jungbullen, sondern nur viele Schafe, die uns aber weiter nicht störten. Körperlich ein wenig kaputt, aber dennoch zufrieden, krochen wir in unsere warmen Schlafsäcke.
Was brachte der nächste Tag? Wie gehabt: Sturm und Regen. Sollten wir jetzt von hier aus unseren Bootswagen benutzen müssen und die Strecke bis Oldersum marschieren? Da ich von diesem Teilstück die topographische Karte 1: 50000 nicht dabei hatte, mussten wir uns ganz auf die Generalstabskarte verlassen.
Wir trugen unsere Boote über den Deich in das Terborger Tief und erreichten nach kurzer Fahrt ein kleines Unterschöpfwerk, das umtragen werden musste. Immer den Deich linker Hand in Sicht, wussten wir, dass wir auf dem richtigen Kurs waren. Wir mussten das Rorichumer Tief erreichen, alles andere war zwecklos. Das Tief wurde immer schmaler und flacher, es wurde zum Graben. Langsam nahm unsere Tour Expeditionscharakter an. Ich beschloss, die Strecke erst einmal zu Fuß zu erkunden. Wilfried blieb bei den Booten. Ich nahm die Karte und entschwand immer mehr seinen Blicken.
Auf einer Strecke von zirka drei Kilometern war unser „Graben“ durch sechs Dämme versperrt. Die unterhalb eingebauten Rohre waren einfach zu klein, um die Boote hindurch zu schieben.
Paddlerherz, was willst du mehr, da stand in nun am Rorichumer Tief. Keine Jungbullen versperrten mir den Weg, es waren zum Glück nur neugierige Kühe. Per Bootswagen karrten wir um. Es war danach ein Kinderspiel, diesen kurzen Abschnitt auf dem Rorichumer Tief zu bewältigen. Die von einem Angler angegebenen Kilometer: fünf bis sechs Kilometer bis nach Oldersum gehörten zu seinem Anglerlatein. Wir erreichten das Dorf schon nach 30 Minuten.
Es regnete ununterbrochen. Wir hatten keine Lust, in Oldersum auszusteigen. Das Rauschen der Wellen hinter dem Deich vernahmen wir deutlich, freuten uns aber, dass wir bei diesem Wetter der Ems und Petrus ein Schnippchen geschlagen hatten.
Wir paddelten über ein Verbindungstief um die Oldersumer Werft herum zum Dortmund-Ems-Kanal.
Aus der Ferne war wieder ein Grummeln zu hören. Wir unterhielten uns über die Entstehung von Gewittern. „Ja, lieber Wilfried“, beginne ich, „das ist so: In den Gewitterwolken wird die warme Luft nach oben gesogen. Regentropfen und Hagelkörner stoßen und reiben sich aneinander. Dabei lädt sich die Wolke auf. Im oberen Teil der Wolke sammeln sich positiv geladene Teilchen, im unteren Teil die negativen Teilchen. Ist die Spannung dann hoch genug, entlädt sie sich zu einem Blitz. Wenn es danach donnert, ist schon der ganze Spuk vorbei!“
„Alle Neune, die Engel kegeln im Himmel!“
Rumms, Blitz, Knall, ein Schlag, in unserer Höhe. Der Schreck sauste uns in die Knochen. Es war, als ob sich die Boote unter der Druckwelle anhoben. Noch ein

Blitz, der in die Oberleitung der Bahn einschlug. Der Blitz rollte sich auf der Leitung als Kugel mit einem Schwanz auf und verschwand mit einem fürchterlichen Knall beim Aufstellungsmast in die Erde. Die Angst zeichnete unsere Gesichter. Wo sollten wir hin? Kein Haus weit und breit! Mein Atem ging schwer. Normalerweise war ich nicht so ein „Bangbüx“, aber das ging über meine Vorstellung. Auch Wilfried ging es nicht anders. Weiß wie die Wand war sein Gesicht, er konnte sich kaum beruhigen. Aber das wars denn auch. Danach herrschte eine Ruhe, als wenn nichts gewesen wäre. Jungfräulich war die Luft und so rein. Trotzdem lief es mir noch eiskalt den Rücken herunter. So etwas möchte ich nicht noch einmal erleben.

Schlagartig fiel mir Martin Luther ein, als er auf dem Weg nach Erfurt in ein schweres Gewitter kam. Ein Blitzschlag in der Nähe, der ihn am Bein verletzte, versetzte ihn in Todesschrecken und er rief: „Hilf mir heilige Anna, ich will ein Mönch werden!“

Vom Schrecken waren wir auch umfangen, aber an was ich dabei gedacht habe, daran kann ich mich beim besten Willen nicht mehr erinnern.

Uns erwischte das Gewitter am 9. Juni 1985; Martin Luther am 2. Juli 1505. Das war 480 Jahre früher. Da gab es doch wohl keinen Zusammenhang? Das wäre doch etwas gewesen – einen Monat später, womöglich noch am selben Tag! Das ist mir aber erst beim Schreiben dieser Zeilen eingefallen, sonst wäre ich womöglich auch noch ins Kloster eingetreten. Gelegenheit hätte ich genug dazu gehabt, wobei ich beruflich schon des Öfteren in diesen „Heiligen Gemäuern“ war.

Mit Rücken- und ab und zu ein bisschen Seitenwind und mit der geschützten Uferkante erreichten wir nach zwei Stunden die Verbindungsschleuse in Emden. Unter der Brücke der Umgehungsstraße machten wir eine deftige Brotzeit, um danach die letzten 20 Kilometer auf dem Ems-Jade-Kanal bis zur Schleuse Rahe zu bewältigen. Bei dem starken Wind, nun endlich einmal von hinten, erreichten wir am späten Nachmittag Rahe. Hier zelteten wir wie immer im Obstgarten des Schleusenmeisters. In seinem Haus befindet sich eine Gastwirtschaft mit dem Namen „Kukelorum“. Nach einem guten Abendessen, Bratkartoffeln mit Spiegelei und viel Schinken, mehreren Gläsern Gerstensaft mit dem dazugehörenden ostfriesischen Landwein gingen wir sehr spät schwankend ins Zelt. Nach diesem aufregenden Tag hätte uns das wohl keiner übel genommen. Naturgewalten sind keine Zauberei und auch nicht zu steuern, aber zum Himmel schauten wir dennoch. Wer hatte uns da wohl eins auswischen wollen?

Am nächsten Morgen hatten wir endlich schönes Wetter. Der leichte Rückenwind würde unsere Tagesetappe von 45 Kilometern nach Wilhelmshaven noch begünstigen, glaubten wir. Aber beim Abbau des Zeltes vernahmen wir in der Ferne wieder ein Donnern. Eine schwarze Wolkenwand zog von Nordwest mit Wind heran. Zwei kurze kalte Schläge, dann war der Spuk vorbei.

Wir fuhren durch die „ostfriesische Hauptstadt“ Aurich und erreichten nach zehn Kilometern die nächste Schleuse Wiesens. Nach einem kurzen Gespräch mit dem Schleusenmeister setzten wir unsere Fahrt fort. Am späten Nachmittag kamen wir dann an die dicht hintereinander liegenden Schleusen Upschört und Wiesede. Ein starker Kaffee und eine letzte Brotzeit stärkten unsere Kräfte und unsere Moral. Das Wetter meinte es jetzt endlich gut mit uns. Die letzten 21 Kilometer schafften wir in einem Rutsch. Endlich wieder zu Hause! Nach ausgiebigem Duschen und einem kleinen Umtrunk ließen wir noch einmal die doch sehr schöne Fahrt Revue passieren. Beim Gewitter auf dem Dortmund-Ems-Kanal hat der liebe Gott doch den Daumen dazwischen gehalten. Ob das wohl mit meinem Beruf zusammenhängt? Der „Gute Draht“ zu Petrus ist bis jetzt geblieben.

Die Treene

Eine Kleinflussfahrt im Jahre 1990

Irgendwo hatte ich mal gelesen, dass umweltfreundliches Paddeln schon mit der Planung anfängt. Die Reise sollte so ökologisch wie möglich geplant werden. Bahn und Bus helfen, die Natur zu entlasten.
Für den Pkw-Rückholdienst ließen wir Bahn und Bus außer Acht und nahmen dafür unsere Fahrräder. Die Treene von Augaard bis Friedrichstadt war unser Ziel. Aber wo sollten wir in Friedrichstadt unsere Fahrräder lassen? Wir fanden keine Lösung. Die rettende Idee kam von Wilfried. Wir schleusen in Friedrichstadt und paddeln mit dem ablaufenden Wasser auf der Eider weiter bis nach Tönning. Die Kanugemeinschaft dort hat ein festes Bootshaus und was ganz wichtig ist, einen schwimmenden Anleger, bei dem wir bei Niedrigwasser auch aus dem Boot kommen. So nahm mein Freund Wilfried die Planung in die Hand. „Wir können unsere Fahrräder dort unterstellen!“ – kam nach einigen Tagen sein Okay. Nun stand nichts mehr im Wege.

Es gab viel zu entdecken in Schleswig-Holstein, dem Land zwischen Ost- und Nordsee. Vom Wasser aus konnten wir die Naturschönheiten des Landes ruhig und besonnen genießen. Hierzu zählt auch die Treene, die in Nord-Südrichtung strömt. Die ersten 40 Kilometer ist sie ein einsamer Geestfluss. Äcker, Wälder, Wiesen und einige kleine Dörfer säumen die Ufer. Sie durchfließt hügeliges Moränengebiet und mäandert in beeindruckender Weise durch ein Wiesental. Danach durchzieht sie Moor- und Marschland. Stellenweise ist sie eingedeicht. Die Strömung wird gemächlicher und der Fluss gewinnt an Breite. Der Flussführer schreibt: Die Breite des Flusses beträgt in Langstedt zirka acht Meter, bei

Hollingstedt 20 Meter, bei Schwabstedt 50 Meter und im Becken von Friedrichstadt zirka 150 Meter.
In der Nähe der Straßenbrücke in Augaard, zwei Kilometer nach dem Ausfluss aus dem Treßsee, fanden wir eine gute Einsatzstelle. Auch durften wir, dank der freundlichen Hilfe eines Bürgers, unser Auto auf dessen Grundstück für ein paar Tage abstellen.
So verlockend die Einstigstelle aussah, barg sie doch einige Tücken. Wir mussten die bepackten Boote von einer leichten Erhöhung ins Wasser lassen. Irgendwie bekamen wir Wilfrieds Boot nicht richtig zu fassen. Mit lautem Getöse, über Baumwurzeln und Steine, sauste es in die Treene. Aber nicht auf der Unterseite, wie es sich gehört, nein, verkehrt herum, so dass aus der offenen Kajakluke Teile herausfielen. „Rette unser Bier!“, rief ich ihm zu, „alles andere ist nicht so wichtig!“
Mit schnellen Schritten, mehr ein Hüpfen mit Stolpern, versuchte er sein Boot zu retten. Ich konnte mir ein lautes Lachen nicht verkneifen. Zu drollig sah das Unterfangen aus. Da stand er nun im knietiefen Wasser und drehte das Boot in die richtige Lage. Er drehte sich in meine Richtung um und mit einer drohenden Faust versuchte er sich mir gegenüber Respekt zu verschaffen.
War ja alles gut gegangen, bis auf den 20 Zentimeter langen Riss im Oberdeck. „So ein Mist!“, rief Wilfried mir zu, „mein nagelneues Boot ist nun schon ein altes!“ Das ist schon sehr ärgerlich, aber mit meinem Spezialbackeband (Klebeband) konnten wir die Bruchstelle vernünftig abdichten. Trotzdem war Wilfried kaum zu beruhigen und versuchte mir die Schuld zu geben. Ich hörte kaum zu und paddelte gemächlich los. Der Fluss nahm uns und so langsam beruhigten wir beide uns.
Kaum hatten wir uns „eingepaddelt“, versperrte uns nach gut zwei Kilometern das Mühlenwehr in Frörup die Fahrt. Ein Mann winkte uns heran. „Hier könnt ihr gut aussteigen!“, rief er uns zu. Es war der Müller, er reparierte gerade den Anleger für uns Kanuten. Ein Paket Nägel, eine grobe Säge und ein Hammer lagen auf der Platte. Ohne lange zu überlegen, erhob ich mich mittels einer Paddelbrücke aus meiner engen Kajakluke. Die hilfreiche Hand des Müllers erleichterte mein Vorhaben. „Heeeeeeeeh!“, ich hörte nur ein Schreien, „nicht dahin treten! Die Platte ist noch nicht fest!“ Irgendetwas flog an meinem Kopf und mit allerhand Verrenkungen und einem verunglückten Spagat sauste ich in die Tiefe. Zum Glück war es an dieser Stelle nicht tief, ich stand nur bis zur Hüfte im Wasser, aber auf festem Grund. „Eigenartig,“ dachte ich so bei mir, „nicht einmal Schlick.“ Ich schaute in das leicht verzerrte Gesicht des Müllers, und mein Freund Wilfried schüttelte sich vor Lachen. Im Moment war ich sprachlos.
Was war passiert? Der Müller war dabei, den Anleger kanutenfreundlich herzurichten. Am Rand des Anlegers hatte er ein zehn Zentimeter breites Brett befestigt und die lange, breite Platte mit einem fingerdicken Abstand zum Brett ver-

schoben. Weil die Platte noch nicht befestigt war und ich beim Aussteigen auf den Seitenüberstand getreten bin, kam es, wie es kommen musste. Die Platte kippte hoch und alles, was da drauf lag, einschließlich Bernd, landete im Bach. Wir hatten Juni, trotzdem war das Wasser ganz schön kalt. Nach dem Schreck habe ich mit den Füßen den Flussboden abgetastet. Da der Untergrund fest war, hatte ich nach kurzem Suchen Hammer und Säge bald wieder gefunden. Die Nägel mögen heute wohl noch dort liegen. Die hölzerne Platte fanden wir am Überlauf. Nachdem ich mir trockene Sachen angezogen hatte, gab es erst einmal ein Kenterbier aus Wilfrieds Bestand. Auch für den Müller gab es eins, denn er hatte das Malheur ja auch gesehen. Die Neuanbringung der Stegplatte war Arbeit für mich. Als „Holzwurm" war das nicht zu schwierig. In der gut sortierten Werkstatt des Müllers fand ich auch Messingschrauben, mit denen ich die Platte vernünftig befestigen konnte. Dabei wäre es fast noch einmal zum Bademeister gekommen. Der Müller war achtsam und sprang im letzten Moment auf die Platte, damit sie nicht noch einmal hochklappen konnte. Nun hatte Wilfried aber Oberwasser. Meine drohende Faust erreichte nun auch nichts. „Wenn Dummheit weh tun würde ", rief er mir zu, „dann würdest du den ganzen Tag schreien!" Wir machten eine längere Pause mit Brotzeit, denn das zweite Bier versuchte schon, unsere Sinne zu benebeln. So fügten wir bei herrlichem Sonnenschein gleich unsere Mittagsruhe mit ein.
Am späten Nachmittag verließen wir den feucht-fröhlichen Ort. Unsere Kajaks tauchten wieder in die Stille der Natur ein. Auch unsere Gemüter hatten sich wieder beruhigt. Das Tal verengte sich. Die Fließgeschwindigkeit unserer Treene nahm zu und forderte unsere ganze Aufmerksamkeit, um nicht in einem überhängenden Gestrüpp hängen zu bleiben. Bald darauf paddelten wir in einen herrlichen Wald hinein. Wir atmeten den Duft des Waldes ein und vergaßen Raum und Zeit. Noch vernahmen wir das Rauschen der Fahrzeuge der nahen Autobahnbrücke wie Musik, aber doch war es sehr störend, je näher wir der Brücke kamen. Nach dem bezaubernden Waldstück mäanderte der Fluss in großen Schleifen durch ein weites Wiesental. In Thydal, bei den Pfadfindern, bauten wir für die kommende Nacht unser Zelt auf.
Wilfried war noch ärgerlich über sein Missgeschick beim Einsetzen des Bootes. Er murmelte etwas Unverständliches vor sich hin. Ich hatte den Eindruck, dass ihm ein paar Tränen die Wange herunter liefen oder bildete ich mir dies nur ein? Schlagartig viel mir dazu Salvatore Adamo ein. Fröhlich begann ich das Lied zu singen: „Es geht eine Träne auf Reisen, sie geht auf die Reise zu dir." Weiter kam ich nicht, denn mit seiner Donnerstimme brachte er mich auf den Boden der Tatsachen zurück. „Es ist schon ärgerlich," so fing er an, „dass ich so ein Malheur habe und du machst dich darüber noch lustig!" „Das kam mir so in den Sinn," antwortete ich, „Wir sind auf der Treene und dazu passt die Träne wunderbar!"

Weiter kam er nicht, ich unterbrach ihn einfach. „Ich weiß, dass ich in den Hüften nicht so beweglich bin wie du und deshalb besser mit einer Paddelbrücke aussteigen kann, aber Schuld hat der Müller, denn er hätte den Anleger ja schon gestern fertig haben können!"
Nach der Straßenbrücke Eggebek folgten mehrere niedrige Brücken. Aber da wir mit Einerkajaks unterwegs waren, stellten sie keine Hindernisse dar. Man schließt die Spritzdecke, kantet das Boot etwas an, legt seinen gestreckten Oberkörper auf das Vorderdeck des Partners, er auf die gleiche Weise aufs Hinterdeck und lässt sich durchtreiben. Danach richtet man sich wieder auf und freut sich, dass in unserem gesetzten „knackigen" Alter noch ein bisschen die Jugend steckt.
Wir legten uns ins Päckchen und ich erzählte meinem Freund eine ähnliche Geschichte: Wir waren auf Herrentour in der Heide. Nach tagelangen Regengüssen waren die Heidebäche randvoll. Die niedrigen Brücken waren gravierende Hindernisse und nicht mehr mit unserer Methode zu meistern. Nun hieß es: „Aussteigen und umtragen!" Unser Klaus – Wildwasserexperte – beherrschte die Eskimorolle wie im Schlaf. Wir überredeten ihn, sich umkippen zu lassen, sich dann kopfüber unter der schmalen Brücke sich durchtreiben zu lassen und danach wieder hochzudrehen. Er überlegte nicht lange, kippte um und versuchte „händepaddelnd" das Hindernis zu meistern. Dass ihn dabei einer seiner Sportkameraden an der hintersten Bootsschlaufe festhielt, merkt er zu unserem Glück nicht. Irgendwann ging ihm die Luft aus und er drehte wieder hoch. Unter unseren „Bravo"-Rufen und unserem Händeklatschen für die tolle Zirkusnummer schüttelte er erstaunt den Kopf, als er sah, dass die Brücke noch vor ihm lag. Wir hoben nur unsere Schultern und er versuchte es noch einmal. Die gleiche Nummer. Wir rufen ihm ein donnerndes „Hurra" zu, aber er ist stinksauer, da er das Festhalten bemerkt hat. Alle guten Dinge sind drei und siehe da, es klappte!
Bald erreichten wir Treia. Beim Feuerwehrhaus machten wir Pause. Von hier waren es auf dem Landwege bis nach Schleswig nur 16 Kilometer. Wir unterhalten uns über die Wikinger. Uns würde es im Traum nicht einfallen, unsere Boote per Bootswagen von hier nach Schleswig zu karren oder umgekehrt. Aber früher, im 8. Jahrhundert, gab es keine andere Möglichkeit, um den gefürchteten Seeweg durchs Kattegat und über den Skagerrak zu vermeiden. So zogen die Wikinger von Haithabu übers Land rollend ihre Boote bis nach Treia. Von hier segelten oder ruderten sie über die Flüsse Treene und Eider zur Nordsee.
Die beiden hintereinander liegenden Wehre überwanden wir leicht und ohne Bodenberührung. Es lief genug Wasser durch die Zunge. Der Wasserzug wurde langsamer. Machte sich schon hier der Rückstau von Friedrichstadt bemerkbar? Hinter dem Deich, bei der Fresendelfer Fähre, schlugen wir unser Zelt auf. Heute wurde nicht gebrutzelt, wir leisteten uns nach 44 Kilometern Paddelei ein Essen im Fährhaus.

Wir waren sehr früh auf dem Wasser und erreichten zur Mittagszeit Friedrichstadt. Unsere Paddeltour durch die Grachten und Kanäle der Anfang des 17. Jahrhunderts von holländischen Siedlern gegründeten Stadt war ein guter Abschluss unserer Treenetour. Wir wollen aber noch weiter, auf der Eider bis nach Tönning. Vorher vertraten wir uns aber noch die Beine. Wir bestaunten die herrlichen Giebelhäuser, den Marktplatz mit Pumpe und Brunnen sowie die Kirchen. Statt eines Mittagessens genehmigten wir uns ein großes Eis.
Das Schleusen war wegen Renovierungsarbeiten nicht möglich. Wozu hatten wir denn Bootswagen? Wir rollten unsere bepackten Boote um, setzten im Vorhafen wieder ein und paddelten mit dem ablaufenden Wasser gen Tönning. Der Wettergott meinte es gut mit uns. Mit leichtem Schiebewind und strahlend blauen Himmel erreichten wir zur Abendzeit die Kanugemeinschaft Eiderstedt. Der Anleger lag schon im Schlick und so war es nochmals ein letzter Kraftakt, die Boote über die steile Treppe auf das Vereinsgelände zu bringen. Ein Bummel durch den Bade- und Luftkurort rundete den Tag ab.
Früh waren wir am nächsten Morgen wieder unterwegs, aber nun mit unseren Fahrrädern, um das Auto zu holen. Herrliches Wetter begleitete uns und über einsame Wege und Nebenstraßen erreichten wir zur Mittagszeit wieder unsere Treene in Treia. Nach einer kurzen Einkehr in einem Wirtshaus machten wir uns gestärkt auf zur letzten Etappe. Fast die Treene im Blickfeld, immer linker Hand lassend, radelten wir über Epershoft, Langstedt, Tarp, Frörup nach Augaard. Nach gut 60 Kilometern Strampelei tat der Mors weh, aber am späten Nachmittag hatten wir unser Auto wieder. Schnell war der Dachträger wieder montiert. „Bernd“, so Wilfried, „wenn du die Schrauben fest ziehst, denke daran, nach ganz fest kommt ganz Lose!“ „Das ist schon zu spät“, antwortete ich, „die Schraube lässt sich nicht mehr festdrehen!“ Wir wussten uns zu helfen. Nochmals blieben wir bei unserem gastgebenden Verein in Tönning. Ausgeruht, nach einem Abstecher zum Eidersperrwerk, erreichten wir recht bald die Elbe-Fähre Glückstadt-Wischhafen. Nun war es nur noch ein Katzensprung bis Bad Bederkesa. Hier wohnte Wilfried. Die restlichen Kilometer im eigenen Auto musste ich nun alleine bewältigen. Nach knapp zwei Stunden, einschließlich Weserfähre Dedesdorf – Kleinsiel, hatte mich meine Heimat wieder.

Eine heimliche Liebe

Kanu-Wanderweg
Krummhörn – Wilhelmshaven im Frühjahr 1978

1. Tag: Leybuchtsiel - Wirdum

Leise schlagen die ersten Wellen des Hochwassers an den Deichfuß. Über mir segeln Möwen, die ebenfalls diesen ersten warmen Frühlingstag genießen. Ich liege im Gras und schaue noch einmal hinüber nach Leybuchtsiel. Die Insel Juist ist schwach im leichten Dunst zu erkennen. Ich erinnere mich an meine vielen Kajaktouren und fange an zu träumen. Ich denke an die Kajak-Autoren Deppe und Gerlach, die den Satz geschrieben haben:

„*Welches Maß an Wohlbefinden solche Tage inmitten einer schönen Landschaft in einem guten Boot einem gesunden und gut aufgelegten Menschen geben können, das kann nur der nachfühlen, der es selbst erlebt hat*".

Ich bin in der Krummhörn, einer Landschaft in Ostfriesland, Marschenland zwischen Dollart und Leybucht. Dörfer auf alten Warfen. Altehrwürdige Kirchen mit den schönsten und ältesten Orgeln Europas, geschichtsträchtige Trutzburgen, stolze Gulfhöfe und Windmühlen natürlich, die die Landschaft prägen. Einsame Straßen und Wasserwege laden ein zum Verharren und Schauen. Sie sind ganz besonders im Frühling ein Geheimtipp für den Wasserwanderer.

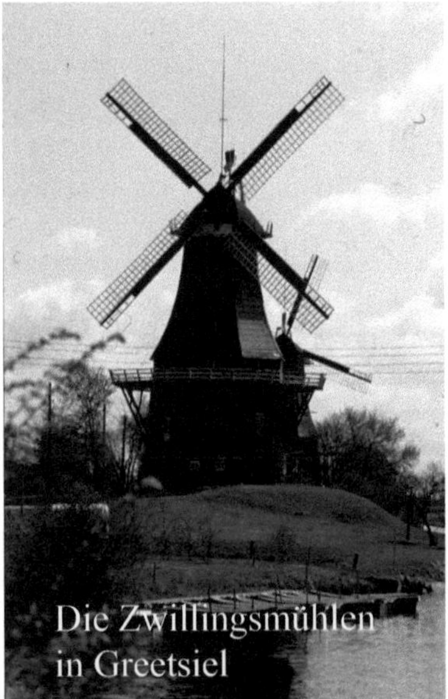
Die Zwillingsmühlen in Greetsiel

Die Krummhörn, ein Eldorado für alle Sportbootfahrer mit zirka 200 Kilometern unverbauten Wasserstraßen abseits vom Massentourismus.

Schnell ist mein Kajak im Alten Greetsieler Sieltief bei den Zwillingsmühlen wieder eingesetzt. Vorher habe ich noch meinen Proviant ergänzt und das Gepäck verstaut. Das alte Fischerdorf Greetsiel mit seinen Giebelhäusern am Hafen, dem alten Siel von 1798 und den beiden Holländer-Windmühlen lasse ich hinter mir. Der viele Trubel, auch an einem ganz normalen Arbeitstag, setzt einem doch zu.

Beruhigend plätschert das Wasser bei jedem Paddelschlag. Immer abwechselnd. Mal links, mal rechts. Ich habe meinen Rhythmus gefunden. Vorbei am Ferienpark drehe ich mich noch einmal um. Nur noch die Silhouetten der markanten Zwillingsmühlen ragen in den hohen ostfriesischen Himmel.
Den leichten Nordwest-Wind habe ich im Rücken. Endlich bin ich wieder allein. Nur ab und an dringt noch das Motorengeräusch vorbeifahrender Autos auf nahe liegende Straßen leise an meine Ohren. Ich bin erst ein paar Minuten auf dem Wasser, aber jetzt ist schon diese Hektik, ausgehend von dem Tourismus-Trubel, von mir abgefallen. Das Wasser und ich, nur das zählt für mich noch. Ab und zu treffe ich in dieser scheinbar menschenleeren Gegend einen einsamen Angler. Er geht auch seinem Sport nach und genießt die himmlische Ruhe. „Petri Heil", sage ich. „Petri Dank!" erwidert der freundliche Mann. Seine Angelposen dümpeln durch meine Wellen. Beißen dadurch vielleicht nun schneller ein paar Fische an?
Ein Bisam kreuzt meinen Weg und lässt sich durch gar nichts stören. Am anderen Ufer krümmt er seinen Körper und taucht weg. Ob er dort wohl sein Zuhause hat?
Bald erreiche ich Eilsum, eines dieser typischen Warfendörfer mit einer mittelalterlichen Kirche aus dem 13. Jahrhundert samt ihrem rätselhaften Wandgemälde. Weiter geht es nach Grimersum, wo sich das Grabmal des Häuptlings Beninga von 1562 befindet. Ich paddelte geruhsam hindurch und steuerte meinem ersten Tagesziel entgegen. Das Dorf Wirdum lasse ich links liegen. Beim Pumpwerk des netten Bauern in Wheel-Aland darf ich auf seiner Wiese mein Zelt aufschlagen.
Ein wunderschöner Tag geht zu Ende. Der Wasserkessel summt leise und bald lasse ich bei einer Tasse Ostfriesen-Tee den langen Tag ausklingen. Auch bei leichtem Rückenwind muss das schlanke Kajak nur mit Muskelkraft vorwärts bewegt werden und man merkt doch eine gewisse Schwere in den Armen und in seinem Körper. So richtig schön und entspannend ist es aber erst dann, wenn man seinen Körper langmachen und sich kuschelig in den Schlafsack einrollen kann. Nicht die Uhr bestimmt meinen Tagesablauf, sondern der Stand der Sonne. Das Austernfischer-Pärchen kann Krach machen, solange es will, ich werde die beiden Vögel mit den roten Beinen nur durch mein Schnarchen stören.

2. Tag: Wirdum - Aurich

Der neue Tag verspricht wieder schön zu werden. Glutrot steigt die Sonne langsam aus den dunstigen Wiesen empor. Ich packe meine Siebensachen ein und bin schon in aller Frühe wieder auf dem Wasser. Schließlich will ich heute nach Aurich paddeln. Das Uttumer Tief lasse ich rechts liegen und paddelte unter der

Straßenbrücke Loppersum-Wirdum hindurch. Nach zirka 500 Metern biege ich rechts ab, links geht es nach Abelitz und Marienhafe. Störtebeker kann ich immer noch besuchen. Jetzt geht es erst in Richtung Loppersum weiter. Der leichte Rückenwind meint es auch heute gut mit mir. Ruhig zieht mein vollbepacktes Boot „Wrangelpott“ seine Bahn.

Ein fahrplanmäßiger Zug, von Emden kommend, donnert über die Eisenbahnbrücke und durchbricht die friedliche Stille. Der Lokführer hat mich wohl gesehen. Sein Lokomotivsignal hat für mich fröhlich geklungen. Ob er wohl lieber auch paddeln möchte? Die Reisenden können nur Geschäftsleute sein. Wer hat denn jetzt schon Urlaub?

Ich biege rechts ab nach Loppersum, links geht es zum Loppersumer Meer und zum Großen Meer. Eine Abkürzung wäre es über die Hieve /Alte Maar oder über die Ehe zum Ems-Jade-Kanal zu fahren.

Zugegeben ein verführerischer Gedanke, zumal ich heute jeden einzelnen Armmuskel spüre. Es juckt in den Fingern, aber ich will den traumhaften Wasserverlauf durch die Gemeinde Hinte nicht missen. Aus der Ferne erkenne ich schon den schiefen Kirchturm von Suurhusen (Pisa ist nichts dagegen). Zunächst durch die verschlungene Ortsmitte von Loppersum hindurch, paddelte ich weiter über Osterhusen nach Hinte.

Im Dorf Hinte fühlte ich mich nach Venedig versetzt. Alles spielt sich hier ruhig und besinnlich ab. Schmucke Hinterhöfe und gepflegte Gärten laden den Paddler zum Verweilen ein. So mancher Rasen verführt auch zum Zelten ein. Da würde ich wohl Schwierigkeiten bekommen, vielleicht auch sprachlich. Mein oldenburgisches Platt unterscheidet sich sehr von der ostfriesische Sprache. Das lernst Du nie! Diese Worte meiner Norder Verwandten muss ich mir öfters anhören. Ein guter Freund aus Bad Bederkesa schüttelt immer nur erstaunt den Kopf: „Dass die sich überhaupt selbst verstehen?“ Er meint das natürlich nicht böse. Mit dieser schönen Heimatsprache muss man aufgewachsen sein! Ob ich sie doch noch erlerne?

Hinter dichtem Buschwerk und dicken Bäumen versteckt, steht die Burg Hinte. Vom Wasser aus ist sie nur zu erahnen. Ich komme an dem jahrhundertealten Wirtshaus vorbei und muss ein bisschen schmunzeln. Eigentlich kenne ich keinen Wassersportler, der sich bei seinem ersten Besuch in dem historischen Gemäuer trotz eindringlicher Warnung an den tiefhängenden Deckenbalken keine Beule am Kopf geholt hat. Ich kann mich jedenfalls noch gut an den heftigen Stoß und das breite Grinsen der Stammgäste erinnern. War aber anschließend wohl so sehr mit meinem Brummschädel beschäftigt, dass ich mich an die Erzählungen des Wirtes über die Hinteraner Burg kaum noch erinnern kann. Nur daran, dass die Emder sie im Jahre 1602 besetzten.

Prächtige Häuser und schöne Gärten am linken Ufer des Hinter Tiefs kündigen bald darauf die Seehafenstadt Emden an. Auf den idyllischen Gräben mitten

durch die Stadt, vorbei an den Wallanlagen, wo man das frische Grün roch, erreiche ich zur Mittagszeit die Emder Kesselschleuse. Eine Entenmutter mit ihren vielen Küken schwimmt vor dem Schleusentor. Wollen sie vielleicht auch etwas anderes erleben? Ich habe Glück. Zwei Motorboote wollen auch in meine Richtung und so kann ich in dieses wunderschöne technische Bauwerk mit hinein. Zuerst wurde man in einer Kammer hochgeschleust und gelangt so in den Kessel. Dann ein nochmaliges Hochschleusen gen Osten und man ist im Ems-Jade-Kanal. Phantastisch, was deutsche Ingenieure 1885/86 erbaut haben. In den Jahren 1911/13 wurde die Schleuse erweitert und 1982 grundüberholt. Auch wenn jetzt die Bedienung der Schleusentore und Kammern elektrisch funktioniert, bleibt die Emder Kesselschleuse ein sehenswertes Bauwerk!
Einen Klönschnack mit dem Schleusenwärter, der mir zwischenzeitlich auch noch mein Fahrtenbuch mit einem Stempel versieht, kann und will ich nicht umgehen. Meine Fragen zur Technik haben auch ihn gefesselt. Zum Glück brauche ich meine „Schnackzeit“ nicht nachzusitzen, nur 64 Kilometer bis nach Wilhelmshaven liegen noch vor mir. Der Wettergott ist mir weiter hold. Ich muss wohl sehr artig gewesen sein, denn eigentlich bläst Paddlern und Radfahrern der scharfe Wind grundsächlich ins Gesicht! Die Brise muss sogar noch etwas zugenommen haben, denn es schien mir, dass ich leichter und schneller vorwärts kam.

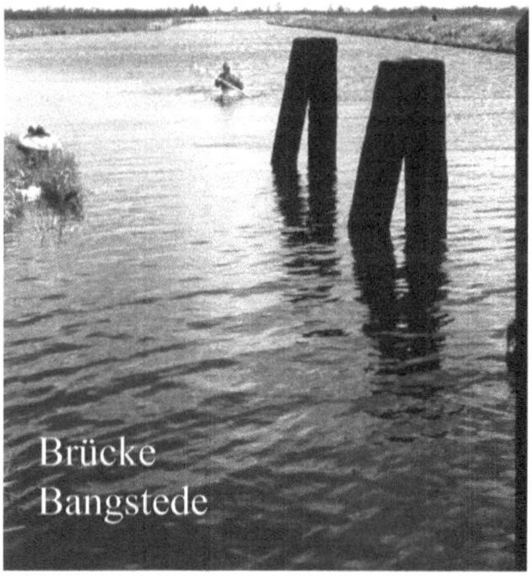
Brücke Bangstede

Nach einem Kilometer zeigt sich rechts die Verbindungsschleuse. Was sagte noch der Schleusenwärter: „An der Abzweigung ist die so genannte Liebesinsel zu sehen“. Ich kann damit nichts anfangen. Alles ist dort ruhig.
Von hier kommt man weiter zum Dortmund-Ems-Kanal und auch zum Fehntjer Tief. Ich steuere mein Boot geradeaus in Richtung Aurich. In Gedanken versunken, mein Paddeln geht ganz leicht von der Hand, passiere ich Wolthusen, die Autobahnbrücke und dann Uphusen mit seiner Kirche aus dem 14. Jahrhundert. Ein Binnenschiff kommt mir entgegen und bringt etwas Abwechselung in mein Gedankenspiel. Jetzt heißt es aufpassen und die Verkehrsregeln einhalten.
Zum Glück haben seine Erbauer den Kanal nicht schnurgerade gebaut. Man könnte meinen, der Kanal sei ein Fluss, der durch das flache Land mäandert. Auch

liegt das eingedeichte Gewässer höher, so dass von den einzelnen Häusern rechts und links der Wasserstraße fast nur die Dächer zu sehen sind.
Ein Haubentaucherpärchen mit zwei Jungen bremst mich in meinem Vorwärtsdrang. Die beiden Jungen hocken hoch und trocken unter Mutters Federkleid auf deren Rücken. „Sieht aus wie ein kleiner Flugzeugträger mit zwei Bordhubschraubern“, denke ich bei mir, als sich die Kleinfamilie durch mich plötzlich aus der Ruhe bringen lässt. Obwohl ich ganz vorsichtig weiterpaddle, tauchen die Alttiere ab und lassen ihren Nachwuchs laut schreiend zurück. „Ich bin doch nur ein harmloser Paddler“, versuche ich sie zu beruhigen.
Nun ist es vorbei mit der Schlängelei des Kanals. In der Ferne kann ich schon die Klappbrücke in Bangstede erkennen und als dünnen farblichen Strich den Sender von Aurich.
Bei einer früheren Fahrt haben meine beiden Neffen kurz vor der Rieper Brücke ein junges Schaf aus dem Kanal gerettet. Ich sehe noch ihre Anstrengungen. Weil sie dabei nicht nass werden wollten, stellten sie sich ein bisschen dösig an. Aber dann klappte es doch: Einer sprang rein in den Bach, hob von unten hoch und der andere zog von oben. Das Schaf hat es gut überstanden. Ich musste mir allerhand kernige Worte gefallen lassen, da ich nicht mitgeholfen hatte und nur mit schlauen Sprüchen behilflich war.
Nach gut einer Stunde passiere ich die ehemalige Schiffswerft in Westerende-Kirchloog. Man wundert sich, was hier für große Binnenschiffe liegen. Wie können sie überhaupt die engen Kurven nach Emden meistern?
Voraus entdecke ich die Schleuse Rahe. Nun ist es nicht mehr weit bis zu meinem heutigen Tagesziel. Ich sehe die Schleuse, aber sie kommt kaum näher. Bin ich denn so ausgelaugt? Neben der Schleuse befindet sich die Gaststätte mit dem Namen „Kukelorum“. Hier kann man wieder zu Kräften kommen. Eine große Portion Bratkartoffeln mit Spiegeleiern und Schinken, dazu die richtige Flüssigkeit und schon ist man wieder gut drauf.
Ein paar Kilometer lege ich danach noch zurück. Mein Zelt steht für diese Nacht beim Auricher Ruderclub. Von da ist es nicht mehr weit bis zur Auricher Innenstadt. Hinter dem Wasser- und Schifffahrtsamt befindet sich das Schloss von 1852 mit dem Marstall als Rest der einstigen fürstlichen Schlossanlage der Cirksena. Heute ist im Schloss die Bezirksregierung untergebracht. Sehenswert ist auch die Lambertikirche aus dem 13. Jahrhundert mit spätgotischem, vergoldetem Schnitzaltar. Ein kleiner Bummel durch die Fußgängerzone mit einem leckeren „Eis auf der Faust“ ließ diesen Tag ausklingen.

3. Tag: Aurich - Wilhelmshaven

Obwohl ich wie ein Murmeltier geschlafen habe, wache ich am nächsten Morgen ziemlich gerädert auf. Als ich langsam den Reißverschluss vom Zelt hoch-

ziehe und raus blicke, sinkt meine Stimmung. Das Wetter ist heute nicht so besonders einladend.
Neblig trüb, kein Lüftchen regt sich. Ich entschließe mich spontan, die restlichen 42 Kilometer bis nach Wilhelmshaven in einem Rutsch zu paddeln. Ich breche meine Zelte ab und tauche mit meinem Kajak wieder in die Natur ein. Zurück lasse ich nun das Brookmerland und paddele vorbei an hohen Ufern, die mit Buschwerk und Bäumen bewachsen sind. Bis zur Schleuse Wiesens sind es zirka acht Kilometer, die ich in einer guten Stunde zurückgelegt habe. Nach dem Umtragen an dieser Schleuse bin ich nun auf der Wasserscheide. Ab Emden ging es dreimal hoch, dann nur noch bergab. Von Schleuse zu Schleuse sind es nun zwölf Kilometer. Nach gut fünf Kilometer der Strecke kann man sehen, wo man abends ankommt. Aber auch solche endlos langen Strecken sind irgendwann bewältigt. Ein bisschen Abwechselung bietet das rechts am Kanal liegende Dorf Marcardsmoor. Kurz vor Upschört passiere ich den Nordgeorgsfehn-Kanal. Er führt mit acht Schleusen über Remels zum Leda-Jümme-Gebiet. Für mich heißt es geradeaus weiter. Beide dicht hintereinander liegenden Schleusen Upschört und Wiesede habe ich schnell umtragen. Gut, dass das Wasser- und Schifffahrtsamt Aurich jeweils vor und hinter den Schleusen Anlegestellen für den Wasserwanderer geschaffen hat.
Nach einer kurzen Brotzeit sitze ich wieder im Boot und versuche die restlichen 21 Kilometer abzupaddeln. In zirka 3,5 Stunden müsste ich eigentlich am Zielort sein. Ich passiere die Brücken Priemelsfehn und Reepsholt. Hier muss doch irgendwo die ostfriesische Grenze zum Oldenburger Land sein? Adieu - meine heimliche Liebe. Irgendwie wird mir komisch. Ich glaube, dieses Land mit seinen Bewohnern muss man einfach gern haben.
Die letzten Kräfte werden mobilisiert. Anglerheim Abickhafe, Klappbrücke Dykhausen, Autobahn, Krankenhaus Sanderbusch, Eisenbahnbrücke Mariensiel - alles läuft ab wie im Film. Nur ein paar Meter noch. Dann habe ich das Domizil des Wilhelmshavener Kanu-Klubs erreicht. Mein Zuhause. Drei unvergessliche Tage inmitten dieser schönen Landschaft, mit mir allein!

Welches Maß an Wohlbefinden!

Leine und Aller

Ein „tierisches“ Erlebnis

Man vermutet es nicht, die Leine, ein linker Nebenfluss der Aller, ist 281 Kilometerlang. Sie entspringt im thüringischen Eichsfeld in Leinefelde. Ab Friedland ist sie ganzjährig befahrbar. Sie erreicht nach 20 Kilometern die Universitätsstadt Göttingen. Beim Vorbeipaddeln würde man viel versäumen Alle Kirchen sind sehenswert, auch das Rathaus und nicht zu vergessen, der Gänselieselbrunnen. So mancher Student hat nach erfolgreicher abgelegter Doktorenprüfung das Gänseliesel geküsst. Sie ist deshalb das meistgeküsste Mädchen der Welt, wird gesagt. Wer „nur“ seine Prüfung gemacht hat, macht das nicht. (Ausnahmen bestätigen die Regel).

Aber das nur nebenbei. Da wir diesen Fluss schon in mehreren Etappen befahren haben - von Salzderhelden bis Hannover und von Hannover nach Neustadt - wollen wir nun noch das letzte Stück der Leine, eingebunden in unsere drei Tagestour, von Neustadt nach Verden erkunden.

Zu dritt waren wir unterwegs, Heiko, Friedhelm und ich. Am frühen Nachmittag trafen wir uns in Verden. Hier ließen wir ein Auto stehen, luden unsere Utensilien um und starteten nun mit drei Einer-Kajaks Richtung Neustadt. Es war schon Kaffeezeit, als wir endlich auf dem Wasser waren. Wir schreiben den 25. April 1991. Es war empfindlich kalt. Der frische Luftzug zwang uns, über unsere Sportjacken die Regen- bzw. eine Windjacke zu ziehen. Es war besser so, denn der leichte Schwall des von links kommenden Schleusenkanals ging mit einigen kurzen Wellen über die Spritzdecke. Der Wasserstand war gut, und an einigen Stellen konnten wir sogar zu dritt nebeneinander paddeln. Friedhelm war Fahrtenleiter und berichtete uns etwas über Land und Leute. Auch von einer Hochwasserfahrt auf Leine und Aller. Ich mochte gar nicht hinhören, denn solch eine Tour war mir auch nicht erspart geblieben. Ich hatte damals Angst, dass ich mit meiner Steueranlage an irgendeinem unter Wasser stehenden Hindernis hängen bleiben würde. Vielleicht an einem Weidezaun und kein Mensch weit und breit, der mir hätte helfen könnte. Der Horror war das, aber es war mir erspart geblieben. Dass ich an einem Straßensaum entlang gepaddelt war, zeigten mir die in Reih und Glied stehenden Pappelbäume. Wo war das Flussbett? Es war schon ein paar Jahre her, aber so etwas hätte ich nicht noch einmal erleben mögen.

Nach der Straßenbrücke Niederstöcken - wir hatten schon 30 Kilometer zurückgelegt - fing es an zu dämmern. Nun wurde es höchste Eisenbahn einen Zeltplatz zu finden.

Das zeichnet einen guten Fahrtenleiter aus: Er kannte unsere Wünsche und wusste genau, wo das sein konnte. Eine natürliche Wiese, geschützt am Waldessaum. Kein Haus, keine störende Straße weit und breit. Nur ein Problem: wie kam man hier heraus? Eine echte Herausforderung. Das hohe unterspülte Ufer machte uns Kopfzerbrechen. Friedhelm und Heiko debattierten über wie, wo, was. Ich paddelte die Leine wieder ein Stückchen aufwärts, denn ich hatte eine kleine Bucht erspäht, gerade breit genug, um, mehr balancierend, dort raus zu kommen. „Der Platz ist ein Traum. Ich will hier irgendwie raus“, redete ich mir Mut zu. Zuerst band ich meine lange Bootsleine ans Paddel. Noch brauchte ich es, denn nur über eine Paddelbrücke konnte ich meinen Allerwertesten heben und dann mit einem Spagatschritt das trockene Ufer erreichen. Gut, dass mich hier keiner sah. In der rechten Hand das Paddel, ein Bein im matschigen Ufer, das andere noch in der Bootsluke. Zur langen Überlegung war keine Zeit. Das Paddel flog im hohen Bogen auf die Wiese und mehr mit Glück als Verstand stand ich da, wo ich eigentlich nicht hinwollte, mit beiden Beinen im Uferschlick. Heiko und Friedhelm entdeckten mich erst, als ich das Boot ans Ufer zog. Sie kamen hier etwas besser heraus, denn eine helfende Hand war zur Stelle.

Schnell waren unsere Zelte aufgebaut. Vor dem Schlafengehen machte ich noch einen kleinen Rundgang. Einen tollen Platz hatten wir gefunden, kein Haus weit und breit. Hundert Schritte über die Wiese und ich war im angrenzenden Wald. Vom Hochsitz aus hatte ich einen herrlichen Blick auf Wald und Flur. Unsere Zelte konnte ich nur schemenhaft erkennen. Die Überdächer passten sich der Landschaft an. Unsere Leine schimmerte silberfarben im Abendlicht. Ich verweilte noch einen Augenblick und hing meinen Gedanken nach. „Ob wohl gleich Wild aus der Deckung treten würde?“ dachte ich so bei mir.

Dass ich etwas abseits von den beiden anderen mein Zelt aufgebaut hatte, muss wohl Fügung gewesen sein. Vielleicht auch aus Vergesslichkeit hatte ich meinen Außenzelteingang offen gelassen.

Meine Blase meldete sich in der Frühe. Vorsichtig öffnete ich den Reißverschluss meines Zeltes, um meine Mitstreiter nicht zu stören. Eine leichte Dunstschicht bedeckte die Wiese. Ich traute meinen Augen nicht. Nochmals rieb ich über meine Augenlider. Im morgendlichen Nebeldunst stand in einer Entfernung von etwa zehn Metern ein Rudel Rehe äsend auf unserer Wiese. Ich wagte kaum zu atmen. Behutsam pellte ich mich aus meinem Schlafsack. Ein Reh äugte zu mir herüber, fing aber gleich wieder an zu fressen. „Was hat denn der Ziegenbock in der Mitte des Rudels zu suchen?“ sprach ich leise zu mir. So etwas hatte ich noch nie gesehen. Es war ein weißes Reh. Meine Blase meldete sich wieder. Ich hatte schon leichte Schweißperlen auf der Stirn. Aber ich wollte das Schauspiel nicht stören. Es nützte nichts. Ich musste raus. Dann ging alles ruck-zuck. Wie auf Kommando schaute das Rudel zu mir herüber und mit ein paar schnellen Sprüngen war es im Wald verschwunden. Bis auf den Rehbock, der hinter meinem Zelt stand. Er schaute mich ganz verdutzt an, als wollte er sagen: „Was willst du denn hier?“ Ich stand wie versteinert da und vergaß was ich eigentlich

wollte. Noch einmal schaute der Bock zu mir und mit ein paar großen Sprüngen sauste er dem Rudel hinterher.
Dass ich einen Zuschauer beim morgendlichen Wasserlassen am Weidezaun hatte, merkte ich erst später. Es war der Revierförster, der das äsende Rudel auch beobachtet hatte. Er war mir nicht böse, dass ich die Rehe verscheucht hatte. „Schade," sagte er nur so beiläufig, „dass kein Saft auf der Drahtumzäunung war!"
Nicht mehr lange und wir erreichten Schwarmstedt. Es war schon kurios, dass wir ein paar Kilometer vorher den Kirchturm von Schwarmstedt schon fast „greifen" konnten, aber durch das Mäandern des Flusses er immer wieder unseren Blicken entschwand. Ein Arbeitsboot, kurz vor dem Passieren des von rechts kommenden Schleusenkanals der Aller, erregte unsere Aufmerksamkeit. Nur der Fahrtenleiter hatte seine Spritzdecke geschlossen. Solch eine Welle von so einem kleinen Schiff!
Im Strandcafe „Luci" machten wir ausreichend Pause. Es wurde auch Zeit. Ich musste unbedingt meine nasse Hose wechseln.
Durch die Strömung der Aller kamen wir schnell voran. Das Dorf Bosse brachte unsere Rechenkünste durcheinander. Bei acht Storchennestern sind es nur vier. Die Aller strömt in einem großen Bogen um den kleinen Ort. Links Bosse, nach zwei Kilometern, links Bosse.
Dass mir nach 24 Kilometern Paddelei der Mors so wehtat, konnte ich nur auf meine neue XXL-Hose zurückführen. Weil sie mir anscheinend zu groß war, legten sich ein paar Falten quer. In Rethem, am Slip, konnte ich am besten aussteigen. Friedhelm und Heiko taten es mir gleich, ihr Interesse galt aber mehr der Bockwindmühle. Heiko - für einen Ingenieur ist nichts zu „schweur" - war in seinem Element. Er versuchte mit seinem Eigengewicht, auf dem Bock sitzend, das Mühlenhaus zu drehen. „Hallo Heiko", sagte ich zu ihm, „du musst ganz nach außen rutschen, die Hebelwirkung besser ausnutzen und dazu Friedhelm und ein paar schwere Findlinge mit drauf setzen, dann mag es vielleicht klappen. Dann drehe ich euch mit der Mühle in den Wind!" Da dies zu beschwerlich war, hielt uns Heiko einen kleinen Vortrag. „Die Bockmühle", so fing er an, „ist der älteste Windmühlentyp in Europa. Das besondere an diesem Typ ist, dass das gesamte Mühlenhaus auf einem einzelnen starken Balken, auf dem Bock, steht. Der Mühlenkasten wird mittels eines Auslegerbaumes, dem Steert, wo ich nun drauf sitze, so weit gedreht, bis der Wind von vorne auf die Flügel bläst." „Eine ganz schwierige Angelegenheit", antwortete ich, „wenn der Wind öfters dreht, weiß man, was man gemacht hat. Gibt es dafür keine mechanische Hilfe?" „Ja", antwortete Heiko, „man benutzte einen Flaschenzug, aber die körperliche Anstrengung blieb. Der Müller und die Gehilfen mussten ja auch an dem Tau des Flaschenzuges ziehen und das geht nicht nur mit dicken Backen!" Schade, dass das Mühlenhaus abgeschlossen war. Sehr gerne hätten wir

uns auch noch die Technik angesehen und sicherlich hätte Heiko sie uns auch erklärt.
Im Hafen von Westen machten wir Pause mit einem ausgiebigen Mittagsschlaf. Heiko und Friedhelm weckten mich erst, als sie schon wieder in ihren Booten saßen und meinem Blick entschwanden. „Paddelt man ruhig weiter", rief ich ihnen nach, „es nützt euch nichts, den Autoschlüssel habe ich!"
Nachmittags erreichten wir Verden. Paddler, die nach Hause fuhren, nahmen mich mit nach Neustadt, so konnte ich problemlos mein Auto zurückholen. Ein Bummel durch die Domstadt Verden rundete den Tag ab.
Wir versetzten ein Auto nach Baden an der Weser. Das Fährhaus, gegenüber des Schleusenkanals Langwedel, war unser Ziel. Der Gleiswagen auf der Bootsschleppe in Intschede brachte uns schier zur Verzweiflung. Das Umtragen der Boote war angenehmer und leichter, als den bockigen Gleiswagen ins Unterwasser zu bewegen. Mit einem leckeren Essen beim paddlerfreundlichen Fährhauswirt ließen wir die dreitägige Paddeltour ausklingen.

Von Bad Oldesloe nach Hamburg

eine Rundreise im Juni 1992 über Trave, Lübeck-Elbe-Kanal und Elbe

Im Deutschen Flusswanderbuch wird die Trave als ein recht abwechslungsreicher Fluss beschrieben. Sie verläuft zunächst durch die reizvolle, hügelige Landschaft der Holsteinischen Seenplatte. Ab Bad Oldesloe weitet sich das Tal. Nach Durchquerung der sehenswerten alten Hansestadt Lübeck wird die Trave zum fjordartig erweiterten, strömungslosen Schifffahrtsweg.
Mal gemächlich, mal schneller, mal als Wildbach sucht sich die Trave ihren Weg durch Wald und Flur, unterbrochen durch steil abfallende Hänge sowie Eichen- und Eschenwälder. Sie fließt vom Warder See durch Bad Segeberg und Bad Oldesloe bis in die Ostsee.
Zeit für einen Zwischenstopp in Bad Segeberg haben wir uns gegönnt. Wenn die Karl-May-Festspiele im Frühling schon nicht gespielt werden, dann wollen wir uns wenigstens die Spielstätte ansehen. Wer träumt dabei nicht vom Wilden Westen, von Winnetou und Old Shatterhand? Bei ein paar Übungsszenen dürfen wir zuschauen. Wir können unser Glück kaum fassen. Die Rolle vom Apachen wird von Pierre Brice gespielt. Am liebsten hätten wir mitgemacht im Getümmel

der Rothäute. Schade, dass sie noch keine Kostüme tragen. Es knallt aus allen Ecken!
Vom Kalkberg hatten wir einen herrlichen Ausblick über den Segeberger Forst und über den mittleren Flussabschnitt der Trave. Wir beobachten die Kiebitze, die jetzt im Frühjahr balzen. Durch ihren „Kiwitt"-Ruf, ihre taumelnden Flugbewegungen und die markante Kopfhaube sind sie leicht zu erkennen. Eine Hinweistafel erklärt uns die Tier- und Pflanzenwelt. Auch Rohrweihe und Wiesenpieper sind auf den Feuchtwiesen der Trave zu Hause. An einigen Flussabschnitten säumen Erlen-Bruchwälder die Ufer. Für die Vogel- und Insektenwelt ist dies ein wichtiger Lebensraum. Hier finden die Tiere Rückzugsmöglichkeiten, Nistplätze und Nahrung.
Weil die Trave im oberen Teil zu wenig Wasser führt, zu dieser Jahreszeit unvorstellbar, starten wir erst nach dem Wehr in Bad Oldesloe. Viel besser ist es auch hier mit der Flusstiefe nicht. Unsere vollbepackten Boote berühren so manches Mal den Grund. Da Wilfried der Fahrtenleiter ist, muss er sich von mir so allerhand kernige Worte anhören. Er kontert immer wieder, indem er mir einen Vortrag über übergewichtige Menschen hält. Ich höre kaum zu und füge mich meinem Schicksal.
Ein Schwan greift uns an. Wir wissen in unserer Not nicht, was wir machen sollen und schreien ihn erst einmal kräftig an. Das muss wohl gewaltig geklungen haben, da er unverzüglich wieder abdreht. Ausgerechnet das Bootshaus des Kanuvereins SV Hamberge sucht er sich als Nistplatz aus. Haben die Hamberger Kanuten ihn vielleicht als Wachhund angestellt? Eigentlich wollen wir hier Pause machen, aber unsere Furcht vor diesem majestätischen Tier ist stärker. Wir verlassen diesen unruhigen Platz und paddeln weiter Richtung Lübeck. Wir erreichen die Stadt am frühen Nachmittag und biegen ab in den Elbe-Lübeck-Kanal. Eine Besichtigung schenken wir uns. Durch meinen Beruf kenne ich die Hansestadt in- und auswendig. Bei Wilfried ist es nicht anders. Allerdings spricht er immer wieder vom Lübecker Marzipanbrot, das er hier auch kaufen will. Er denkt aber mehr an meine Körperfigur als an seine, er sollte es ruhig mehr essen, der „Hungerhaken"! Brot ist doch nicht gleich Brot! Ehrlich zugegeben, Lübecker Marzipan - wenn ich nur daran denke, läuft mir das Wasser im Mund zusammen. Ich schlickere eben gerne. Aber diesmal bleibe ich standhaft und erzähle ihm nichts von meinen Gefühlen.
Nach gut drei Kilometern erreichen wir die Schleuse Büssau. Wir dürfen mit einem Binnenschiff zusammen hinein. Als kleines Dankeschön drücken wir dem Schleusenwärter eine Dose Bier in die Hand. Wir sind überrascht, wie gepflegt und sauber die Schleusenanlage ist und sagen das auch mit lobenden Worten dem Personal. Das hat im Nachhinein Vorteile gebracht, denn wir werden bei der nächsten Schleuse, nach fünf Kilometer Paddelei, in Krummesse schon erwartet. Die Schleusentore sind offen, wir können gleich hineinpaddeln. Auch

diese Schleusenanlage ist in Ordnung. Die Sandflächen sind geharkt, die von der Harke erzeugten Rillen wie an einer Schnur gezogen, tipptopp gerade.
Das erinnert mich an meinen Vater, der seine Gartenarbeit auch so verrichtete. Zum Wochenende musste alles glänzen. So wurde auch alles geharkt, korrekt und gerade. Ich kam dann so manches Mal mit meinem Fahrrad vom rechten Weg ab und, wie der Teufel es will, just auf die gepflegte Anlage. Auch wenn ich beteuerte, dass ich es nicht absichtlich gemacht hatte, erfolgte eine Standpauke, die nicht von schlechten Eltern war und zusätzlich gab es eine Ohrfeige. Wegfahren nützte nichts, mein Vater war ein guter Leichtathlet. Im Sprinten und im Weitsprung, auch mit Schlips und Kragen, war er viel schneller und sprang weiter als wir jungen Hüpfer.
Heute ist Freitag, das Wochenende wird eingeläutet. Auch hier bei der Schleuse in Krummesse wird alles in Ordnung gebracht. „Wir haben in gut einer Stunde Feierabend“, so unser freundlicher Schleusenwärter. „Schafft ihr es noch bis zur nächsten Schleuse, die wieder nur fünf Kilometer von hier entfernt ist? Dann gebe ich meinen Kollegen Bescheid!“ Das Schleusentor öffnet sich. „Fahrt nicht so weg! Wo habt ihr die Dose Bier hingestellt?“ Zum Glück haben wir noch eine, und entschuldigend machen wir uns auf den Weg. Wir müssen unbedingt unseren Vorrat auffrischen. So kommt uns der Ort Krummesse zu Hilfe. Jetzt merken wir erst, wie ausgelaugt und kaputt wir sind. Der Mors tut weh und das Aussteigen an der Uferkante ist eine leichte Qual. Dieser kleine Ort ist wie für uns geschaffen. „Erst einkaufen, mein lieber Wilfried, sonst schließt der Laden.“ Just im rechten Moment betreten wir das Geschäft, der Chef hatte den Schlüssel schon in der Hand. Aber er hat Erbarmen mit uns. In einem kleinen Dorf ist eben alles anders. Wir verstauen alles sorgfältig in unseren Booten, schließen die Lukendeckel. Dann schauen wir uns nach einem Glas-Bier-Geschäft um, das wir, wie konnte es auch anders sein, gleich neben der Kirche finden. Der kleine Marktplatz heißt uns willkommen, ein Banner kündet ein Fest an. Fröhliches Lachen und dicke Rauchschwaden kommen uns beim Betreten der Schänke entgegen. An der Theke sitzen viele Leute. Erst habe ich an eine Jagdgesellschaft gedacht, aber es sind Schützen, die mit all ihren Orden und Ehrenzeichen schon am Freitagnachmittag so lustig sind. Sie nehmen uns gleich in ihre Obhut. Hier ein Bier, da ein Bier, als wenn wir das Versäumte nachholen müssten. Mir ist schon nach dem dritten Bier so, als ob meine Beine versagen. Raus hier, Bernd, das hältst du nicht aus. „Lass dein Geld man stecken“, meint der Wirt, „dies ist Freibier!“ Auch das noch! Ran an die nächste Bude. Currywurst, Schaschlik, Bratwurst und einen Berliner noch oben drauf. Das hätte ich zuerst machen sollen! Trotzdem geht es uns ganz gut. Wir steigen wieder in die Boote und finden gleich nach zwei Kilometern einen geschützten Zeltplatz. Abendessen brauchten wir nicht mehr. Nur der Berliner macht uns ein bisschen zu schaf-

fen. Mit einem kleinen Verdauungsschluck und einem Bier in freier Natur lassen wir den Tag ausklingen.

Am nächsten Tag sind wir früh wieder auf dem Wasser. An der Schleuse Berkenthin werden wir mit den Worten begrüßt: „Wo seid ihr gestern geblieben, ich habe noch eine Stunde nach Feierabend auf euch gewartet!" Es tut uns in der Seele leid, aber wir haben es nicht verraten. Ein kleiner Plausch mit dem Schleusenwärter und mit zwei Dosen Bier aus unserer Vorratskammer verlassen wir die Schleusenkammer. „Ich rufe in Behlendorf an, die nächste Schleuse seht ihr gleich nach der nächsten Kurve." „Mein lieber Wilfried, noch vier Schleusen bis zur Elbe. Wenn das mit dem Bier so weitergeht, sollten wir umtragen! Oder wir werden Abstinenzler! Was hältst du davon?" „Nichts", antwortet er und paddelte unverdrossen weiter. In der Schleuse Behlendorf verläuft alles planmäßig. Toll, so eine Telefonkette zwischen den Schleusenwärtern.

Die Donnerschleuse hat es in sich, sie macht ihrem Namen alle Ehre. Die Schützen zum Öffnen oder Schließen des Wasserdurchlasses werden pneumatisch gesteuert. Es gibt nur auf oder zu, also keine vorsichtige Steuerung. Der nette Schleusenwärter meint es gut mit uns und schickt uns ans Ende des Troges. Dort sollen wir uns an der Leiter festhalten. Wir werden hochgeschleust. Zwei riesige Pilzköpfe schießen hoch und verwandeln die Wasseroberfläche in ein Wildwasserareal. Das bekommen wir am Ende der Kammer noch stark zu spüren. Jetzt hat unser Schleusenbier auch eine Berechtigung. Wir sind auf der Wasserscheide, ab nun geht es nur noch abwärts. Aber 30 Kilometer bis zur nächsten Schleuse liegen noch vor uns. „Wenn ihr euch beeilt", so der Schleusenwärter, „könnt ihr es noch bis zum Feierabend schaffen!" Der hat Nerven! Bei vier bis fünf Stundenkilometer sind das sieben bis acht Stunden Paddelei. Wir werden erst morgen kommen.

Links, so schreibt unser Fluss- und Wanderführer, am Möllner See gelegen, liegt die Stadt Mölln, auch Stadt des Till Eulenspiegel genannt. „Warst du schon einmal dort?", fragt Wilfried. „Ja", antworte ich, „in der katholischen Kirche haben wir im Jahre 1967 eine siebenregistrige neue Orgel eingebaut. Ich kann mich noch daran erinnern, dass an jedem freien Platz etwas von Till Eulenspiegel stand. Ich weiß nur, dass er ein Narr war, jedoch seinen Mitmenschen an Geisteskraft, Durchblick und Witz überlegen." Wir überlegen kurz, ob wir hinpaddeln sollten, um dort zu übernachten, doch der Plan wird schnell verworfen. Umwege wollen wir nicht fahren. Auch der Campingplatz an den ehemaligen Kiesgruben entspricht nicht unseren Vorstellungen. Es ist dort einfach zu voll und zu laut. Ich kann Wilfried überreden, wieder in freier Natur zu zelten, trotz Naturschutz rechts und links des Kanals. Wir finden einen schönen Platz in einer leichten Senke, umgeben mit kleinen Bäumen und Buschwerk. Hier kann uns keiner finden, geschweige denn sehen. Über ein ordentliches Verlassen des Platzes brauche ich wohl nichts zu schreiben, das versteht sich von selbst. Wir sind ganz schön „platt“. Gut 40 Kilometer mit vier Schleusen haben wir auf stehendem Gewässer zurückgelegt. Zum Glück spielt das Wetter mit. Meistens haben wir auch noch den Wind von vorne. Über Nacht zieht ein schweres Gewitter durch. Wilfried muss wohl wie ein Murmeltier geschlafen haben. Er hat überhaupt nichts gehört und gemeint, ob ich das geträumt habe. Ich kann es ihm beweisen: Abgeknickte Äste liegen überall verstreut. Unser Zelt hat zum Glück nichts abbekommen. Dafür hat aber Wilfrieds Boot viel Wasser gefasst. Er hat wohl vergessen, es umzudrehen oder mit dem Lukendeckel zu verschließen. Er war wohl zu sehr geschafft. Trotzdem bekomme ich Schuld. Ich hätte gefälligst auch darauf aufzupassen! Nee, nee, mein Lieber, du bist Fahrtenleiter, du musst dich um mich kümmern! Das morgendliche Bad im Kanal erfrischt den Körper und beruhigt die Nerven. Nach einem ausgiebigen Frühstück verlassen wir den herrlichen Platz. Kaum sind wir um die Kurve, erreichen wir die Schleuse Witzeeze. Auch hier ist der Schleusenwärter informiert. Nach der obligatorischen Dose Bier und einem kleinen Klönschnack können wir ohne Probleme durchschleusen. Jetzt sind es noch elf Kilometer bis zur Elbe. Die Schleuse Lauenburg erreichen wir zur Mittagszeit. Ausgerechnet bei dieser Schleuse, die nur mühsam zu umtragen ist, verwehrt uns der Wärter die Schleusung. Er erwartet ein Ausflugsschiff von der Elbe, das hätte nun einmal Vorrecht. Auf unsere Frage, wie lange es dauern würde, bekommen wir keine Antwort. Er hat wohl einen schlechten Tag! Wir machen eine kurze Brotzeit und karren danach unsere Boote um ins Unterwasser. Es ist wirklich recht mühsam, die Boote wieder ins Wasser zu bekommen und das Einsteigen ist bühnenreif!

Nun sind wir auf der Elbe. Die flotte Strömung nimmt uns schnell mit. Die Elbe ist randvoll nach dem heftigen Regen der letzten Nacht. Oh Schreck! Wo kommt denn die Fahrwassertonne auf einmal her? Fast vor meinem Bug kommt sie wieder aus dem Wasser. Ich kann mich mit einem Ziehschlag gerade noch vor einer Kenterung retten. Mein Atem geht schwer, der ganze Körper zittert. Der Druck des fließenden Gewässers ist so stark, dass er die Tonne unter Wasser drückt und sie dann bei Straffung der Befestigungskette wieder hochschnellen lässt. So etwas habe ich noch nie erlebt. Langsam beruhige ich mich wieder. Auch auf die Gefahr hin, dass ich auf eine Steinbuhne auflaufe, paddele ich an der Uferkante entlang. Alles geht gut.

Ab dem Kernkraftwerk Krümmel wird die Strömung merklich weniger. Die Wehranlage Geesthacht macht sich bemerkbar. Wir bleiben auf der rechten Seite, um zur Schleuse zu kommen. Wir paddeln am Bootshaus des KC Geesthacht vorbei und erreichen nach weiteren zwei Kilometern die Schleuse Geesthacht. Das Wehr hat keine Bootsrutsche oder Umtragestelle und Sportboote dürfen nur durch die Schleuse ins Unterwasser. Beide Tore der Doppelschleuse sind offen, wir konnten eigentlich hineinpaddeln. Leider zeigen beide Ampeln Rot. Der DKV Flussführer schreibt: „Bei Benutzung der Schleuse auf die Schifffahrtszei-

chen und auf die Lautsprecheranweisungen der Schleusenaufsicht achten." Da sich nichts rührt, fahren wir ans Ufer und warten, warten und warten. „Wilfried, du bist Fahrtenleiter, nun sieh endlich zu, dass sich hier etwas bewegt." Meine Geduld ist langsam am Ende. Ich schaue flussaufwärts, ob ein Binnenschiff kommt. Nichts zu sehen. So paddele ich vor den Schleuseneinfahrten auf und ab. Dann die Lautsprecheransage. „Die Paddler bitte in die Südschleuse einfahren!" Na endlich. Bei den Ampeln tut sich nichts, sie bleiben auf Rot. So paddele ich einfach in die rechte Kammer. Wilfried bleibt etwas hinter mir. Plötzlich eine donnernde Stimme: „Ich habe Südkammer gesagt?" „Wie soll ich wissen, wo hier Süden ist." „Bin ich Fahrtenleiter oder du?" so Wilfried. Ich füge mich, aber am liebsten hätte ich ihn zusammengestaucht. Er hat es doch wohl mir zu verdanken, dass ich mich gezeigt hatte, wir würden sonst heute noch davorliegen. Riesengroß ist diese Kammer. Wir halten uns an einer Leiter fest und schleusen abwärts. Im Unterwasser liegt ein Schubverband und will hochgeschleust werden. Die Ampel springt auf Grün und mit einem artigen Dankeschön paddeln wir in den tideabhängigen Teil der Elbe. Wir haben Glück, ablaufendes Wasser, das uns noch bis Drennhausen mitnimmt. Wir machen Pause am linken Ufer. Der Sandstrand lädt uns ein. Es ist noch zu früh, unser Zelt aufzubauen. Wir sind in einem Naturschutzgebiet.
So faulenzen wir herum und bauen in der Dämmerung unser Nachtlager auf. Noch einen Blick in den Tidenkalender: Sieben Uhr Abfahrt, ob das ohne Wecker geht? Noch im Halbschlaf murmle ich 7 Uhr, 7 Uhr Abfahrt - 5 Uhr, 5 Uhr aufstehen. Es gelingt, ich traue meinen Augen kaum, als die Uhr beim ersten Erwachen kurz vor fünf Uhr anzeigt. Wilfried liegt noch im tiefen Schlaf. Ich schleiche mich langsam heraus und mache mich fertig. Wie zur Bundeswehrzeit habe ich ihn aus den Federn gejagt. „Los hoch, du Langschläfer!" Wir packen unsere Boote und bringen die Natur wieder in Ordnung.
Es darf keiner sehen, dass wir hier gezeltet haben. Aber wie der Teufel es will, kommt da nicht ein „Sheriff" und fragt: „Was macht ihr hier?" „Wir haben um sechs Uhr geschleust und warten nun auf das ablaufende Wasser!" Nur gut, dass ich gestern zufällig noch die Schleusenzeiten, 5 bis 22 Uhr, gelesen habe. Den Triumph haben wir ausgekostet!

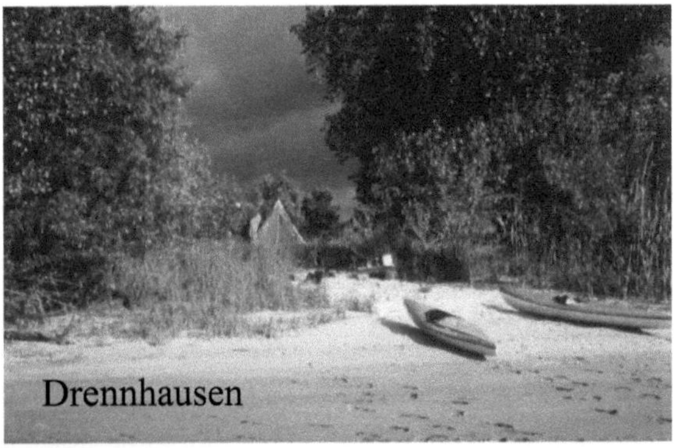
Drennhausen

Das ablaufende Wasser nimmt uns zügig mit. Wir kommen an dem langgestreckten Ort Over vorbei und biegen in die Süderelbe ab. Gewaltig und mächtig kommt uns die Autobahnbrücke vor. Hier wird sogar ein Zeltplatz angeboten. Schlafen ist sicher nur mit „Micky-Mäusen“ möglich, bei diesem Autoverkehr! Fast bei Ebbe erreichen wir den WSV Süderelbe. Der Anleger liegt schon im Schlick. Wir können mit Ach und Krach noch aus den Booten kommen. Die Treppe zwischen Anleger und Ufer ist sehr steil, trotzdem schaffen wir es, unsere Boote hochzurollen. Wir haben Glück, ein älterer Kanute ist im Bootshaus. Wir erhalten einen Schlüssel und können nun in Ruhe unser Zelt aufbauen. Hier ist unsere Kanureise auch zu Ende. Nur unser Auto steht noch in Bad Oldesloe. Wilfried ist wirklich ein guter Scout, er hat alles prima ausgetüftelt. Am nächsten Morgen fahren wir mit der S-Bahn von Harburg zum Hauptbahnhof Hamburg, dann steigen wir um in einen Bummelzug nach Bad Oldesloe. So weit ist es aber noch nicht, wir brauchen erst eine Fahrkarte. Der nette Schalterbeamte empfiehlt uns, die Karten aus dem Automaten zu holen, so könnten wir etwas sparen. Gesagt, getan. Der Junge aus der kleinen Stadt Wilhelmshaven in der Weltstadt Hamburg. Wir, mehr ich, trauen uns nicht den 50 D-Markschein in den Automaten zu stecken. Was ist, wenn das Wechselgeld nicht herauskommt? Ich gehe wieder zum Schalter. Der gute Mann hat Zeit und zeigt es uns. Wir haben viel Spaß dabei. Es funktioniert alles.
Unser Auto steht noch da, wo wir es abgestellt haben - unter einem Baum. Gut, dass wir genug Wasser haben. Die Vogel-Schweinerei haben wir gemeinsam beseitigt, auch wenn es Wilfrieds Auto war. Die Fahrt zurück nach Hamburg-Harburg bereitet uns trotz Berufsverkehr am Feierabend keine Schwierigkeiten. Wir haben uns zum Abschluss mit einem guten Essen verwöhnen lassen.

Diesmal war alles anders

von Roland Stephan / Rastede

Zugegeben, die Hunte ist nicht gerade eine Perle unter Norddeutschlands Flüssen. Vom Dümmer bis Wildeshausen ist sie erbarmungslos begradigt, aufgestaut, gülleverseucht und langweilig. Eine echte Strafe für naturliebende Paddler. Auf wenigen Strecken erinnert zwar noch einiges an ihre alte Schönheit, doch ihren wahren Reiz hat sie erst wieder ab Wildeshausen. Immer wieder Einsatzpunkt für uns Oldenburger Kanuten ist der Mühlengraben, direkt unter-

halb des Wehres. Gegenüber der altehrwürdigen und sehenswerten Alexanderkirche (alte Wandmalereien).
In meinem Paddlerleben bin ich hier wohl dreißigmal in mein Boot gestiegen, um bis Oldenburg zu unserem Bootshaus, zumindest aber bis Astrup zu paddeln. Für mich ist die Hunte immer wieder ein Erlebnis. Auch deshalb, weil sie immer wieder ein neues Gesicht zeigt. Im Frühjahr führt sie Hochwasser, im Sommer säumt sattes Grün die Ufer. Fast ohne Wasser, aber farbenfroh zeigt sie sich im Herbst. Kühl, fast spröde grau in grau, genieße ich sie im Winter. Auf ihr machen unsere Krümel erste Huntepaddlerschritte, finden Wochenendausflüge statt und auch unsere Kanu-Hunte-Herbstfahrt.
Ich kenne die Hunte, weiß viel über sie und doch nicht alles. Nicht nur ich sollte am 29. März 1987 eines Besseren belehrt werden. Unsere gute, alte Hunte zeigte sich von einer völlig neuen Seite. Wegen des schlechten Wetters hatten wir auf eine Teilnahme an der Aller-Hochwasser-Rallye verzichtet und unsere eigene Hochwasserfahrt geplant. Treffen am Bootshaus 9.30 Uhr. Trotz Sommerzeit sind alle pünktlich. Hänger beladen. Routine. Gegen 10.30 Uhr stehen wir am Mühlengraben in Wildeshausen und begutachten den Wasserstand. Der ist zwar gesunken, verspricht aber trotzdem eine ungewöhnliche Perspektive. Die Schnelle unter der Eisenbahnbrücke, sonst beliebte Boots- und Kenterstelle, ist verschwunden. Der Blick ins Umland ist frei. Überflüssigerweise waren Bäume und Sträucher gestutzt worden, wobei die Ausführenden offensichtlich den Unterschied zwischen Beschneiden und Abschneiden nicht kannten.

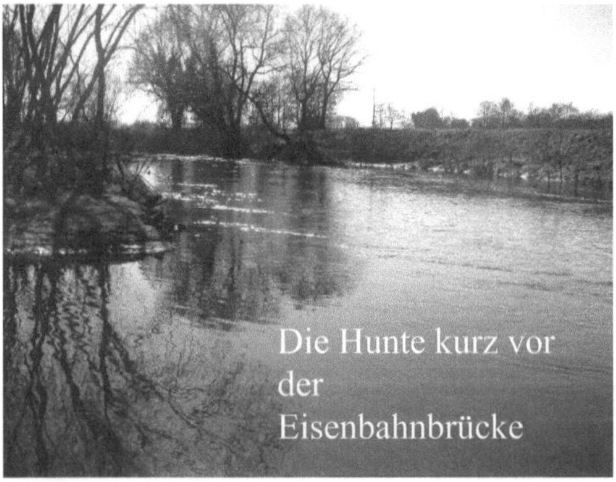
Die Hunte kurz vor der Eisenbahnbrücke

Flott trägt uns die Hunte. Das Wetter: eher mäßig, doch scheint zwischen den Hagelschauern die Sonne. Wir nähern uns der Autobahnbrücke. In imposanten Schleifen windet sich die Hunte nun. Erst jetzt, bei Hochwasser, wird spürbar, wie oft man beinahe im Kreis fährt. Die Felder sind überflutet, doch Stacheldraht lässt keine Abkürzung zu. Wozu auch! Immer wieder gestattet der Wasserstand Blicke ins Altwasser. Steile Hänge linker Hand, mächtige Strudel unter dem Boot, paddeln wir dahin. Links drängt die Aue hinzu, ein großer See, die berüchtigte Bullenweide steht fast ganz unter Wasser. Wir passieren Glane. Steinzeitmenschen schufen hier riesige Grabstätten. Wir nähern uns Dötlingen. Links wieder ein Altwasser. Von rechts bringt der Dorfbach wenig Zuwasser. Ist

auch nicht nötig. Die Dötlinger Alm taucht auf. Wir fahren vorbei. Nichts zu sehen von den roten, blauen, gelben und weißen Steinen, denen im Sommer Paddler vergeblich auszuweichen versuchen. Bald kommt Ölmühle, ein ehemaliges Stauwehr, in Sicht. Das Knurren der Mägen ist auch nicht mehr zu überhören. Christel und Hermann müssen sowieso mal raus. Also Pause.
Nur Sybille und Günther sind zu faul zum Pausieren und warten stromab. Nach gelungener Stärkung geht's weiter. Uwe versucht, die alten Schützentore quer zu durchfahren und bemerkt gerade noch rechtzeitig, dass sein Boot dafür zu lang ist. Westrittrum naht. Die Bäke ist randvoll, und Volker macht einen kurzen Abstecher, hat uns jedoch bald wieder eingeholt. Überflüssigerweise reißt meine Steuerung. Ich hole sie ein und fahre mit Flosse weiter (Vorteile eines Eskimokajaks vom Typ Habel). Das Wehr Schohusen ist nur an der alten Wehrmauer zu erkennen, das Kehrwasser danach ist aber gewaltig. Huntlosen wird diesmal ohne Glas-Bier-Pause passiert. Immer wieder ein Blick rundum. Wie weit man gucken kann!.. Und plötzlich („so stinkelinkpief" würde Heinz Erhard sagen) läuft rechts Wasser weg. Nicht alles, aber erkennbar viel. Die Hunte fließt nicht nur da, wo sie fließen sollte (wenn das das Wasserwirtschaftsamt wüsste). Ich denke mir, wo Wasser reinläuft, muss es irgendwo auch wieder hinauslaufen und sage den anderen (Sylke, Alexander, Volker und Harry), „wir fahren mal gucken". Der Uwe hat die Kurve nicht mehr gekriegt und muss fortan alleine fahren. Der Rest der Gruppe ist schon voraus. Wir fünf, biegen also einfach rechts ab, sehen eine alte Mauer, halten uns links und befinden uns in einem alten, schon vor vielen Jahren abgestochenen Arm der Hunte. Nach kurzer Beratung fahren wir einfach weiter. Der Arm ist zirka 20 Meter breit, die Strömung ist erstaunlich.

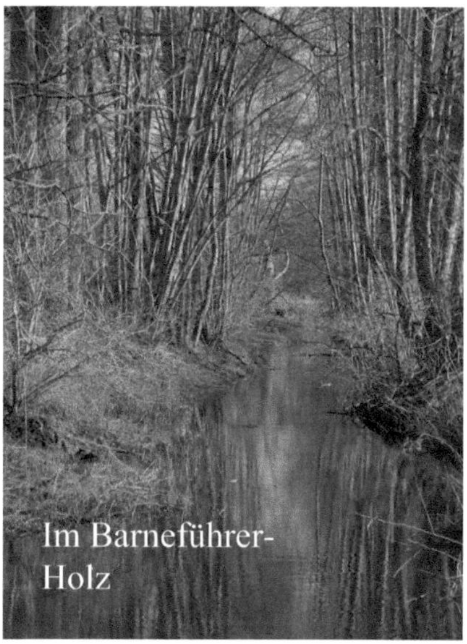
Im Barneführer-Holz

Was wir sehen, ist wirklich eines Paddlers Traum. Wald, links Bäume, rechts Bäume und mittendrin die Hunte, und wir natürlich. Wir bewegen uns leise vorwärts, um schnäbelnde Vogelpaare nicht zu stören. Ich ärgere mich, weil ich meine Kamera nicht dabei habe. So wird dieses wahrscheinlich einmalige Erlebnis ohne fotografischen Beleg bleiben. Der erste umgestürzte Baum versperrt den Weg. Wir tragen um, staunen uns paddelnderweise voran. Meine Stimmung ist beinahe ehrfürchtig. Wenn jetzt noch die Sonne durchkommt, denke ich, und da ist sie auch schon.

Das Licht fällt fast unwirklich durch die Bäume. Die alte Hunte windet sich weiter, jetzt scheint der ganze Wald unter Wasser zu stehen. Wir haben Mühe, den Flusslauf zu finden. Ich würde am liebsten laut singen. Ich lasse es, mit Rücksicht auf die Anderen. Der Altarm tritt jetzt aus dem Wald heraus, rechts überflutete Wiesen, stacheldrahtumsäumt. Weiter. Es ist kaum noch zu erkennen, wo Fluss und Wiese ist. Der Stacheldraht weist uns den Weg. Über eine Wiese, die so gerade eben noch überflutet ist, finden wir den Weg in einen weiteren Altarm. Dieser weitet sich seenartig. Ein Spazierdamm versperrt uns den Weg. Wir tragen um und folgen der unverminderten Strömung. Mitten durch ein Waldgebiet führt uns der Fluss. Sylke und Harry fahren Slalom. Wieder verbreitert sich das Gewässer, fließt über eine Wiese, um wehrartig in einem anderen Arm zu enden. Die Eisenbahnlinie kommt in Sicht und wir beginnen wieder zu ahnen, wo wir sind. Ein kurzes Stück paddeln wir an ihr entlang. Plötzlich verschwindet die alte Hunte glucksend in einer Röhre. Ein Damm versperrt uns den Weg. Ein Entenpaar fliegt kurz auf und bleibt dann staunend sitzen, als wollte es sagen: „Ihr hier, habt ihr euch nicht verfahren?"
Wir tragen um und kommen in einen herrlich verwachsenen Teil. Kein Wasserwirtschaftler hat hier je gewütet. Schließlich gelangen wir zu einer Unterführung, unterqueren die Bahn und wissen endlich wieder, wo wir sind. Wir müssen noch etwa 300 Meter umtragen und gelangen so wieder am Ende des Barneführer Holzes zur eigentlichen Hunte. Die Stimmung ist natürlich riesig. Tausend Flusspunkte für jeden! In Astrup beschließen wir aufzuhören. Genug erlebt. Im Bootshaus angekommen, fragt der nicht mitgepaddelte Rest, wie es denn war. Erzähl doch mal. Diesmal war alles anders, beginne ich!

Noch eine Rubbeltour

von Friedhelm Danert / Vöhrum

Voriges Jahr war ich der „Rubbel-Lehrling". Da ich dieses Mal die Rubbeltour ausrichten sollte, war das wohl so eine Art Gesellenstück. Jedenfalls meinte Rubbelmeister Bernd: „1993 bist du dran. Such eine Tour aus. So zirka 110 Kilometer von Freitagmittag bis Sonntagmittag, mit Zelt, Kocher usw.; Start Anfang April bei euch am Bootshaus, am besten ein Rundkurs". Das war so etwas wie eine Prüfungsaufgabe. Also ran: Start am Bootshaus der Kanu-Gemeinschaft Peine am Mittellandkanal, Richtung Westen. Dann weiter über

Zweigkanal Hildesheim, Bruchgraben, Innerste, Leine, Zweigkanal Linden und wieder auf dem Mittellandkanal nach Peine. Das müsste zu schaffen sein.
Heiko wollte auch mitkommen, Frank überlegte es sich – und blieb dann doch zu Hause.
Nachdem Doris uns ein Mittagessen spendiert hatte, machten wir die Boote klar. Und dann gingen rund 160 Lebensjahre aufs Wasser. (Ich wollte es auch in Kilogramm ausrechnen, aber die Sportfreunde haben mir ihr Gewicht nicht verraten. Außerdem – so meinten sie – würden wir am Ende der Tour auch weniger wiegen.) Der Schiffsverkehr war mäßig – nach meiner Ansicht. Bernd und Heiko sahen das anders. Am Ems-Jade-Kanal ist eben weniger los.
An der Schleuse Bolzum mussten wir in den Zweigkanal Hildesheim. Heiko gab sich redlich Mühe, Bernd die Funktion der Ausgleichsbecken links und rechts der Schleuse zu erklären. Am Ende schien es, als hätte er es verstanden. Kanalfahrten können auch schön sein, wenn die Landschaft stimmt. Und hier war es so. Nun musste ich beweisen, dass ich die Umtragestelle zum Bruchgraben auf Anhieb fand. Ich war ganz gut, aber der Rubbelmeister Bernd meinte: „Na ja, zwei Meter daneben."
Der Wasserstand im Bruchgraben war mäßig. Wir mogelten uns, so gut wie es ging, durch. Ab der Autobahnbrücke klappte es besser, allerdings spürten wir bereits den Stau des Innerste-Wehres in Sarstedt. Es war 19 Uhr, als wir das Vereinsgelände des FSV Sarstedt erreichten. Nach sechs Stunden Fahrtzeit und 33 Kilometern wollten Heiko und ich schnell das Zelt aufbauen, aber Bernd drehte erst eine Runde um das Bootshaus. Es war jemand dort, und es war warm im Clubraum. Die Sarstedter ließen uns im Clubraum übernachten. Es dauerte, bis sie verstanden, welch verrückte Tour wir unternahmen. Aber als sie sahen, was wir alles in den Booten verstaut hatten, glaubten sie uns endlich.
Heiko ist ein großer Heizer vor dem Herrn. Daher war es beim Frühstück gemütlich warm. Wir konnten unsere Sachen trocken einpacken. Die frischen Brötchen des FSV-Jugendwartes kamen zu spät. Um 7.30 Uhr brachten wir die Boote zu Wasser und in den Nebel. Da ich die Strecke kannte, konnten wir auch im Nebel gut umtragen. Die Stufe an den Sarstedter Sportplätzen war gut fahrbar, die Leine bald erreicht. Bislang waren wir von der Strömung nicht gerade verwöhnt worden; umso eifriger paddelten wir jetzt. Die Bootshäuser in Laatzen und Hannover kamen in Sicht. „Kann man das Wehr in Döhren fahren?" fragte Bernd. „Ja, aber nur einmal im Leben." Brav trugen wir unsere Boote um und stellten wieder einmal fest, dass bei Gepäckfahrten eine Dreiergruppe ideal ist. Beim Hannoverschen Kanu-Club setzten wir wieder aus und karrten die Boote mit den mitgeführten Bootswagen zum „Schnellen Graben". Kultur liegt bei einer Rubbeltour nicht drin, und so ließen wir Hannover rechts liegen. Vorbei am Niedersachsenstadion und am Ihme-Zentrum erreichten wir den Kanu-Club Limmer. Es stellte sich die Frage: Wollten wir auf der Leine weiter? Dann müss-

ten wir zweimal umtragen, hätten aber auf gut 15 Kilometern eine Fließstrecke. Oder wollten wir in den Zweigkanal Linden umsetzen? Dann brauchten wir nur einmal die Boote zu schleppen, paddelten aber auf strömungslosem Wasser. Mich, den Lehrling, haben sie nicht gefragt. Ganz demokratisch bestimmten sie, die Kanalstrecke zu fahren. An der Schleuse machten wir die verdiente Mittagspause. Am Landes-Leistungszentrum des Landes Kanu-Verbandes Niedersachsen sahen wir den Rennsportlern beim Training zu. Wie viele Stunden die wohl im Boot sitzen?
Vom Zweigkanal Linden aus konnten wir den starken Schiffsverkehr auf dem Mittellandkanal beobachten. Darauf wollten wir noch 25 Kilometer paddeln, und es war schon halb zwei. Trotzdem stiegen wir am Bootshaus des Paddel-Club Stöcken aus. Wir hatten auf Frank gehofft, damit er uns mit Kaffee (oder Herrenhäuser Pils) verwöhne. Aber wir fanden nur ein abgeschlossenes Bootshausgelände vor. In unserer Not tranken wir jeder ein Weizenbier, das unser Rubbelmeister spendierte. Auf den nächsten Kilometern hatten wir alle unseren Durchhänger: „Ich möchte jetzt schlafen", sagte der eine. „Hast du noch Lust?", fragte der andere; der dritte schwieg. Bei der Kanu-Gemeinschaft List war Betrieb, aber wir wollten und mussten noch weiter. Bei Kilometer 175 lag die Hindenburg-Schleuse Anderten vor uns: 15 Meter Höhenunterschied waren zu überwinden. Mit dem Bootswagen würde das eine wüste Karrerei sein. Ob wir in unseren Booten geschleust würden, war fraglich. Also fragte ich den Schiffsführer vom Binnenschiff „Katja", ob er uns als Deckslast mitnehmen würde. Es klappte, auch wenn der Bordhund über unseren Besuch nicht besonders erfreut war. Es war schon 19 Uhr, als wir aus der Schleuse fuhren. Der Schleusenwärter hatte unsere Frage nach einem Zeltplatz wohl nicht richtig verstanden. Jedenfalls waren dort hohe Spundwände, wo wir nach seiner Vorstellung aussteigen sollten. Also paddelten wir weiter. Um 19.30 Uhr, zwölf Stunden nach unserem Start in Sarstedt, nach fünf Umtragestellen und nach mehr als 60 Kilometern, fanden wir eine Zeltmöglichkeit. Der Platz war gut, überraschend ruhig – und unser Wasservorrat war knapp. Also wurde nur etwas Tee zubereitet.
Nach einer klaren kalten Nacht rappelte der Wecker kurz nach sechs. Wie wollten mittags wieder in Peine sein. Das restliche Wasser wurde in heißen Kaffee verwandelt. Die Körperpflege würden wir bei Danerts nachholen. Die Zelte wurden nass eingepackt; um acht Uhr schwammen alle Boote. Die Kanalstrecke bis Sehnde war landschaftlich schön, der Schiffsverkehr gering. Vor Sehnde sahen wir, wie Rehe gemsengleich die Halde des Kalibergwerkes erklommen. Von Haimar aus kündigte ich Doris unsere Ankunft für 12.30 Uhr an. So früh hatte sie mit uns nicht gerechnet.
Am Ziel bei der Kann-Gemeinschaft Peine meinte Bernd, das hätte ich prima hinbekommen mit der Strecke von 120 Kilometern, den Übernachtungsstellen

und dem regenfreien Wetter. Aber ob ich nun „Rubbelgeselle“ war, hat er nicht gesagt.

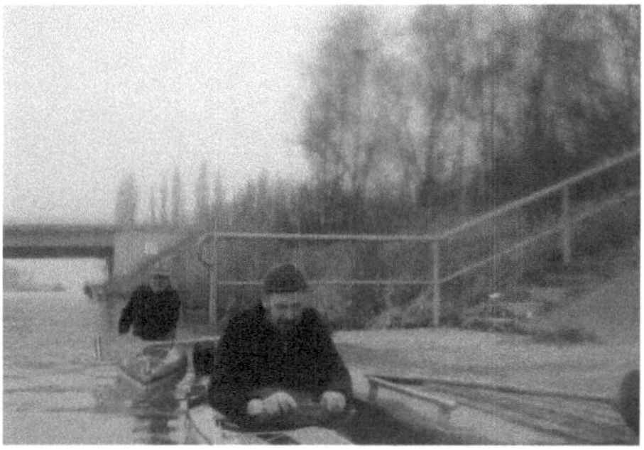

Start bei der Kanugemeinschaft Peine

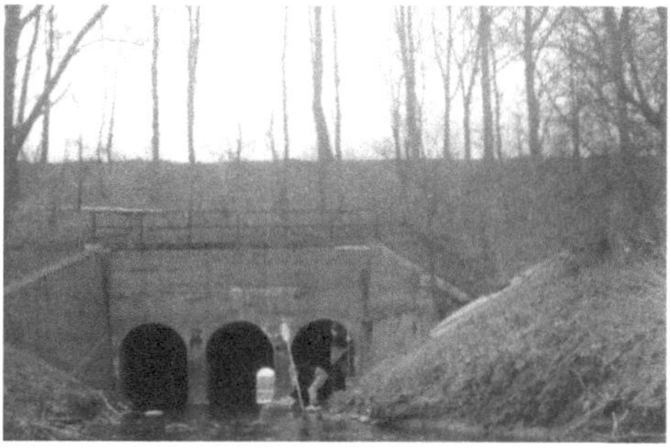

Vom Zweigkanal in den Bruchgraben

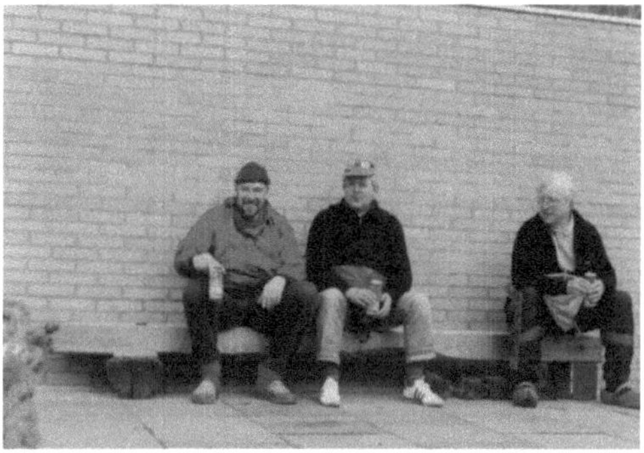

Die müden Paddler beim PC Stöcken

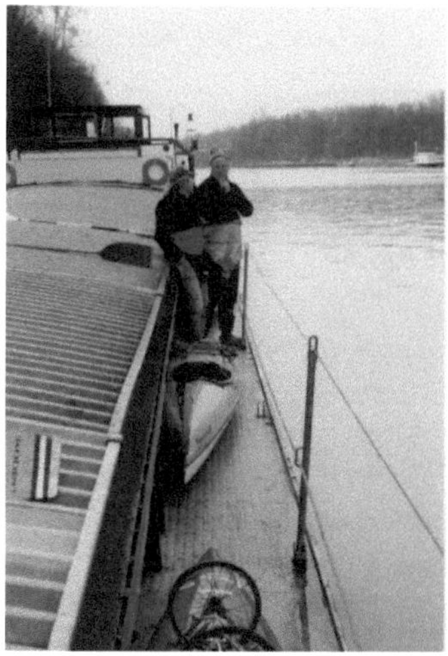

Schleuse Anderten

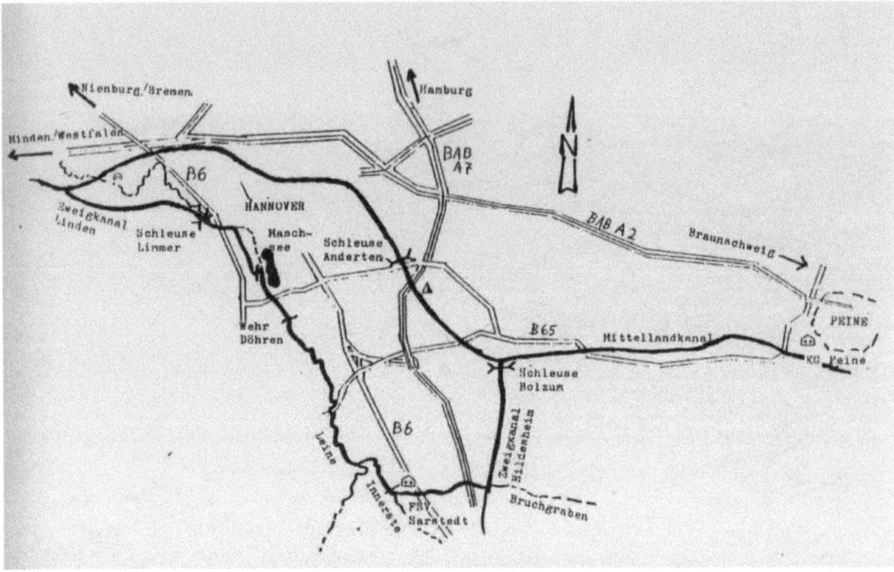

Paddelroute

Der Jakobsweg der Kanuten

„Rubbeltouren"

Rubbeltouren sind ein Härtetest mit Gleichgesinnten. Fast zu vergleichen mit dem Jakobsweg, dem Pilgerweg zum Grab des Apostels.

Diese langen, von Ausdauer geprägten Touren sind entstanden im Rahmen der Erarbeitung des Deutschen Fluss- und Zeltwanderbuchs, das der Deutsche Kanu-Verband heraus gibt. Der DKV, so die Kurzform, hatte Gewässerpaten gesucht, auch für das Gebiet zwischen Weser und Ems. Diese Aufgabe hat dann der Wilhelmshavener Kanu-Klub übernommen. Unsere Touren zwecks testens mit der Befahrbarkeit der Flüsse und Seen begann im Jahre 1970. Hierbei ist der Begriff „Rubbeltour" entstanden.

Bei meinen Rubbeltouren ist der Apostel jahrelang mein Heimatverein, der WKK, gewesen. Den galt es zu erreichen. Unser Start war oft in Greetsiel. Die erste Übernachtung erfolgte nach 40 Kilometern in Rahe. Am zweiten Tag wurde nach dreimaligem Umtragen und 45 Kilometern Wilhelmshaven erreicht.

Nach Schaffung des Störtebeker-Kanals von Leybuchtsiel nach Greetsiel, wurden die Fahrten ab Norden verlängert. So heißt jetzt die Route: Norden – Emden (45 Kilometer), Emden – Wiesens (35 Kilometer), Wiesens – Wilhelmshaven (35 Kilometer).
Aus meiner Feder ist daraus die Friesentour entstanden, eine Paddelfahrt von Ostfriesland nach Friesland. Limit sind 111 Kilometer. Als Startort oder Ziel müssen die Vereine WSV Norden und WKK Wilhelmshaven eingebunden werden.
Damit es nicht zu langweilig wurde, wechselten Zielorte und Fahrtenleiter.
Hier nun die Ergänzung aus meiner Sicht zu Friedhelm Danerts Bericht: „Noch ne Rubbeltour".
Vom 2. bis zum 4. April 1993 wollen wir die Rubbeltour wagen. Mir war bewusst, dass diese Tour wieder an meine Leistungsgrenze gehen würde. Friedhelm würde uns schon zeigen, dass man imstande ist, die Strecke mit bepacktem Boot eigentlich in nur zweieinhalb Tagen zu bewältigen. Morgens um 8 Uhr bin ich in Wilhelmshaven per Pkw gestartet. Zuerst nach Oldenburg, um meinen Mitstreiter Heiko abzuholen. Gepäck einladen und das Boot auf dem Dach befestigen und ab ging die Reise nach Peine. Auch wenn Heiko und ich uns viel zu erzählen hatten, war die Fahrt dorthin schon purer Stress. Autobahnstau kurz vor dem Hannoverschen Kreuz Richtung Berlin. Runter von der BAB und über Landstraßen mit mehrfachen „Stopp und Go" in Richtung Vöhrum, dem Wohnort von Friedhelm. Das hat uns Zeit gekostet. Wir gerieten zeitlich in Verzug. Heiko hatte sein neu erworbenes Handy dabei, so dass wir unsere Verspätung hätten durchgeben könnten, leider hatte er seine Pin-Nummer vergessen. Gern hätten wir – zehn Kilometer vor der Haustür – Friedhelm hereingelegt und eine 2stündige Verspätung angekündigt. Der Spaß blieb bei uns. Zu spät sind wir trotzdem angekommen. Die Standpauke war nicht von schlechten Eltern, Friedhelm ist schließlich Lehrer. Das ging ja gut los. Mit roten Ohren saß ich am Mittagstisch, schaufelte Doris leckere Suppe in mich hinein. Gedanklich war ich nicht bei der Sache. Auf was hatte ich mich da eingelassen?
Beim Start musste ich mich schon beeilen. Schnell die Spritzdecke zu und ablegen, denn es nahte ein großes Binnenschiff. Wir waren auf einer stark befahrenen Wasserstraße. Meine ganze Konzentration galt nun den Wellen, die nicht nur, wie üblich, an uns vorbeizogen, sondern durch die Spundwände als Kabbelwellen auch wieder zurückkamen.
Nun hieß es zunächst 18 Kilometer bis zum Zweigkanal nach Hildesheim zurückzulegen. Zu Anfang waren meine Arme schwer. Es dauerte eine ganze Weile, bis ich meinen Rhythmus gefunden hatte. Bei einem Kraftwerk ragten rechts und links des Kanals die Spundwände meterhoch aus dem Wasser. „Mensch Bernd, fall hier bloß nicht ins Wasser! Hier ertrinkst du! Wie willst du hier herauskommen?" Ich gab Gas. Von vorne kam ein großes Schiff! Hinter mir auch

eins, das ich aber durch meinen erhöhten Paddelschlag kurz auf Distanz halten konnte. Ich wollte aus dem Bereich der Spundwände heraus. Meine pure Angst, Bekanntschaft mit dem Wasser zu machen, setzte ungeheure Kräfte frei. Verflucht habe ich in diesem Moment den Kanal! Es ist ein fürchterliches „Rumeiern“, wenn man ein schlankes Kajak ohne Steuer fährt. Die Zurufe meiner Mitstreiter ignorierte ich einfach, die konnten mich mal! Warum ich das gemacht habe, habe ich für mich behalten. Sie sollten von meiner Unsicherheit und meinem „Noch-Wackelgefühl“ zu dieser frühen Jahreszeit nichts merken.
Nach gut drei Stunden Fahrtzeit kam unser Zweigkanal nach Hildesheim mit der Schleuse Bolzum in Sicht. Nun hieß es umtragen. Heiko erklärte mir die Funktion der Schleuse mit ihren Ausgleichbecken. Mich interessierte das überhaupt nicht. Ich war jetzt schon richtig kaputt. Seine Erklärung in Ehren, aber der Schleusenwärter konnte das besser. Das habe ich mir dann doch angehört und auch begriffen. „Du brauchst gar nicht so zu grinsen“, so Heiko. „Meinst du mich?“ „Du junger Schnösel hast überhaupt keinen Respekt vor einem älteren Herrn!“ „Brauche ich auch nicht“, antwortete ich, „Kanusportler sind gleichgestellt und alle per Du, da spielt das Alter keine Rolle!“
„Los, in die Boote!“ Die mahnenden Worte des Fahrtenleiters trieben zur Eile an. Vor uns lagen noch 14 Kilometer und bis zum FSV Sarstedt wollen wir noch vor der Dunkelheit kommen. Wortlos rubbelten wir die nächsten Kilometer herunter. Der innere Schweinehund meldete sich bei mir und drängte zum Aufhören. Ich biss die Zähne zusammen und quälte mich vorwärts. Zum Fachsimpeln war mir gar nicht zumute. Die Anderen merkten überhaupt nicht, dass ich als Jüngster - Friedhelm ist 42 Tage älter als ich - schon so fertig war. Das Umtragen in den Bruchgraben war eine Quälerei ohne Ende. Raus über eine Steinböschung und runter in ein Rinnsal, was sich Bruchgraben nennt. Von hier waren es noch gut sechs Kilometer, die es aber in sich hatten. Der Bach war für mich und mein Boot nicht tief genug. Nach ein paar Metern lief ich auf Grund. An Paddeln war überhaupt nicht zu denken, es war mehr ein Staken. Die Ärmel hochgekrempelt und mit beiden Armen ins Wasser. Mit den Händen wurde das Boot vom Grund hochgedrückt und in der Vorwärtsbewegung von der Untiefe befreit. Und das nicht nur einmal!
„Du bist ein Menschenschinder, ein Schinderhannes und Schinderfriedhelm. So etwas mutest du deinen besten Freunden zu!“ warf ich unserem Fahrtenleiter vor. „Nun stell dich nicht so an und komm her, es wird gleich tiefer,“ lautete seine Antwort. Er hatte Recht, aber erst nach knapp zwei Stunden hatten wir das Bootshaus erreicht.
Das Tor zum Vereinsgelände war abgeschlossen. Wer erwartete uns denn auch zu dieser späten Zeit? Clever ist Heiko schon, das muss man ihm lassen. Er konnte das Tor an der Scharnierseite einfach aushängen und klappte es zur

Schloss-Seite einfach um. „Für einen Ingenieur ist nichts zu, schweur“, antwortete er und hatte die Lacher auf seine Seite.
Der Herr Lehrer und der Herr Ingenieur sind kluge und auch schnelle Leute, dagegen hat es ein einfacher Handwerksmeister ganz schön schwer. Es lag aber mehr daran, dass ich in dieser Zusammensetzung immer der Jüngste war und es auch bleiben werde. Einen müssen sie ja haben, den sie knechten können. Sie zogen ihre Boote an Land und bauten ihr gemeinsames Zelt auf. Ein innerer Trieb ließ mich ums Bootshaus gehen. Und siehe da, es war offen und junge Kanuten hielten Klönschnack. Da hätte ich meinen Triumph richtig auskosten können, aber leider hatte ich einen für mich unverzeihlichen Fehler gemacht. Sie hätten ihr Zelt richtig aufbauen und einräumen müssen und dann hätte ich erst sagen dürfen: „Wir dürfen auch im Bootshaus schlafen!“ Die beiden im nasskalten Zelt, und ich am warmen Ofen! Es wäre zu schön gewesen!
Die Stufe auf der Innersten durfte ich zuerst fahren. Im Nebel konnten die Anderen nicht erkennen, dass ich vorsichtshalber meine Spritzdecke höher gezogen hatte. „Hier könnt ihr so runter fahren“, rief ich ihnen zu, „keine Probleme!“ Ich kostete das richtig aus, wenn ich jemanden ein bisschen reinlegen konnte. Sie hatten ihre Spritzdecken nicht höher gezogen und den Schwall so richtig vor die Brust bekommen. Die mir zugedachten Schimpfwörter gingen ins rechte Ohr rein und ins linke wieder raus. So war das eben, ich war doch nicht eure Mamsell!
Endlich wieder Fließgewässer. Die Stimmung war an diesem frühen Morgen ausgesprochen gut. Heiko und ich ahnten noch nicht, was noch auf uns zukam „Dies ist eine Rubbeltour und keine Kaffeefahrt“. Diese mahnenden Worte bekamen wir noch oft zu hören. Irgendwie musste sich ja unser Fahrtenleiter durchsetzen, wozu war er denn sonst zu gebrauchen? Aber mit unserem Nörgeln musste er auch zurechtkommen. Durch die unbefahrbaren Wehre auf der Leine bis zur Schleuse Linden am Zweigkanal hatten wir hauptsächlich durch das Umtragen lange Arme bekommen. Nach der ausgiebigen Mittagspause ging es mir ein bisschen besser. Auch wenn mir die Arme wehtaten, hatten wir unser Etappenziel noch lange nicht erreicht. Die Gespräche wurden immer weniger, ein jeder hatte jetzt schon mit seinem inneren Schweinehund zu kämpfen. Und dann waren wir wieder auf meinem geliebten Mittelland-Kanal. Im Stillen hoffte ich darauf, dass beim PC Stöcken Frank erscheinen und uns bis zur Dunkelheit aufhalten würde. Dann hätten wir den Kanal nicht mehr befahren dürfen. Es kam anders als ich dachte. Beim Kanuclub in Stöcken war kein Frank zu sehen, kein Kaffee, kein Kuchen, keine Toilette. Das Bier nahmen wir aus unserer eigenen Vorratskammer. Die leeren Dosen stellten wir zur Strafe auf die Eingangstürklinke.
Nun hieß es wieder einsteigen in die Boote. Bis zur Schleuse Anderten waren es noch gut 20 Kilometer. Der Geist war willig, aber das Fleisch war schwach. Ich

ärgerte mich immer noch, dass Frank nicht gekommen war. Großes Ehrenwort und nun das! Alles tat mir weh. Zum Glück hielt mein Mors durch, sitzen konnte ich noch. Aber die Schulterblätter, die Bewegungen der Arme, das Eintauchen der Paddelblätter, alles lief im Unterbewusstsein ab. Der Druck zum schnelleren Vorwärtskommen fehlte. Ich fuhr wirklich schon auf Reserve. Wenn mich einer ansprach, bekam er keine Antwort mehr. Ab und alle, wie auf dem Jakobsweg. Warum machte ich das eigentlich? Musste ich etwas beweisen? Immer wieder schwort ich mir: das ist aber das letzte Mal! Im Moment war mir alles scheißegal. Die Schleuse kam in Sicht, ein letztes Aufbäumen. Ich kaute auf den Felgen. Ich fuhr mit letzter Kraft auf dem Zahnfleisch. Hoffentlich beobachtete mich keiner beim Aussteigen. Alter Mann!
Ein Hamburger Frachtschiff nahm uns mit durch die Schleuse Anderten. Hier konnte ich mich ein bisschen wieder erholen. Als kleines Dankeschön drückte Heiko dem Kapitän 10 D-Mark in die Hand, die er aber erst nicht nehmen wollte. „Nun nimm man“, sagt Heiko, - „bruukst din Olschke ja da nix van seggen!“ „Was hat er gesagt?“ ruft seine Frau zurück, die vorne am Bug stand und das Befestigungsseil in ihren Händen hielt. „Ist all in Rieg!“, erwiderte er. Wir konnten uns ein Grinsen nicht verkneifen.
Noch einmal in die Boote. Zeltplatz suchen, Zeltaufbau. Gute Nacht und schlaft schön. Die BAB von Hannover nach Kassel war nur gut ein Kilometer von uns entfernt. Ich vernahm nichts mehr, ich wollte nur schlafen, schlafen, schlafen. Und? Wie ein Murmeltier!
Am nächsten Tag waren wir wieder früh auf dem Wasser. Nur noch ein Muss nach Peine. Die Tour der Leiden. Dem Fahrtenleiter ein fröhliches Lächeln gezeigt, aber dabei gedacht: „Du kannst mich mal nach Götz von Berlichingen!“
Zur Mittagszeit war der Spuk vorbei. Nach ausgiebigem Duschen und einer leckeren Brotzeit war es mir, als wäre nichts gewesen.
Nach Hause sind wir gut gekommen, wir hatten nicht einmal einen Stau.

Die Elbe

Vom 3.8. – 12. 8. 1994

Der Fall der Mauer, die Wiedervereinigung Deutschlands, der Jubelschrei geht auch durch die Reihen vieler Kanuten. Viele Flüsse und Seen, die wir früher nur vom Hörensagen kannten, durften wir nun erkunden und mit unseren Kajaks befahren. So haben wir die neue Freiheit gleich ausprobiert und entdeckten den Spreewald, die Mecklenburgischen Seen, Müritz-Elde, Saale und Unstrut. Wir

waren begeistert von der Natur mit ihren vielen neuen Gesichtern. Kraniche kannte ich bislang nur aus dem Zoo, und der Schatten des Seeadlers flößte mir einen gehörigen Respekt ein. Kuckuck und Nachtigallen zu Hauf! Vögel, die wir noch nie gesehen hatten. Nun wollten wir auch zur Elbe.
Im Gewässerführer für Ostdeutschland (Herausgeber Deutscher Kanu-Verband) schreibt der Verfasser, dass die Elbe ein reiner Wanderfluss sei. Bei guter und mäßiger Strömung sei sie ohne Schwierigkeiten zu befahren. Ab der tschechischen Grenze bis zur Mündung bei Cuxhaven gebe es auf 727 Kilometer nur ein einziges Hindernis, die Staustufe Geesthacht. Die Elbe ist damit der längste, hindernisfrei zu befahrene Strom Mitteleuropas.
So starteten wir, Christel, Heiko, Janette und ich Anfang August, im Jahre 1994, nach Schmilka an der tschechischen Grenze. Der Wettergott meinte es gut mit uns. Im Auto, ohne Klimaanlage, war es kaum auszuhalten. Die Außentemperatur schwankte zwischen 35° und 40° Celsius. Wie warm mag es wohl im Auto gewesen sein? Pfunde abkochen ohne sich zu bewegen! Dazu kam auch noch, dass wir uns in der Stadt Halle verfahren hatten. Die Straßenverhältnisse und die Beschilderungen waren noch nicht auf dem neuesten Stand. Ein Lkw-Fahrer half uns aus dem Schlamassel, aber auch erst nach einer zusätzlichen Stadtrundfahrt. Ab Dresden führte uns das Richtungsschild „Bastei“. Als Orgelbauer kannte ich eine Bastei. Darum hielt ich rechtzeitig schon Ausschau nach einem hohen Kirchturm. Man hat mich aufgeklärt. Nun, ob ich darüber lachen sollte, mag ich immer noch nicht sagen. Wer gibt schon gerne freiwillig seine kleinen Fehler zu. Der Zeltplatz in Schmilka war überfüllt und so fanden wir Platz für unsere Zelte bei einem Wassersportverein in Postelwitz. Hier haben wir uns erst einmal von den Reisestrapazen erholt.
Wir wanderten durch die Bastei zum Amselgrund mit der Felsenbühne, betrachteten die 77 Meter lange Basteibrücke und die alte Mühle. Wir sahen Bergsteigern beim Klettern zu und von der Felskanzel hatten wir einen herrlichen Blick auf die Elbe. Lieblich zeigte sich die Landschaft der Sächsischen Schweiz, einem Landschaftsschutzgebiet im Elbsandsteingebirge. Eingebettet die Bastei – meine Kirche als Felsformation ohne Orgel, aber ein Aufenthaltsgenuss unter freiem Himmel. Viel zu schön, um hier einfach so durchzufahren.
Wir besuchten die Festung Königstein und erkundeten Bad Schandau.
Wir starteten am 3. August morgens in Postelwitz; unser Tagesziel war Dresden. Es war immer noch sehr warm, aber auch ein bisschen drückend. Die Elbe hatte sehr wenig Wasser und somit herrschte auch wenig Schiffsverkehr. Wir ließen uns treiben, um die herrlichen Felsformationen des Elbsandsteingebirges betrachten zu können - immer auch ein Auge auf Bojen, Stangen und Tonnen, die die Fahrrinne markierten. Wir trieben an Bad Schandau vorbei und erkannten die freistehende Eisenkonstruktion mit dem Personenaufzug zum Oberland.

Wir passierten die Festung Königstein und trafen auf die erste so genannte Gierfähre im Kurort Rathen. Diese Fähren sind eine Besonderheit auf der Elbe. Davor habe ich einen Heidenrespekt. Sie werden durch die Strömung angetrieben und sind an einem sehr langen Stahlseil verankert. Das gut 100 Meter lange Seil ist durch gelbe Bojen gekennzeichnet und darf auf keinen Fall überfahren werden. Man musste schon genau Ausschau halten, auf welcher Seite sich die Fähre jeweils befand. Wo war meine freie Durchfahrseite? Berufsschifffahrt und Fähren hatten immer Vorfahrt. Wenn ich in der Durchfahrtsrinne kurz vor der Fähre war, hatte ich Vorfahrt! Das war nicht immer der Fall. Wir hatten so manchen Disput mit dem Fährmann.

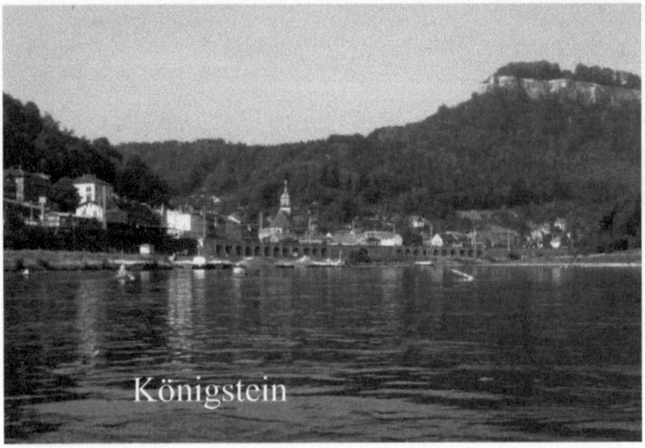

Königstein

Gemächlich ging unsere Fahrt voran. Ein Raddampfer mit fröhlich winkenden Menschen kam uns entgegen. Uns grüßte der Mönch und nun 194 Meter über uns die Felskanzel der Bastei, von der wir den herrlichen Blick auf die Elbe hatten.

Seilfähre Wehlen, Seilfähre Birkwitz - gut, dass die Elbe so wenig Wasser führte. Am Schloss Pillnitz ließen wir uns vorbei treiben, die vielen Besucher störten uns nur. Diesen Besuch würden wir nachholen, versprochen.

Hinter dem Elbsandsteingebirge weitete sich das Tal. Hinter Pirna wurde unser Fluss ruhiger, die Höhenzüge wichen zurück. Wir paddelten auf Dresden zu. Das Bootshaus rechts vor der Brücke „Blaues Wunder“ lud uns zum Bleiben ein. Zum ersten Mal sah ich Drachenboote, die ich sonst nur aus Filmen kannte. Das dumpfe Trommeln zur Paddeltaktangabe überschallte sogar für ein paar Minuten den Straßenlärm. Wir blieben hier zwei Tage, fuhren per Straßenbahn in die Innenstadt und eroberten die Stadt zu Fuß. Aber auch eine Stadt-

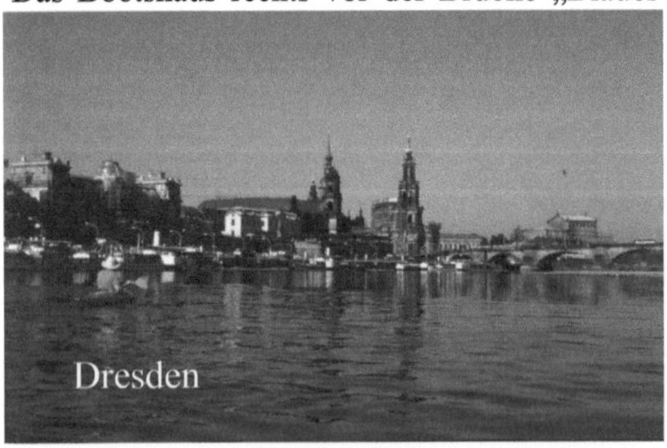

Dresden

rundfahrt, nicht gerade preiswert, zeigte uns, dass nicht nur die Natur, sondern auch der Mensch Eindruckvolles schaffen kann.
Wir schlenderten durch die Innenstadt. Semper-Oper, Zwinger, die berühmte im Wiederaufbau befindliche Frauenkirche. Die Fußgängermeile - breit angelegt. Was mögen sich die Stadtplaner zur DDR-Zeit da bei wohl gedacht haben? Am Elbufer, in Reih und Glied aufgestapelt, die historischen Steine der Frauenkirche, akribisch bezeichnet. Trotzdem ein Puzzlespiel! Hut ab, vor denen, die vorhaben, dieses Bauwerk wieder herzustellen.
Wir waren wieder auf dem Wasser, paddelten unter dem „Blauen Wunder" hindurch. Schöne Villen zierten rechts das Ufer. Noch einmal passierten wir auf dem Wasser die Altstadt. Wir bestaunten die Barockstadt, auch „Elb-Florenz" genannt. Raddampfer warteten am Ufer auf Gäste. Wir sahen die Brühlsche Terrasse, das Schloss, die Kathedrale, die Semper-Oper und ein Bruchteil von der Frauenkirche. Wir unterquerten die Eisenbahn- und Autobahnbrücke und verließen Dresden.
Von hier ging es weiter durch malerische Orte in idyllischer Hügellandschaft. Wir paddelten an Weinbergen vorbei und rochen den süßen Duft der Obstgärten. In der Sächsischen Schweiz schwört man auf den eigenen Wein. Er wird schon seit dem 13. Jahrhundert an den Elbhängen angebaut.
Die Wärme machte uns schon zur Mittagszeit zu schaffen. Wir rasteten in Radebeul. Beim dortigen Wassersportverein, einem ehemaligen Stützpunkt der Rennleistungssportler, konnten wir uns erfrischen. Im Gespräch mit anderen Kanuten erfuhren wir viel über Karl May, den berühmtesten Sohn dieses Ortes.
Noch 12 Kilometer bis Meißen - die würden wir bei dieser Hitze auch noch schaffen. Wir ließen uns wieder treiben. Unsere Regenschirme mussten jetzt als Sonnenschirme herhalten, sonst war es nicht auszuhalten. Nördlich von Radebeul erkannten wir in der Ferne Schloss Moritzburg, einst Jagdsitz Augusts des Starken.
Nachmittags erreichten wir völlig ausgelaugt Meißen. Wegen des niedrigen Wasserstandes war es eine richtige Schufterei, die bepackten Boote ans Ufer zu bringen. Beim dortigen Kanuverein schlugen wir unsere Zelte auf. Was konnte uns wohl mehr erfrischen als eine kalte Dusche? Auf dem Bootshausgelände - mitten in einem Wohngebiet haben wir unter einem an einem Baum angebrachten Wasserschlauch uns abgekühlt. Janette hatte nicht einmal einen Badeanzug mit, aber das machte nichts. Wir genossen die wohltuende Frische, fühlten uns glücklich und trällerten ein Lied: „Barfuß im Regen!"
Es gab keine Umkleideräume und keine Duschkabinen. Unsere gastgebenden Sportkameraden aber gaben sich die größte Mühe, uns den Aufenthalt so schön wie möglich zu machen. So schnell gingen Umbaumaßnahmen so kurz nach der Wende eben nicht vonstatten. Unsere Frauen waren ganz schön mutig!

„81,9 km Meißen - Dom, Albrechtsburg und Porzellanmanufaktur" - so stand es im Kanu-Gewässerführer für Ostdeutschland. Wieder gingen wir auf Entdeckungsreise. Mit dem Bus fuhren wir zur Porzellanmanufaktur. Diese Werksbesichtigung wollten wir uns nicht entgehen lassen. Meißener Porzellan! Janette und ich waren drauf und dran, uns ein kleines Andenken zu kaufen. Aber wir waren mit Booten unterwegs, wie sollten wir das transportieren? Wir schoben dieses Argument vor, eigentlich war die Frage: „Wer soll das bezahlen?"
Palatschinken stand auf der Speisekarte. Schwarzbrot mit ungarischem Schinken? Mir lief das Wasser im Mund zusammen. Christel und Janette zeigten ein Lächeln. Heiko dachte sich auch sein Teil. Nur mich ließen sie im Dunkeln. Das war ein Spaß beim Servieren! Mir „Leckermaul" hat`s gut geschmeckt! Es war nicht mein letzter Palatschinken, aber gefüllten Pfannkuchen kann ich auch zu Hause essen.
Wir besichtigten den Dom und die gleich daneben stehende spätgotische Albrechtsburg. Danach war uns nicht mehr zum Bummeln. Die Sonne brannte die letzte Energie aus unseren Körpern. Im Schatten unseres Zeltes war es angenehmer. Bei einbrechender Dämmerung hatten wir von hier auch einen herrlichen Blick auf die beleuchtete Burg und den Dom.
Am nächsten Morgen zog es uns früh auf das Wasser, um der heißen Sonne zu entfliehen. „Früh", ist allerdings ein dehnbarer Begriff. Der Abbau der Zelte und das Packen der Boote dauerte immerhin gut zwei Stunden. Darum war 9 Uhr schon sehr früh. Wir wollten heute bis Strehla kommen. Da wir alle im Einer-Kajak fuhren und Land und Leute kennen lernen wollten, hatten wir kurze Strecken gewählt. Die Entfernungen unserer Etappen betrugen zwischen 35 und 40 Kilometern. Bei einer Strömungsgeschwindigkeit von vier bis fünf Stundenkilometern und unserer Paddelleistung waren wir jeweils fünf bis sechs Stunden unterwegs. Wir konnten uns in Ruhe alles ansehen. Der wenige Schiffsverkehr störte uns kaum. Die Baken (Schiffszeichen) rechts und links am Ufer ließen erkennen, wohin das Schiff fuhr. Wir bekamen Routine. Wenn ein Schiff genau auf uns zusteuerte, brauchte man nicht gleich in Panik auszubrechen. Ein Blick zu den Zeichen und wir waren informiert.
Noch brannte die Sonne uns auf den Pelz. Auf dem Fluss gab es kaum Schatten, es sei denn, man konnte eine baumbestandene Uferkante nutzen. Nun dürfte es ruhig einmal regnen!
Nach einem Blick zurück nach Meißen sahen wir bei Zadel nochmals die Felswände der alten Steinbrücke. Kurios war das auf einer Felssäule stehende Haus. Und wieder hieß es aufpassen, die nächste Gierfähre nahte bei Kilometer 90 in der Flussmitte. An der Fähre in Nieder-Lommatsch machten wir eine ausgiebige Pause. Zum Durstlöschen bestellten wir uns jeder ein großes Alsterwasser. „Bei uns heißt es Ententeich", so der Wirt, „darf es das auch sein?" In großen Schalen

wurde die Erfrischung serviert. Wir staunten: auf dem „Ententeich“ schwamm eine kleine Plastikente. Auf was für Ideen man kommen kann!
Das Bootshaus des Kanusport-Vereins in Strehla entsprach nicht unseren Vorstellungen. Es lag zu weit vom Fluss entfernt. Außerdem hatte der Wirt um 19.30 Uhr schon Feierabend. So hätten wir die Räumlichkeiten des Bootshauses nicht mehr nutzen können.
Ein Angler half uns aus der Patsche. „Hinter der Fähre, in der Kurve, könnt ihr auch gut zelten“, erzählte er uns. „Oberhalb ist ein Schwimmbad mit Dusch- und Toilettenanlagen. Der Bademeister ist Kanuten wohlgesonnen. Darum zelten auch des Öfteren dort Paddler“. Gesagt, getan. Einen besseren Platz konnten wir gar nicht finden. Große Bäume spendeten auch ausreichend Schatten. Nach der Anmeldung beim Schwimmbade zeigte uns der Bademeister auch das Loch im Zaun, so dass wir den kürzesten Weg nutzen konnten, zum Schwimmen und zur Toilette. Das war ein Service! Das konnten wir gar nicht wieder gutmachen. Ein freier Zeltplatz in Gottes Natur. Schöneres konnten wir nicht finden.

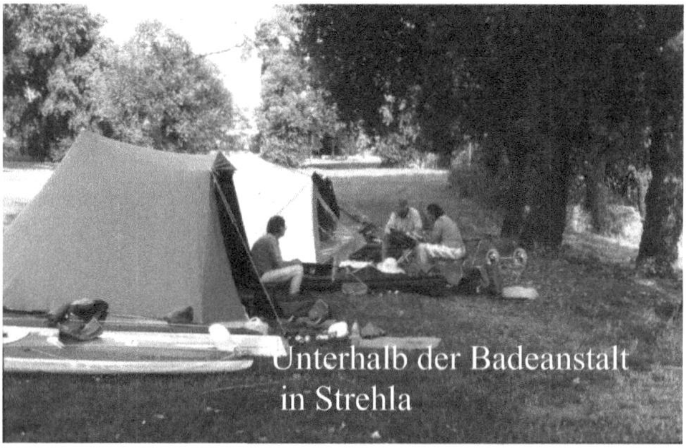
Unterhalb der Badeanstalt in Strehla

Zum Brötchenholen am nächsten Tag war ich verdonnert. Frohen Mutes machte ich mich in Holzschuhen auf den Weg. Zum ersten Bäcker ging das noch, leider hatte der Betriebsferien. Ich habe Brötchen bekommen, aber der Weg war doppelt weit. Ich war schon auf der Vermisstenliste und musste Heiko anhauchen. Warum wohl nur? Hatte er gedacht, dass ich in einem Glas-Bier-Geschäft war? Zu dieser frühen Stunde?
Heute brauchten wir kein Bootshaus abzuschließen, keinen Schlüssel zurückzubringen. Das „Dankeschön“ hatten wir gestern schon beim Bademeister gelassen.
Torgau hieß unser nächstes Ziel. Da es vom Wasser aus von der Landschaft nicht viel zu entdecken gab, paddelten wir gemächlich weiter. Aus einem alten Elbseitenarm kamen Schubschiffe, mit Kies beladen. Sie hatten Mühe, gegen den Strom und bei diesem niedrigen Wasser die Kurve auszusteuern. Wir kamen gerade so daran vorbei und begaben uns ganz schnell aus dieser Gefahrenzone. Es ging alles gut. Christel und Janette haben das gar nicht mitbekommen. Durch Heikos und meine Bummelei waren sie schon längst an diesem Nebenarm vor-

bei. Was lehrt uns das: „Bleibt bei euren Frauen, die haben ein feineres Gespür für Gefahr!

Die Sonne knallte noch immer auf uns nieder. Auf einer Sandbank machten wir Mittagspause. Barfuß konnte man den Sand nicht betreten, so heiß war er. Unsere Zeltbodenplane diente als Unterlage. Die Regenschirme wurden zu einer Einheit zusammengebunden. Nur so konnten wir uns einigermaßen vor der Hitze schützen. Kein Lüftchen bewegte sich. Wie mochte es wohl den Fischen ergehen? Hatten sie sich im Grund eingebuddelt? Von Vögeln war überhaupt nichts zu sehen, geschweige denn irgendetwas zu hören. Biber, die hier leben sollten, bekamen wir überhaupt nicht zu Gesicht.

Die Brücke von Torgau war früh zu erkennen. Wir legten am Steg des Ruderclubs an und brachten unsere Boote auf den Elbdeich. Man mochte sich kaum bewegen. Nach der kleinsten Anstrengung war man schon schweißgebadet. Konnte man sich denn überhaupt nicht an die Wärme gewöhnen? Beim Torgauer Kanu-Club e.V. schlugen wir unsere Zelte auf. Die Erde war so hart, dass wir kaum die Zeltheringe in den Boden schlagen konnten Zum Glück spendeten die großen Bäume genügend Schatten. Am nächsten Tag unternahmen wir einen Streifzug durch die Geschichte der Stadt Torgau. Dazu gehörte das Denkmal der Vereinigung der Armeen von Russland und Amerika im April 1945. Wir besuchten den Stadtkern. Die Restaurierungen historischer Gebäude waren schon in Angriff genommen worden. Die Bären im Bärengraben des Schlosses stimmten uns traurig. Sie fristeten ein schlimmes Dasein. Hoffentlich würden sie bald artgerecht untergebracht werden.

Die Mitglieder des Kanuvereins besaßen ein schönes Bootshaus, das sie mit viel Fleiß gestaltet hatten. Den Eingangsbereich zierte ein ernst gemeinter Spruch, der lautete:

„Da ziehn sie hin im Faltboot und schlafen nachts im Zelt.
Zigeuner sind wir alle auf dieser schönen Welt.
Drum schmäht mir die Kanuten nicht, die Menschen ohne Bleibe.
Wer sich wie sie durchs Leben schlägt, hat Energie im Leibe!“

Gemächlich zog sich die Elbe durch die Norddeutsche Tiefebene. Wir verließen Torgau in Richtung Elster. Heute war es angenehmer zu paddeln. Wir vermuteten, dass die Luft sich durch ein Gewitter gereinigt hatte. Weiter ging es durch die einsame Elbaue. Die großen zusammenhängenden Auwälder machten hier den besonderen Reiz des mittleren Elbtals aus. Was ist denn das – am helllichten Tag? Genau vor Janettes Boot kreuzte etwas die Elbe. Unser erster Biber? Christel vermutete, dass es eine Nutria war. Diese Tiere sind etwas größer und das Fell soll zotteliger sein. Wir stimmten dagegen. Hatten wir uns doch auf den

Anblick des ersten freilebenden Bibers gefreut und sie machte uns den madig. Basta – das war ein Biber! Janette hatte ihn an der Schwanzflosse erkannt.
Nach dem Einfluss der Schwarzen Elster erreichten wir kurz darauf auf der rechten Seite des Flusses Elster, nun auch das Bootshaus des Kanuvereins Harmonie Elster/ Elbe. Eine schöne Anlage mit einer gepflegten großen Zeltwiese. Schnell waren unsere „Wohnstuben" aufgebaut. Nach dem Duschen war Faulenzen angesagt, denn am nächsten Tag wollten wir per Eisenbahn nach Wittenberg fahren, um uns die Lutherstadt anzusehen. Abends unternahmen wir noch einen kleinen Bummel durch Elster. Mit einem kühlen Bier ließen wir den Tag ausklingen.
Die Lutherstadt Wittenberg ist eine aufstrebende Industriestadt. Die Stadt am nördlichen Elbufer zählt neben Dresden zu den kulturhistorischen Höhepunkten entlang der Elbe. Im Jahre 1508 kam Martin Luther hierher, um an der Universität zu lehren. Bekanntestes Bauwerk ist die Schlosskirche, an deren Tor der Reformator die 95 Thesen gegen die Bußpraxis der Kirche schlug. Auf dem Marktplatz sind Luther und Melanchthon als Denkmal zu bewundern. Stundenlang hielten wir uns im Lutherhaus, der Staatlichen Lutherhalle, auf. Die Geschichte zog mich in ihren Bann. Der Weg zur Reformation. Das erinnerte mich auch ein bisschen an meine Konfirmandenzeit. Ich muss damals doch wohl aufgepasst haben. Einiges kam mir auf einmal so bekannt vor.
Wir setzen unsere Elbefahrt fort. Unterhalb von Wittenberg mäanderte der Fluss dahin und wir wunderten uns, nachdem wir einige Kilometer gepaddelt hatten, wieder Wittenberg vor uns liegen zu sehen. Jetzt waren beide Flussufer bewaldet. Die Luft war merklich abgekühlt, es sah nach Regen aus. Nach einer kurzen Pinkelpause, ich hatte gerade meine Luke mit der Spritzdecke verschlossen, kam in breiter Front ein Regenguss auf uns zu. Den Kopf nach unten gebeugt, die Wucht des Regenwassers machte uns das Atmen schwer, ließen wir uns nur treiben. Der Himmel öffnete seine Schleusen, aber wir waren sicher gegen diese Flut durch unsere Regenjacken geschützt. Wir freuten uns, denn Mensch, Tier und Natur hatten den Regen bitter nötig gehabt. Danach war die Luft frisch und rein.
Aber irgendwie war die Nässe doch durch die Kleider gegangen. Bei der Ankunft in Coswig lief uns das Wasser aus der Büx. Der Wanderwart des Coswiger Kanu Clubs lud uns gleich ins Bootshaus ein. Wir durften im Hause übernachten.
Am nächsten Tag war es mit der Ruhe auf dem Fluss vorbei. Nach dem starken Regenschauer kamen uns heute die ersten Schubverbände entgegen. Nun hieß es, immer schön die Innenkurven zu befahren, denn ein langer Schubverband braucht viel Platz und Wasser und der Berufsschiffsverkehr war überwiegend in der Außenkurve anzutreffen. Wer will sich schon ans Ufer drücken lassen? Wir paddelten durch das Biosphärenreservat der mittleren Elbe. Dieser Talabschnitt

galt als Vogelparadies. Mehr als 100 Vogelarten sollten hier brüten. Heute sahen und hörten wir kaum Vögel. Ein starker Wind kam uns entgegen, vermischt mit einzelnen leichten Regenschauern. Wir fuhren an Rosslau und Dessau vorbei. Der Fluss Mulde brachte uns Wasserzuschuss. Auch hier sahen wir wieder Biber. Eine Fähre vor Aken erforderte unsere ganze Aufmerksamkeit. Danach fanden wir am linken Ufer der Elbe den Köthener Kanu Club. Das Wetter hatte uns beträchtlich zugesetzt, so dass wir froh waren, hier angekommen zu sein. Ich fühlte mich wie ein Pascha. Aussteigen durfte ich noch allein, aber die Boote wurden von freundlichen Sportkameraden mittels einer schräg nach oben führenden, elektrisch angetriebenen Bootswagenbahn an Land gebracht. Man hätte auch im Boot sitzen bleiben und sich mit hochziehen lassen können. Aber das war mir Bangbüx zu steil.
Aken war eine kleine Stadt. Zum Beinevertreten machten wir einen kleinen Bummel. Den Abend verbrachten wir im Bootshaus mit den Köthener Kanuten. In der Dämmerung erwachte das Leben auf der anderen Uferseite. Eine Biberfamilie zeigte sich mit ihrem Nachwuchs.
Der nächste Morgen verhieß wettermäßig nichts Gutes. Wir entschlossen uns, einen Ruhetag einzulegen. Damit er nicht ganz und gar verbummelt wurde, holten Heiko und ich unsere Autos aus Postelwitz zurück. Ein Köthener Kanute war so freundlich und brachte uns per Pkw von Aken zum Bahnhof nach Köthen. Köthen ist Eisenbahn-Knotenpunkt, so erreichten wir schnell und problemlos Dresden. Nur einmal umsteigen und wir waren in Bad Schandau. Den restlichen Weg zu unseren Autos erledigten wir per Fähre und auf Schusters Rappen. Am späten Nachmittag trafen wir wieder in Aken ein. Heiko ist hinter mir hergefahren und beim Einparken wackelte auf einmal mein Auto. „War das wieder eine Sturmbö?" dachte ich. Ein Baum lag schon quer auf einem Wohnwagen. Ich spürte aber keinen Luftzug! Heiko war wohl nach dieser langen Reise so ausgelaugt, dass er den seitlichen Abstand von Auto zu Auto nicht mehr richtig einschätzen konnte. So fuhr ich fortan mit einem verbeulten Auto durch die Lande.
Das Wetter wurde zusehends schlechter. Wir blieben noch eine Nacht in Aken bei unseren Köthener Freunden. An dem Nachmittag, an dem wir die Autos geholt hatten, war ein Kanute damit beschäftigt gewesen, mit einer geräuschvollen elektrischen Maschine Farbe von einem Stahltor abzuschleifen „Du Bernd", sagte er, „die Frau in dem braunen Zelt hat einen gesunden Schlaf. Sie hat, als ich hier gearbeitet habe, nichts davon gemerkt!" Janette, das warme Wetter, die Paddelei und die frische Luft - da ist Schlaf sehr erholsam. Der Körper braucht das einfach!
Am nächsten Morgen regnete es und der Wind war viel zu stark, um zu paddeln. Wir beendeten hier unsere Elbereise nach 268 Kilometern im Boot und fuhren mit Sack und Pack per Pkw nach Magdeburg. Beim Kanu-Club Magdeburger Börde stellten wir unsere Zelte auf. Wir wollten noch diese fast 1200 Jahre alte

Stadt kennen lernen, die Landeshauptstadt Sachsen-Anhalts. So bestaunten wir in den gotischen Dom, das romanische Kloster, den alten Markt mit dem barocken Rathaus und den Magdeburger Reiter. Auch einen Bummel durch die Kaufhäuser haben wir mit eingeschlossen. Den Magdeburger „Schick“ wollten sich unsere Frauen nicht entgehen lassen.

Hoheesche

Eingebunden eine gestörte „tierische“ Nachtruhe

Nach einem anstrengenden Arbeitstag - heute ist zum Glück Wochenende - möchte ich von allem nichts mehr sehen, wissen und hören. Ich packe meine Siebensachen und mache mich auf ins Bootshaus des Wilhelmshavener Kanu-Klubs. In aller Ruhe packe ich am Abend mein Boot. Wir schreiben das Jahr 1985. Es ist Herbst, Anfang Oktober, und es dämmert schon.
„Warum packst Du jetzt noch dein Boot? fragen meine Sportkameraden. Hast du noch etwas Bestimmtes vor? Wo willst du hin?“ Da ich meinen Lettmann-Combi, ein Wanderboot, bepacke und nicht meinen Eski, ist es klar, dass ich zu dieser Jahreszeit nicht auf den Jadebusen will. Trotzdem bohren sie immer weiter. „Nun sag schon, wo willst du hin?“ „Mal sehen, “ nuschel ich so vor mich hin, „in Richtung Emden erst einmal, dann sehen wir weiter!“ Ich will es ihnen nicht auf die Nase binden, dass ich nur zu unserem vereinseigenen Zeltplatz nach Hoheesche will. Womöglich wären sie mir noch nachgekommen. Ich möchte dieses Wochenende nur für mich alleine haben, die Ruhe genießen und richtig abschalten.
Sie begleiten mich noch bis zum Anleger und wünschen mir alles Gute. „Grüß Haio!“ rufen sie hinterher, „mehr als 15 Kilometer wirst du doch wohl nicht mehr zurücklegen oder?“ Ich gebe mir keine Blöße. Die können mich mal! Ins Vereinsfahrtenbuch habe ich nur Gewässer und die Abfahrtzeit eingetragen, das Fahrtenziel hat ein Fragezeichen erhalten.
Spiegelglatt liegt der Ems-Jade-Kanal vor mir. Mit dem Wetter habe ich Glück. Es ist schon fast dunkel, aber der Mond lugt hinter den Wolken hervor und gibt mir so ausreichend Licht. Es ist schon ein Freude, nach so einem stressigen Arbeitstag abzuschalten und die Stille genießen zu können. Ich komme gut voran. Auf einmal bin ich in Dykhausen, die Hälfte der Strecke habe ich schon zurückgelegt. Ich kann das gar nicht beschreiben. Vermutlich habe ich voll-

kommen abgeschaltet, meine Umwelt kaum wahr genommen – und nun bin ich auf einmal schon hier.
Ich mache eine kurze Pause, gönne mir eine kleine Stärkung in Form eines einheimischen Bieres und eines Wurstzipfels, und mache mich froh gelaunt zu meinem Ziel Hoheesche auf. Das lange „Geradeausstück" des Kanals vom Emder Tief bis zur Straßenbrücke Abickhafe kann ich trotz der Dunkelheit in seiner ganzen Länge gut erkennen. Ich erinnere mich an eine Nachtfahrt mit einem meiner Sportkameraden, der hier beim Anglerheim in vollkommener Dunkelheit gegen das Fundament der ehemaligen Brücke gefahren war und durch die Wucht des Aufpralls weiter ins Boot hineingerutscht war. Die Rippen taten ihm tagelang weh. So etwas kann mir heute nicht passieren. Der klare Himmel spendet mir ausreichend Licht, die Sterne funkeln sogar im spiegelglatten Wasser.
„Ich werde Haio erst einmal einen Besuch abstatten," beschließe ich, „ein Landwirt muss wieder früh aus den Federn und wer weiß, wann er ins Bett geht. Mein Zelt kann ich danach immer noch aufstellen. Ich habe ja unendlich viel Zeit!" Müde bin ich überhaupt nicht, trotz des späten Abends und nach 15 Kilometern Paddelei. Haio ist sichtlich überrascht, freut sich dennoch. „Setz dich zu mir," sagte er, „trinkst du noch ein Bier mit mir?" Diesem Angebot konnte ich nicht widerstehen. „Dein Zelt kannst du auch in meinem großen Vorgarten aufstellen. Dort hast du mehr Freiraum als zwischen den Wohnwagen. Und wo die Toilette ist, weißt du ja inzwischen." „Das ist toll, mein lieber Haio, ich möchte zwei Nächte bleiben und morgen Abend bist du dann mein Gast", erwidere ich.
Kurz vor Mitternacht habe ich endlich mein Zelt aufgestellt. Trotz Alkohol und Quasselei sollte ich eigentlich todmüde sein, doch das Gegenteil ist der Fall. Ich setze mich noch vor mein Zelt.
Hoheesche, ein idyllischer Flecken Erde. Meine Gedanken kreisen um dieses kleine Dorf, in dem ich schon so viel erlebt habe. Das Landschaftsbild, besetzt mit einem halben Dutzend Häusern, wird von Kanälen, weiten Wiesen, Wallhecken und Wald geprägt. Hier leben nur Landwirte, die mit sich und der Welt zufrieden sind. Sie sind froh, wenn sie von uns Paddlern besucht werden, um ein paar Neuigkeiten austauschen zu können. Sie sind nicht etwa weltfremd, aber sie haben nach getaner Arbeit Zeit und Muße und somit sind unsere freundschaftlichen Gespräche eine Ergänzung des Tages. Wir erfahren etwas über Milchquoten und andere Erzeugnisse, sie hören von unseren Tätigkeiten. Wir sitzen kaum in der guten Bauernstube, lieber in der Küche und reden über Land und Leute.
Ich erzähle Haio so beiläufig, dass ich in Völlen die Orgel restauriert habe und bei einem Bauern, bei der die Bäuerin auch Küsterin ist, gewohnt habe. Ich komme aus den Schwärmen nicht heraus, weil ich es dort so gut gehabt habe. Haio grinst mich die ganze Zeit so komisch an. Was weiß er davon? Auf einmal platzt er damit heraus: „Weißt du was, Bernd, wir sind mit Mathilde und Fried-

rich verwandt!“ „Das gibt es doch gar nicht!“ antworte ich. Und nun will er die ganze Geschichte wissen. „Was machen die Kinder, wie geht es Oma und Opa?“ Fragen über Fragen, er lässt nicht locker. „Erzähl doch mal ein bisschen von Völlen!“
Später im Zelt verspüre ich noch Hunger. Ich schneide mir einen Zipfel Wurst ab, verspeise dann fast die ganze Wurst und als Nachtisch verdrücke ich noch eine halbe Tafel Schokolade. Meine Freßkiste, einen umfunktionierten Holzkoffer, platziere ich zwischen Innen- und Außenzelt. Ich bin rundherum zufrieden und genieße noch eine ganze Weile den funkelnden Sternenhimmel. In der angrenzenden Buchsbaumhecke vernehme ich ein Rascheln, kann aber nicht erkennen, was es verursacht. Ich mache mir keine Sorgen und krieche, nun doch müde, in meinen Schlafsack.
„Gute Nacht liebe Welt, ihr lieben Tiere, und was es noch so alles gibt, der liebe Herrgott wacht über uns, nun schlaft man alle schön!“
Ich weiß nicht, wie lange ich schon geschlafen habe. Nein, ich träume nicht, es dringen Geräusche zu mir. Klapp – lange Zeit Ruhe. Dann wieder Klapp – Pause. Ein Rascheln am Außenzelt. Was mag das wohl sein? Klapp, mehr nicht. Trotz hellem Mondlicht kann ich nichts erkennen. Klapp – Ruhe. Meine Taschenlampe liegt griffbereit neben mir. Vorsichtig öffne ich mein Zelt. Leichter Dunst liegt über dem Ems-Jade-Kanal. Ich leuchte alles ringsherum ab. Nichts. Zurück beim Zelt traute ich meinen Augen nicht: Ein Igel, angelockt wohl von meinen Leckereien, steht auf den Hinterbeinen an meiner Freßkiste und versucht mit allerlei Tricks, den Deckel zu öffnen. Er schafft es auch, ihn einen Spaltbreit zu öffnen, aber durch die Drehbewegung - die Scharniere halten den Deckel auf Position - fällt er immer wieder in die Ausgangslage zurück. Das war das Klappern! Der Igel läßt sich gar nicht stören, nochmals versucht er es. Klapp! Ich schaue dem possierlichen Tier zu. Dann habe ich Erbarmen mit ihm, nehme ein Ei aus der Kiste, schlage es auf, und freudig schmatzend verschlingt mein kleiner stacheliger Mitbewohner die Leckerei. Noch einmal schaut er mich an, als wollte er sagen: „war lecker.“ Dann zieht er weiter des Weges.
Ich rolle mich wieder in meinen Schlafsack. Mit dem lustigen Besuch im Gedächtnis verschlafe ich fast den nächsten Tag. Im Nachhinein ärgere ich mich, dass ich keine Kamera bei mir hatte. Mit einem Foto hätte ich mein schönes nächtliches Erlebnis mit meinen Sportkameraden teilen können.

Wohl dem, der einen befreundeten Verein am Rhein hat!

Ein i-Tüpfelchen war wohl unser Besuch bei den Kanufreunden 1929 e.V. in Mainz-Mombach. Eine lange, sonnendurchflutete Woche bescherte den Kanuten des Wilhelmshavener Kanu-Klubs sportliche und auch lange Touren auf dem Rhein.
So beginnt ein Bericht, den ich für das Jahr 1996, im Rahmen meiner ehrenamtlichen Tätigkeit zur Jahreshauptversammlung vorgelegt habe.
Lange war unser Besuch vorbereitet. Eigentlich schon überfällig, denn die Mainzer waren jedes Jahr beim WKK zum Erlebnispaddeln. Wir hatten schon ein schlechtes Gewissen, denn unsere Zusage, „wir kommen bestimmt“, hatten wir bis dahin nie gehalten.
Regnerisches Wetter begleitete unsere 13-köpfige Mannschaft, die per Pkw anreiste. Doch siehe da, nach der stürmischen Begrüßung in Mainz lachte auch der Himmel und das gleich die ganze Woche lang. Nach dem Hissen der Fahnen – WKK und Mainz – am Vereinsflaggenmast stellten wir die Zelte in aller Ruhe auf und legten dann erst einmal eine ausgiebige Pause ein. Wer weiß, was die Mainzer uns gegenüber noch alles im Schilde führten?
„Nun seid man nicht so faul! Kommt, wir wollen noch eine Tour machen! Die vorgelagerte Naturschutzinsel wollen wir vor dem Abendbrot noch umrunden!“ Solche „Unentwegten“ gibt es wohl in jedem Verein. Sollte man es ihnen im Urlaub austreiben?
Zur Strafe wurde am nächsten Tag nicht gepaddelt. Wir wollten doch auch Land und Leute kennenlernen. Der Mainzer Wanderwart Helmut hatte alles sehr gut vorbereitet. Der „kleine“ Spaziergang durch Mainz hat uns gut gefallen. Fastnachtsbrunnen, St. Stephan, der 50. Grad nördlicher Breite im Pflaster, der angeblich auch durch ein Geschäft geht, Marktplatz, St. Martins Dom, Altstadt, Holzturm, der uns an Schinderhannes erinnerte. Am Rhein entlang, Deutschordenshaus, Kurfürstliches Schloss und auch noch die Christuskirche. „Runde Füße“ haben wir bekommen. Verlaufen konnten wir uns nicht, denn Helmut hatte uns vorher ganz genau erzählt, wie das mit den roten und blauen Straßenschildern funktioniert. Und dann wieder zurück zum Fastnachtsbrunnen. Geschichtliches zum Fastnachtsbrauchtum durfte auch nicht fehlen. Das klang so:
Der Fastnachtstermin ist abhängig vom Ostertermin, der seit dem Konzil von Cicäe im Jahre 325 jeweils auf den ersten Sonntag nach dem ersten Vollmond nach Frühlingsbeginn am 21. März fällt. So kann Ostern frühestens am 22. März sein und hat somit 35 mögliche Termine. Folglich hat auch die Fastnacht bzw. der Beginn der Fastenzeit 35 mögliche Termine. Sie fallen selten auf ein gleiches Datum. Um 600 führte Papst Gregor I. eine 40-tägige Fastenzeit vor Ostern ein, die an die Zeit erinnern soll, welche Jesus Christus in der Wüste verbracht hat. Nach dieser Regelung begann die Fastenzeit am Dienstag nach dem 6.

Sonntag vor Ostern. Mit dem Konzil von Benevent im Jahre 1091 wurden die sechs Sonntage vor Ostern vom Fasten ausgenommen. So rückte der Beginn der Fastenzeit um sechs Tage nach vorne auf den heutigen Aschermittwoch. Oder anders ausgedrückt: Aschermittwoch ist 46 Tage vor Ostern. Dementsprechend sind die drei Tage davor die Fastnachtstage.
Den letzten Satz hätte der Mainzer Wanderwart doch gleich sagen können, dann hätten wir es auf jeden Fall verstanden. Noch Fragen zu diesem Thema? Wir antworteten alle ganz brav, laut und deutlich mit „nein", damit er es uns nicht noch einmal erzählen würde. Die Broschüre dazu hat er uns klugerweise erst nach dem Rundgang ausgehändigt, damit wir alle gut zuhörten.
Auf einem Winzerhof haben wir den Tag ausklingen lassen. Bei deftigem Essen, u.a. Handkäs` mit Musik und Wein war es eine runde Sache, die auch noch am nächsten Tag ihre Wirkung zeigte.
Zum Kennenlernen wurden Wilhelmshavener und Mainzer Kanuten in den Zehner- Canadier gesetzt. Der Rest der Mannschaft fuhr mit eigener Ausrüstung. Zum Eingewöhnen, mit vielen Pausen – denn Essen und Trinken soll Leib und Seele zusammenhalten – wurde am Steindamm des Ginsheimer Altarms eingesetzt. Damit wir auch lernten was Strömung heißt, mussten wir nach dem Einfluss in den Rhein gegen die Strömung paddeln. Nach geraumer Zeit war uns schnell klar, die Mainzer wollten zu einer ganz bestimmten Gastwirtschaft.
Wir wollen uns nicht damit rühmen, dass wir Friesen trinkfest sind, aber unsere Mainzer Sportfreunde hatten wir gut im Griff.
Dass wir von den Mainzern abends mit „Weck, Worscht und Woi" ausreichend verpflegt werden würden, ahnten wir schon. Aber dass wir WKK-Kanuten „Matjes, Heringe, Rollmöpse und viele Zwiebeln" mitgebracht hatten, das war für die Mainzer eine dicke Überraschung. Dass wir dazu Wein – gespritzt, süß und trocken - getrunken haben, versteht sich von selbst. Es müssen ja nicht immer Bier und Korn sein. Über Nacht hatte sich ein Chor gebildet, der am frühen Morgen des nächsten Tages vom Balkon des Bootshauses aus mit dem Ständchen: „Alle, alle sind wir da, wollen gratulieren" nicht nur die Geburtstagskinder zum Doppelgeburtstag, sondern auch viele Mainzer geweckt hat. Sie alle vernahmen eine Gesangsdarbietung von allerfeinster Güte.
Geburtstag hin – Geburtstag her - es wurde gepaddelt. Von Guntersblum rund um das Naturschutzgebiet (NSG) Kühkopf, und für die Hartgesottenen bis hin zum Bootshaus der Kanufreunde Mainz-Mombach. Wer noch nicht genug hatte, machte noch eine Ehrenrunde um die Naturschutzinsel Rettbergsaue. Fehlten womöglich noch Kilometer für das Wanderfahrer-Abzeichen?
Nach getaner Arbeit mussten wir am Abend noch die Vereinstheke justieren. Das macht man, wenn der Verein nicht genügend Umsatz macht. Das Bier aus dem Zapfhahn muss genau die Glasöffnung treffen. Tut es das nicht, muss die Theke mittels eines Kompasses in nördliche Richtung so lange verschoben wer-

den, bis die Justierung greift. Dazu hätten aber vorher alle Verbindungen, wie Strom und auch die Versorgungsleitungen gelöst werden müssen. Dass der anwesende gesamte Vorstand und die Thekenerbauer damit nicht so recht einverstanden waren, ist verstänlich Aber was war nun wichtiger? Kostendeckend wirtschaften oder in den Ruin treiben?
Die Missweisung, die uns auch die dortige Wasserschutzpolizei nicht nennen konnte, haben wir Dank unserer eigenen Marinekapitäne und unseres eigenen Wasserschutzpolizisten genau errechnet. Damit es verständlicher wird: Die Missweisung ist die Abweichung zwischen geographischer und magnetischer Nordrichtung, die insbesondere bei der Navigation mit dem Kompass von Bedeutung ist.
Die Mainzer motorisierten Freizeitkapitäne waren sehr überrascht über unsere genauen Markierungspunkte. Mit einer Wünschelrute und unserem mitgebrachten Kreiselkompass haben wir die Theke punktgenau eingerichtet.
Kein Auge blieb trocken. In froher „weinlicher" Runde mit lustiger Musik wurde wieder ein schöner Tag beendet. Man muss sich wundern: Ein guter Wein kann einen sogenannten sturen Norddeutschen in Stimmung bringen und schnell zu einem sehr lustigen Gesellen machen.
Die Befahrung des Rheins von Mainz bis Wellmich war am nächsten Tag angesagt. Noch war der Fluss sehr breit. Auch konnten wir uns hinter den Inseln verholen, um somit vorerst dem starken Schiffsverkehr aus dem Wege zu gehen. Der Rhein führte sehr hohes Wasser. Es war deshalb nicht verwunderlich, dass auch an diesem Sonntag solch ein reger Verkehr war. Wir WKK-Kanuten sind Wind und Wellen gewöhnt, aber nach dem, was wir hier erlebt haben, zollten wir allen Rheinkanuten Respekt. Flusswandern mit Bummeln und Betrachtung all des Schönen ist hier ohne Beachtung des Schiffsverkehrs, der Fahrwassertonnen, Anleger, Buhnen und Freizeitkapitäne, nicht möglich. Die Ausflugsdampfer waren voller Gäste. Auf ihr Winken konnten wir nicht reagieren. Unsere ganze Konzentration galt nur dem starken Schiffsverkehr und unserem Paddeln. Wir „schossen" förmlich durch das Binger Loch. Für Lorch, Bacharach, die Pfalz bei Kaub, Oberwesel und für die Loreley hatten wir keinen Blick, denn starke Querströmung und hoher Wellengang forderten unser ganzes Können. Mussten ausgerechnet jetzt auch noch drei Frachtschiffe im Gegenverkehr kommen? Nach Passieren der Loreley haben wir uns treiben lassen. Nichts war mehr los. Nur ein Fahrgastschiff, das nicht wusste, ob es vor oder hinter uns anlegen sollte. Sein dreimal kurz hintereinander warnendes Signal brachte uns nicht mehr aus der Ruhe.
Man hätte glauben können, dass die Mainzer extra für uns die Wellen und den starken Schiffsverkehr bestellt hatten. Manche sprachen von tiefen Löchern, bei denen sie nicht einmal stützen, geschweige paddeln konnten. Noch an St. Goarshausen vorbei und dann war in Wellmich Schluss.

Leider hatten wir während unserer Paddeltour keinen Blick für die vielen Burgen am Rhein. Aber das Anschauen wurde während der Rückreise per Pkw gen Mainz nachgeholt. Wir brauchten nur die Augen offen zu halten, was aber nach dieser anstrengenden Reise gar nicht so einfach war.

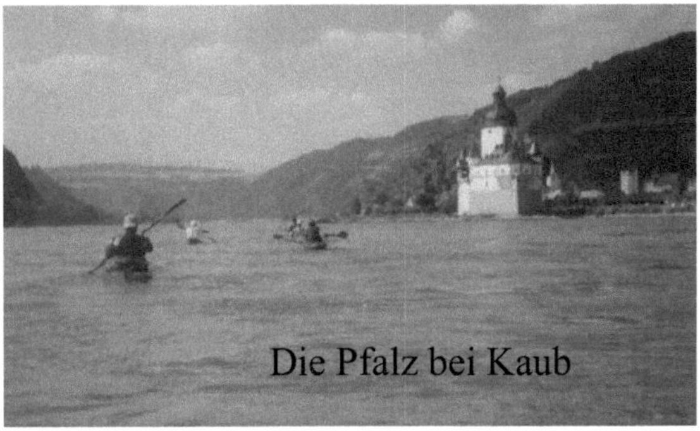

Die Pfalz bei Kaub

Erinnerungen an die Kindheit wurden wieder wach. Ich besaß eine Burg aus Pappe. Ich sehe sie noch vor mir: die Wirtschaftsgebäude, Vorburg, Zugbrücken, Zinnen und den Wehrgang. In meiner Phantasie wurde sie angegriffen, aber die Burgherren setzten sich mit Steinkugeln und brennenden Fackeln zur Wehr, die in die Tiefe geworfen wurden.
Unser Reiseleiter erzählte über Burg Maus bei Wellmich, Burg Rheinfels über St. Goar, Burg Reichenberg bei St. Goarshausen, die Schönburg über Oberwesel, Burg Gutenfels, die Pfalz bei Kaub, Burg Stahleck über Bacharach, die vielen Burgen um Trechtingshausen, den Binger Mäuseturm, das Niederwald Denkmal, Burg Ehrenfels bei Rüdesheim und über die kurfürstliche Burg in Eltville, um hier einige zu nennen.
Unsere Mainzer Sportkameraden hatten sich viel Mühe und Arbeit gemacht, um uns eine schöne Zeit zu bereiten.
Wir haben schöne Stunden mit unseren Mainz-Mombachern Kanufreunden verlebt. Die Festigung der Freundschaft ist bestimmt gelungen. Am Abend des letzten Tages, beim Niederholen der Mainzer- und der WKK-Fahne herrschte eine ergreifende Stimmung.
Wir kommen wieder, aber nicht bei solch hohem Wasserstand! Es wäre doch für alle Kanuten ein tolles Erlebnis, einmal bei extrem niedrigem Wasserstand den Rhein zu erkunden. Ringsherum die vielen Weinberge, die Burgen, so viel Schönes in völliger Ruhe, ohne den störenden Schiffsverkehr, in völliger Freiheit zu betrachten, das wäre ein ganz tolles und auch faszinierendes Vergnügen!
Wir möchten einmal bei Rhein-Kilometer 552,5 die Felsengruppe – „Die sieben Jungfrauen“ – in der Strommitte erleben!

Von Dithmarschen nach Ostfriesland

von Paul Stützle / Fahrdorf

Im Sommer 1997 nach der Fahrt des Schleswiger Kanu-Clubs rund Fyn und anschließendem Soloabstecher nach Samsö waren erst mal Haus und Garten dran. Aber dann wollte ich noch meine Freunde vom Wilhelmshavener Kanu-Klub besuchen.

Am Sonntag, 17. August 1997 ging es los. Meine Frau brachte meinen Eski mit Namen pugtaaq und mich nach Neufeld (nördlich von Brunsbüttel). Um 15 Uhr war ich startklar. Das Wetter gut, SO 3-4, leicht diesig, Hochwasser um 16 Uhr. Idealer Startzeitpunkt wäre um 16:30 Uhr gewesen. Aber Warten ist so anstrengend, deshalb stieg ich kurz nach drei am betonierten Slip ein und paddelte los.

Im randvollen Priel ging es auf die Elbe hinaus. Hat man erst freien Blick, dann ist die Elbe immer wieder mächtig! Im tieferen Wasser angekommen, wurde es ganz schön bewegt, denn der Reststrom lief gegen den Wind. Deshalb fuhr ich nicht die kürzeste Strecke nach Otterndorf, wo ich in den Hadelner Kanal wollte, sondern die kürzeste Strecke ans niedersächsische Ufer.

Muss ich eine Schifffahrtsstrasse queren, so mache ich das, wenn irgend möglich, von einer Fahrwassertonne aus zur gegenüberliegenden. So weiß ich genau, wann ich in das Fahrwasser einfahre und vor allem, wann ich wieder raus bin!

Ich hatte Glück. Zwei Frachter begegneten sich etwa bei „meiner“ roten Tonne. Sonst war außer Sportbooten nichts zu sehen. Also, vorbei lassen und dann rüber! Nach 15 Minuten hatte ich die grüne Tonne passiert. (Hinweis: In 15 Minuten fährt ein Frachter auf der Elbe etwa 6-10 Kilometer weit!)

Bei der Tonne gucken: wie läuft das Wasser? Gar nicht! Gut so, dann hätte ich bald Wind und Strom im Rücken. Nun konnte ich ganz entspannt über die Ostemündung nach Otterndorf paddeln. Nach rund zwei Stunden war ich im Sporthafen.

Nun konnte (musste) ich erst mal richtig Pause machen, denn in den Hadelner Kanal wird bei Mittelwasser geschleust und alleine umtragen, nein danke!

Um 19:30 Uhr war ich durch die Schleuse. Ich paddelte noch eine Stunde, dann suchte ich eine geeignete Stelle zum Zelten. Da schon viele Felder abgeerntet waren, kein Problem. Was macht man alleine auf weiter Flur? Früh ins Zelt, früh hoch, möglichst viele Kanalkilometer, bevor es heiß und drückend wird. Die 28 Kilometer Fleißarbeit hatte ich um 13 Uhr geschafft, ich war beim Wassersportverein (WSV) Bederkesa.

Am nächsten Tag war ich wieder zeitig unterwegs. Schnell war ich an der Schleuse Lintig. Diese Schleuse war vor kurzem (1997) auf Selbstbedienung umgerüstet worden. Die Bedienungsknöpfe sind aber so angebracht, dass man sie vom Kajak aus nur stehend erreichen kann. Im Eski an der Spundwand auf-

stehen, das bringe ich nicht! Ein Kleingärtner hatte Erbarmen, stellte seinen Rasenmäher ab und drückte mich durch.
(Hinweis: Die Bedienungsknöpfe sind versenkt, so dass man mit dem Paddel nichts machen kann. Die örtlichen Paddler sollen inzwischen Stöcke mit einem abgewinkelten Pin haben.)
Gegen Mittag war ich in Bremerhaven und wurde gerade noch zusammen mit einem Motorboot geschleust. (Es war etwa eine Stunde vor Hochwasser. Bei zu hohem Wasserstand in Weser und Geeste stoßen größere Boote oben an der Schleuse an.) Wetter noch immer gut, gerade noch auflaufendes Wasser, also auf der Geeste durch Bremerhaven, an der Marineortungsschule - auch mal gewesen - vorbei, durch den Tidehafen raus auf die Weser. Aber vorher: Was macht die Blexen-Fähre? Kommt was aus dem Fischereihafen? Wie läuft der Strom an der Hafeneinfahrt?
War alles okay. Aber auf der Weser war ein bisschen viel los. Also erst einmal an der falschen Seite bleiben. Aber deutlich außerhalb des Fahrwassers paddeln. Mit dem letzten Strom kam ich fast noch die zehn Kilometer bis Nordenham. Nun war auch eine günstige Gelegenheit, die Fahrwasserseite zu wechseln. Nach kurzem Suchen fand ich den Wassersportverein (WSV) Nordenham.
(Hinweis: Durch die Anlage von Buhnen ist das Weserufer vor dem WSV Nordenham inzwischen so verschlickt, dass man nur noch drei Stunden vor und nach Hochwasser gefahrlos anlanden und starten kann, es sei denn, man nimmt die Buhne.)
Hier blieb ich einige Tage und machte Tagesfahrten auf der Weser. Am Freitag kamen einige Freunde vom Wilhelmshavener Kanu-Klub (WKK) und wir machten eine Fahrt auf der Außenweser sowie einen Kulturtag in Bremerhaven.
Das Wetter war immer noch gut, so beschlossen zwei WKK-ler und ich, am Montag von Nordenham nach Wilhelmshaven zu paddeln. Bei gutem Wetter und Hochwasser morgens und abends kann man die 60 Kilometer an einem Tag schaffen. Wir, Peter (54), Fritz (56) und ich (64), fuhren am Montag früh morgens zwei Stunden vor Hochwasser los. Man muss so zeitig weg, damit man gut über den Lang-Lütjen-Sand zwischen Weser und Fedderwarder Tief kommt. Wir kamen rechtzeitig über die Wasserscheide und hatten bis zum Fedderwarder Tief ablaufendes Wasser. Nach einigem Suchen fanden wir auch die drei Pricken, die die Einfahrt zum Hoheweg-Fahrwasser markieren.
(Hinweis: Bei Niedrigwasser hat man mit etwa 0,75 m Augenhöhe nicht viel Übersicht!) Wir konnten auch noch rund 1000 Meter reinpaddeln, dann war Schluss! Wasser weg, drei bis vier Stunden Mittags-Zwangs-Pause. Der Wind frischte auf und trieb eine dicke Schauerwolke über uns hinweg. Dicke Tropfen fielen. Emsig packten wir unsere Sachen in die Boote. Bedenken kamen bei uns auf, wurden aber nicht ausgesprochen. Die Sonne kam bald wieder durch, die Schauerböe war vorbei. Nun wehte es wieder ziemlich konstant mit SO 4.

SO 4 bei auflaufendem Wasser ist nicht bedrohlich, auf der Jade aber nass und ungemütlich. Endlich kam das Wasser! Ungeduldig stiegen wir zu früh in die Boote und schrammten mit dem in den Priel drückenden Wasser über Muscheln und Sand. Aber weiter nicht schlimm: saß man fest, brauchte man nur zu warten, das Wasser lief ja auf. Als es schließlich von vorne kam, waren wir „übern Berg" und auf dem Weg zur Jade. Da der Wind bei 4 blieb, fuhren wir nicht im Prickenweg auf Westkurs ins Jadefahrwasser, sondern südwestlich mit Budjadingen an backbord über das Solthörner Watt.

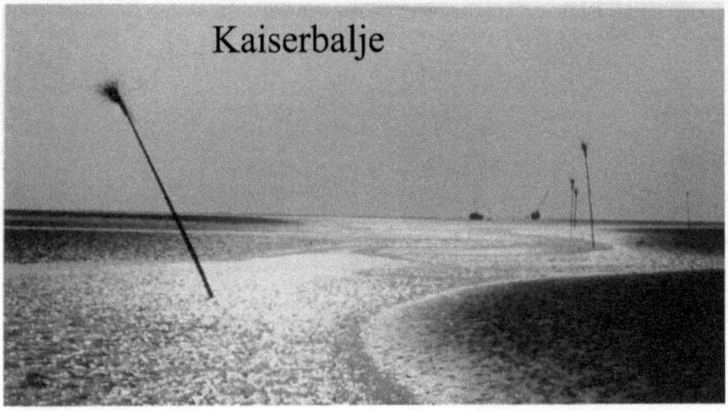

Gegen 19° Uhr ließ der Wind nach und wir konnten Wilhelmshaven mühelos direkt ansteuern. Um zirka 20 Uhr waren wir am Südstrand. Ich hätte mich hier gerne abholen lassen, aber meine Begleiter wollten auf eigenem Kiel ganz bis zum Klubhaus paddeln. Also 400 Meter umtragen, noch fünf Kilometer Fleißarbeit vom Binnenhafen bis zur Mariensieler Schleuse. Einige Freunde warteten schon leicht besorgt auf uns, packten mit an, so waren die Boote schnell aus dem Wasser und über die Straße auf das Bootshausgelände gebracht.
Fritz und Peter waren im Frühjahr ab der tschechischen Grenze die Elbe bis Otterndorf und über Bad Bederkesa nach Nordenham gepaddelt. Damals stimmte das Wetter nicht. So mussten sie in Nordenham aufhören. Nun hatten sie es geschafft! Deshalb wurde an diesem Abend noch ordentlich gefeiert.
Ich weiß auch, dass Schlicktown noch nicht Ostfriesland ist! Am Samstag, dem 30. August führte die Herrentour des WKK auf dem Ems-Jade-Kanal nach Reepsholt. Jetzt hatte ich Ostfriesland erreicht!

Besuch aus Kanada

von Gerhard Beer / Wilhelmshaven

Wilhelmshaven, die grüne Stadt am Meer, hatte schwimmenden Besuch der Ständigen Einsatzgruppe der NATO im Atlantik (STANAVFORLANT), bestehend aus Zerstörern und Fregatten der teilnehmenden NATO-Mitgliedstaaten. Um die drei Wochen Hafenaufenthalt nicht zu langweiligem Gammeldienst

erstarren zu lassen, wurden die verschiedensten Sportveranstaltungen und Besichtigungsreisen für die Sailors als Ausgleich für die hinter ihnen liegende schwere Seefahrtzeit arrangiert.
Acht Seeleute, Engineers der kanadischen Fregatte NIPIGON, verspürten Lust, auf dem Ems-Jade-Kanal eine dreitägige Paddeltour zu unternehmen. Wie kann es anders sein, Canadier fahren natürlich in Canadiern. Der Wilhelmshavener Kanu-Klub 1927 e. V. (WKK), angesprochen vom Verbindungsoffizier des Einsatzverbandes, erklärte sich sofort bereit, dieses Vorhaben zu unterstützen und stellte die entsprechenden Boote zur Verfügung. Drei Vereinsmitglieder, Kurt Grundmann, Werner Bohms und ich erklärten sich spontan dazu bereit, die Gruppe als „Scouts" zu führen.

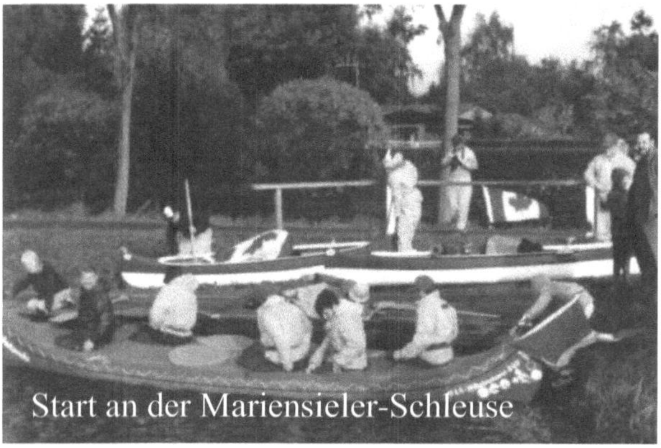
Start an der Mariensieler-Schleuse

Bei der ersten Kontaktaufnahme mit dem verantwortlichen Offizier der kanadischen Fregatte stellte sich heraus, dass unser Englisch doch schon ein bisschen eingerostet war; die Verständigung klappte aber trotzdem hervorragend. Vorsichtshalber steckte ich für ganz ausgefallene englische Brocken noch ein Taschenwörterbuch ein, das aber kaum zum Einsatz kam.
Am Mittwoch, 14. Oktober, morgens um 9 Uhr kamen die kanadischen „Lords" mit ihrer Ausrüstung und Verpflegung zu unserem Bootshaus, wurden unter Zuhilfenahme von Händen und Füßen auf Englisch begrüßt und nach einem kleinen Umtrunk auf ihre Schlachtschiffe, sprich Canadier, verteilt. Das umfangreiche Gepäck wurde eingeladen, seefest verzurrt und die kanadische Flagge gesetzt. Es konnte losgehen.
Wir hatten uns keine großen Entfernungen vorgenommen und sind am ersten Tag 14,3 Kilometer bis zu unserem Zeltplatz nach Hoheesche gepaddelt. Dieser sollte für die beiden Nächte als Standquartier dienen. Die Einplanung kurzer Paddelstrecken hat sich als richtig erwiesen, da verschiedene Kanadier überraschenderweise mit dem Paddel nicht vertraut waren und deshalb mehrere kleine Pausen notwendig wurden.
Eine Canadier-Besatzung (2Mann) paddelte auf der 14-Kilometer-Strecke bestimmt das Doppelte – im Zick-Zack-Kurs. Das Wetter war auch nicht dazu angetan, uns in Begeisterungsstürme zu versetzen. Es regnete bereits seit Tagen, und an diesem Tag blies der Wind auch noch recht kräftig von vorn. Vereinzelt

wagten sich aber doch schon zaghaft Sonnenstrahlen hinter den Wolken hervor. Um die Stimmung nicht auf den Nullpunkt und tiefer absinken zu lassen, wurden die ersten Reisesets (Dosenbier) verteilt. Wenn man auch den Daumen über die Öffnung halten musste, damit das Bier nicht verwässerte, half es doch, die Stimmung etwas anzuheben. Unsere ausländischen Freunde kredenzten ihren „Canadian Club“ direkt aus der Flasche, die in Ermangelung von Gläsern reihum gereicht wurde.

In Hoheesche angekommen, kannte jeder jeden. Als erstes wurden dort die Gepäckstücke ausgeladen und die vorhandene Bretterbude als Küche, Speise- und Schlafraum für vier Mann eingerichtet. Die übrigen bauten ihre Zelte auf, und anschließend gab es aus der mitgebrachten Einsatzverpflegung ein erstes warmes Essen.

Von unserem Vorschlag, eine ostfriesische Kneipe in Reepsholt aufzusuchen, waren alle begeistert und drängten auf baldigen Abmarsch zum „good German beer“.

Dem heimischen Gerstensaft wurde denn auch fleißig zugesprochen; wir konnten gar nicht so schnell austrinken, wie die Gläser serviert wurden. „A round“ mit den entsprechenden Gesten war den ganzen Abend zu hören.

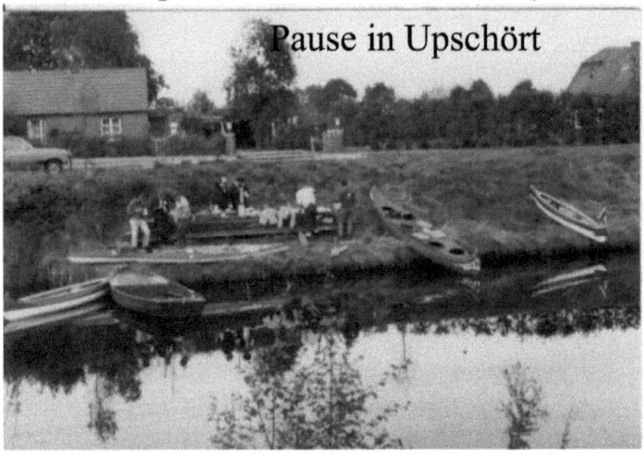
Pause in Upschört

Heimgekehrt auf den Zeltplatz waren alle innerlich so aufgewärmt, dass von dem ersten Nachtfrost - am Morgen waren auf dem Thermometer noch minus drei Grad abzulesen - von den meisten kaum etwas bemerkt wurde. Gegen 10 Uhr starteten wir in den dicken Nebel, der auf dem Wasser lag, gen Marcardsmoor. Nach der ersten Pause und den leicht verkniffenen Gesichtern (wovon wohl?) unserer kanadischen Paddelfreunde entschlossen wir uns, die Fahrt etwas abzukürzen und fuhren nur bis Upschört, mit einer Umtragestelle an der Schleuse Wiesede.

Das Wetter zeigte sich an diesem Tage von seiner besten Seite; nachdem der Nebel verschwunden war, lachte die Sonne freundlich vom Himmel. In Upschört wurde ein Stapel Bohlen, der direkt am Kanal lag, als Tisch zweckentfremdet und ein feudales warmes Mahl zubereitet. Es konnte gewählt werden zwischen Beans with Pork, Ravioli oder Chicken Stew, alles in Alu-Folie eingeschweißt und nur in kochendem Wasser zu erhitzen. Zum Nachtisch gab es ebenfalls in Alu-Folie eingeschweißte Birnen oder Kirschen. Ausgezeichnet!

Nach Beendigung der Mittagspause wurde umgedreht und zu unserem Standquartier nach Hoheesche gemütlich zurückgepaddelt, bzw. streckenweise haben wir uns treiben lassen und einen gemütlichen Klönschnack gehalten.
Das Treibenlassen geht auf einem stehenden Gewässer natürlich nur mit Unterstützung des Windes, der uns auch selten im Stich ließ.
Zurückgekehrt nach Hoheesche erlebte der vergangene Abend in Reepsholt eine Neuauflage mit dem Unterschied, dass unsere Kanadier zusätzlich noch Schnitzel, Bratwurst und Käse verdrückten. Einer unserer Freunde versuchte sein „Leiden“ mit Käse zu bekämpfen. Er hatte während der Tour so sehr mit einer Magenverstimmung zu kämpfen, dass er alle zehn Minuten ein Anlegemanöver fahren musste, schnellstens mit einer Rolle unter dem Arm aus dem Boot sprang und hinter der Kanalböschung oder ein paar Büschen verschwand. Zum Abschluss des Abends spendierte der Chief der Engineers noch unter dem Beifall aller eine Runde brennenden „Friesengeist“.
Am nächsten Morgen brachen wir bei strahlendem Wetter und Windstille die Zelte ab und traten den Rückweg nach Wilhelmshaven an. Während der Fahrt wurden oft die Boote im Päckchen zusammengelegt und der letzte Rest „Canadian Club“ vertilgt. Heimgekehrt in unser Klubhaus erhielten unsere kanadischen Freunde aus der Hand unseres Vorsitzenden Bernd Mellenthin einen Wimpel des WKK für deren Messe an Bord und jeder einzelne eine Medaille zur Erinnerung an diese Fahrt. Als Gegengeschenk ziert unsere Messe im Bootshaus jetzt das Wappen der NIPIGON und eine kanadische Flagge. Wir „Scouts“ wurden für den folgenden Samstag auf die Fregatte zu einem kleinen Umtrunk als Dankeschön für die Betreuung eingeladen. An diesem Abend wurde noch einmal bestätigt, was wir bereits mehrfach aus ihrem Munde gehört hatten: „It was a good time!“

Unsere „Trauminsel“ Hjörtö

eine Woche Dänische Südsee mit Paul und Günter.

Zwei Jahre zuvor hatte ich mit Paul bereits einen Kurztripp in die Dänische Südsee unternommen. Bei schwachwindigem, aber sonnigem Wetter paddelten wir von Avernakö, Dreyö, Graesholm zu der kleinen und schmucken Insel Hjörtö. Am weißen Strand konnte man problemlos aussteigen. Eine geschützte gepflegte grüne Wiese lud zum Zelten ein.

Irgendwie hatte es Paul erwischt. Er hatte sich eine starke Erkältung mit leicht erhöhter Temperatur eingefangen. Er blieb den ganzen Tag im Zelt liegen und kurierte sich aus. Ich durfte die Insel unsicher machen. Zum Erholen und Ausspannen ist diese kleine Insel ein Traum. Am nächsten Tag setzte uns das Wetter fast schach matt. Auf Schönwetter folgte Regen und Wind. Wir sind nach Abflauen des Windes auf kürzestem Weg nach Vindeby zum Campingplatz gepaddelt und erreichten hier das windgeschützte Ufer. Trotzdem hat uns der Gegenwind alles abverlangt. Es war eine ganz schöne Quälerei, den Platz zu erreichen. Nun hatte es mich erwischt. Schweißgebadet lag ich im Zelt. Ich konnte einfach nicht mehr. Womöglich hatte mich Paul angesteckt. Aber am nächsten Morgen war es, als ob nichts gewesen wäre. Ich hätte Bäume ausreißen können, wenn der „blöde" Wind nicht gewesen wäre. Wir nahmen den Bus, um das Auto zu holen.
Ich hatte den Wunsch, im Jahre 2002, noch einmal dort hinzufahren.
Damit ich nicht von Wilhelmshaven nach Fahrdorf, da wohnt Paul, alleine fahren musste, konnte ich Günter überreden, mitzukommen. Am frühen Nachmittag holten wir Paul ab und weiter ging es nach Dänemark über Sonderborg zur Fähre nach Fynshav. Nach einer knappen Stunde Überfahrt erreichten wir Falsled auf Odense. Noch einmal knapp 15 Minuten Autofahrt und wir erreichten wohlbehalten unseren Campingplatz. Nachdem wir unsere Zelte aufgebaut und zu Abend gegessen hatten, machten wir es uns gemütlich. Langsam wich die Anspannung der langen Reise. Begrüßungsschnaps, Begrüßungsbier, immer abwechselnd. Wir hatten uns viel zu erzählen. Günter musste unbedingt noch zu Hause anrufen. So konnte das eine mit dem Anderen verbunden werden. Ich konnte meine Telefongebühren sparen. Nach geraumer Zeit brach bei Günter eine gewisse Unruhe aus. Er suchte verzweifelt sein Handy. „Du hast doch noch gerade telefoniert!" so unser Kommentar, aber es war nicht mehr da. „Warte", sagte ich, „gib mir mal deine Nummer, ich rufe dich an!" Gesagt, getan, nichts. Es war nichts zu hören, es war abgeschaltet. Zelt ausgeräumt, Zelt eingeräumt. Packsack ausgeräumt, wieder eingeräumt. Es war wie verhext, das Handy war weg. Günter tröstete sich und uns mit einem Bier. Pauls Spezialgetränk, die „Tote Tante" gab uns den Rest. Vorsorglich hatte ich meinen Zelteingang offen gelassen. Für alle Fälle! Es kam, wie es kommen musste. Die lange anstrengende Reise, das Wiedersehensfest, das war einfach zu viel. Ich konnte gerade noch den Kopf aus dem Zelt bekommen. Danach konnte ich endlich gut schlafen. Die Bescherung sah ich erst am nächsten Morgen. Nur mit einem Spagatschritt kam ich aus dem Zelt. Sand war genug vorhanden, der Fleck war schnell weg. Hoffentlich hat mich keiner beobachtet. Oder vielleicht doch? Günter tat so komisch. Als kleine Rache erinnerte ich ihn an sein Handy.
Immer wenn ich mit Paul unterwegs bin, haben wir Mistwetter. Woran liegt das eigentlich? Das war von Flensburg nach Sonderborg schon so, ein Jahr später

war es auf der Schlei nicht anders. Hier kamen wir nach einem Husarenritt von Schleimünde nur noch bis Kappeln zurück. Im Jahr danach von Flensburg nach Schleswig hat es überhaupt nicht geklappt. Wir sind dann nach Dänemark gefahren, um einigermaßen Schutz vor dem starken Wind zu haben. Und nun schon wieder Wind.

Wir machten eine Ausweichfahrt in geschützter Ufernähe von Falsled nach Böjden und zurück. Ehrlich gesagt, es kam mir zugute nach der anstrengenden Nacht.

Am nächsten Tag hatte sich der Wind gelegt, dafür regnete es aber. Wir ließen uns nicht unterkriegen und packten unsere Boote. Auf nach Hjörtö, zu unser Trauminsel! Kaum auf dem Wasser, hörte auch der Regen auf. Besser konnte es uns gar nicht ergehen.

Sitzt man im Boot, sieht es von einer Insel zur nächsten Insel sehr weit aus. Von der Steilküste aus gesehen, kann man von einer Insel zur anderen rüberspucken. Ich musste mich erst wieder an den leichten Wellengang gewöhnen, aber da wir mit Gepäck fuhren, lag mein Eski wie ein Schlachtschiff im Wasser. Nun hieß es wieder, von einer Insel zur anderen „springen“. Vorbei war es mit dem Schutz der Landkante. Da ich mich auf meine Mitpaddler verlassen konnte, waren schnell meine letzten Zweifel zerstreut. Trotzdem fuhr ich konzentriert. Ein bisschen Unsicherheit war doch noch vorhanden.

Die Wellen nahmen, dank des nachlassenden Windes, an Höhe ab. Schlagartig ging es mir von Minute zu Minute besser. Schon bald erreichten wir die nächste Insel. Im Schutz der Uferkante steuerten wir das nächste Ziel an. Einen strahlenden weißen Sandstrand erreichten wir nicht, sondern eine Sandkante mit allerlei Geröll und Tang. Hatte sich hier eine Schlechtwetterfront ausgetobt? Am Ende der Insel Avernakö By, in einer kleinen geschützten Bucht, machen wir eine kurze Brotzeit. Das Aussteigen war keine Freude. Statt weißen Sand viele Steine, bedeckt mit glitschigem Modder. Woher kam der überhaupt?

Der achterliegende Wind schob uns förmlich gen Hjörtö. Wir paddelten über flachen Grund. Querab von Drejö saß ich auf einmal fest. Das war die Dänische Südsee – dansk Sydhav! Das ist die Bezeichnung für den dänischen Teil der Ostsee südlich des Kleinen und Großen Belts, rund um die dort befindlichen kleinen und größeren dänischen Inseln.

Ich war mit meinen Gedanken in der Südsee mit ihren weißen Stränden. Palmen grüßten vom Ufer. Gitarrenklänge, zu denen leicht bekleidete Mädchen tanzten, benebelten meine Sinne. Dabei hatte ich die Untiefe übersehen. „Bernd, komm` wieder zurück in die Wirklichkeit! Du bist in der Dänischen Südsee und nicht im Pazifik!“, sagte ich zu mir. Zum Glück war ich mit meinem Kajak unterwegs und konnte mich schnell aus der misslichen Lage befreien. Bei einem Segler wäre das schon eine Katastrophe gewesen. Was mögen wohl meine Mitstreiter gedacht haben? Ihr schelmisches Lachen verfolgt mich noch heute.

Bald darauf erreichten wir Hjörtö – die Trauminsel. Oh, was war denn hier los? Mein weißer Strand übersäht mit viel Unrat. Stinkende Algen bedeckten das Ufer. Vor dem Slip im kleinen Hafen lag ein Segelboot. Es war ein schwieriges Aussteigen. Es nützte nichts, wir mussten durch die Pampe. Unsere Zeltwiese sah nicht viel besser aus. Das Unwetter, das hier durchgezogen war, hatte noch einige Pfützen hinterlasen. Trotzdem reichte der Platz für drei Zelte aus. Wie hatten wir Günter unsere Insel angepriesen und nun das! Er konnte sich gar nicht beruhigen und machte den Zustand der einst schmucken kleinen Insel noch schlimmer als er war. Wir haben ihn nicht ernst genommen; für uns war und blieb sie unsere Trauminsel.

13 Einwohner lebten auf Hjörtö. Eine kleine Fähre, mit Platz für zwölf Personen kam zweimal täglich an. Sie hielt den Kontakt zum Festland aufrecht. Trinkwasser war mitzubringen, denn der kostbare Wasservorrat reichte nur für die Inselbewohner. Wer ausspannen möchte und Ruhe sucht, ist hier bestens aufgehoben. Waschbecken und eine Toilette waren in einem Häuschen am kleinen Hafen untergebracht; das Wasser dafür wurde aus dem Hafenbecken hoch gepumpt. Ein Badeversuch meinerseits scheiterte am kalten Wasser. Es war ja erst Mai, da konnte man noch keine angenehmen Wassertemperaturen erwarten.

Günter beruhigte sich nach einem Marsch über die Insel zusehends. Aber die Bezeichnung „Trauminsel“ hat er uns genommen. Paul und ich konnten damit gut leben. Er war ja noch nicht bei schönem Wetter und gemähter und gepflegter Wiese hier gewesen.

Der Abend verlief abstinent. Kein Bier, kein Schnaps und auch keine „Tote Tante“. Das musste sein. Wir sind mit den Hühnern ins Bett gegangen und mit den Hühnern wieder aufgestanden. Ein Fasan, jagte uns mit seinem froh lockenden Ruf aus den Schlafsäcken. Beim Hochziehen der Reißverschlüsse flog er erschrocken davon. Der Tag versprach schön zu werden. Auf jeden Fall war es nicht mehr so windig.

Mit schwachem, schräg achterliegendem Wind paddelten wir nach Vindeborg Öre. Kurz vor Vemmenaes unterquerten wir eine riesige Straßenbrücke, die zur Insel Langeland führt. Es ist schon gigantisch, was dänische Ingenieure für kühne Brücken aus Stahl und Beton bauen können. Sie sind so hoch, dass auch ein großes Segelschiff, wie die deutsche Bark „Gorch Fock“, hindurchsegeln kann. Nach dem Queren einer großen Bucht erreichten wir kurz darauf unseren Campingplatz, der auf einer Anhöhe lag. Wir packten unsere Boote am Strand aus und schleppten unser Gepäck hinauf. Wir hatten vergessen, einen Bootswagen mitzunehmen. Die Strafe war Buckelei. Schnell waren die Zelte aufgestellt und alle Klamotten eingeräumt. Jetzt hieß es brutzzeln. Günter war gar nicht erbaut von unseren Maggi-Tüten. Er rümpfte die Nase, ließ kein gutes Haar an uns und verdrückte sich auf seinen Schlafsack. Irgendetwas murmelte er noch von „Tütenessen“ und dann war schlagartig Ruhe. „Schlaf du man schön, du wirst nicht merken, was du verpasst", dachte ich. Paul und ich genehmigten uns erst einmal in Ruhe ein kühles Einlaufbier. „Tütenessen", da hatte Günter recht gehabt, aber von der Verfeinerung hatte er vorher nichts mitbekommen. Ich bereitete Speck und Zwiebeln vor und Paul war mit dem Zerkleinern von Paprika und Knofi beschäftigt. „Warum weinst du, Paul? Bist du nicht zufrieden mit unserem Tun?", fragte ich. „Iss du mal ein Stück Knofi, dann werden dir auch die Tränen in die Augen schießen", so Paul. „Und ich dachte, du hast schon nach drei Tagen Heimweh!"

Der Tüteninhalt, Nudeln in Rahmsauce nach Jägerart, brodelte so langsam vor sich hin. Ein feiner Duft von ausgebratenem Speck, verfeinert mit Zwiebeln und Knofi, erreichte auch Günters Zelt. Er kann gar nicht geschlafen haben. Ruckzuck stand er mit klapperndem Essgeschirr neben uns. „Damit habe ich überhaupt nicht gerechnet, dass Ihr daraus so etwas Feines machen könnt!", staunte er. „Ihr werdet doch einen armen Kapitän nicht verhungern lassen?" „Du bekommst auch etwas ab, nur wenn du versprichst, dass du die nächste Runde ausgibst", so unsere Antwort. Das ließ er sich nicht zweimal sagen.

Am nächsten Tag brachte starker Rückenwind uns schnell vorwärts. Wir schätzten die Windstärke auf vier bis fünf. Nach einer Kursänderung um 45° nach Ost hatten wir die Wellen schräg von achtern. Fast jede dritte Welle zeigte Schaumkronen. Wir mussten uns auf unser Paddeln konzentrieren. Nach einer kurzen Rast flog in niedriger Höhe ein Hubschrauber über uns hinweg. Er kontrollierte uns. „Alles in Ordnung", wurde uns signalisiert. Wir trugen unsere Rettungswesten; in Skandinavien ist das Pflicht.

Ab und zu schützte uns eine kleine Insel vor Wind und Wellen und es wurde ein bisschen ruhiger. Ein Seezeichen in der Ferne zeigte uns den richtigen Weg. Bei der Überquerung einer großen Bucht hatte der Wind Erbarmen mit uns. Er blies nur noch mit halber Kraft. Wir paddelten mit äußerster Kraftanstrengung, um schnell das andere windgeschützte Ufer zu erreichen. Paul paddelte links von mir, zur See hin, Günter zu meiner rechten Seite. Immer wenn eine Welle mich anhob, konnte ich meine Mitstreiter erkennen. Ich war in ihrer Obhut und sie in meiner. Zu keiner Zeit kam ein unsicheres Gefühl auf. Nach gut fünf Stunden Paddelei erreichten wir glücklich und zufrieden wieder unseren Ausgangsplatz NAB-Camping. Wir hatten gerade unsere Zelte im Windschatten aufgestellt, als der Wind wieder mit verstärkter Kraft blies. Da hatten wir Glück gehabt.

Wir ließen das Ende unserer Reise gemütlich ausklingen. Das dänische Bier kann ganz schön treiben; häufig musste ich in die Büsche. Was blinkte mich denn da so an? Ich traute meinen Augen nicht. Günters Handy! „Du, Günter, ich weiß wo dein Handy ist!" „Ja, wo denn?" „Eine reine Pilsfrage und du hast es wieder!"

Ein „Traum“-Urlaub

Willkommen in der Schweiz

Meine Kanufreunde haben mich überredet zu einer Wildwassertour in den Schweizer Alpen. Der wilde Fluss Malter Vispa von Zermatt nach Brig sollte es sein. Für mich überhaupt kein Problem, da ich schon in der Eifel auf Erft und Rur war. Hinzu kommt die Wildwassererfahrung auf den polnischen Flüssen von Poprad und Dunajec. Auch die Lehrgänge auf der wilden Oker im Harz sind die beste Voraussetzung für etwas Extremes.
Ich habe nicht lange überlegt und spontan zugesagt. Meine Freunde wollen die ganze Ausrüstung einschließlich Bootsmaterial per Pkw mitnehmen. Da ich eine Fahrt mit dem Glacier-Express schon immer einmal machen wollte, kann ich mein Vorhaben damit gut verbinden. Ein bisschen Vorbereitung brauche ich noch, da ich nur einen Rucksack mitnehmen will.
Mit dem Zug bin ich angereist, quer durch die Bundesrepublik Deutschland, Österreich und die Schweiz. Am späten Abend bin ich in St. Moritz angekommen.
Oft hatte ich umsteigen müssen. Da ich unbedingt mein Paddel mitnehmen wollte, hatte ich deswegen einige Schwierigkeiten. Wo lässt man das sperrige Stück? In St. Moritz komme ich mir vor wie ein armer Schlucker – bei soviel Prominenz im guten Zwirn.
Am nächsten Tag gehe ich zeitig zum Bahnhof, um den Glacier-Express Richtung Zermatt nicht zu verpassen. Beim Einsteigen hindert mich schon wieder mein Paddel. Warum musste ich es unbedingt mitnehmen? Um 10 Uhr sitze ich endlich im Zug, schon 10 Minuten später geht die Reise los. Für sieben Stunden bietet mir nun dieser herrliche Panoramazug Bequemlichkeit mit herrlichen Aussichten. Vorbei an mittelalterlichen Burgen und Klöstern, über 291 kühn geschwungene Viadukte und durch 91 Tunnels bis hinauf auf den 2033 Meter hohen Oberalbpass. Vom Hochtal der Segantini-Ebene bis zur Gletscherwelt der Walliser 4000er beim weltbekannten Matterhorn. Ich glaubte, ich hätte den Himmel berührt! Weiter geht es durch ein Stück reine Natur mit würzigen und urigen Bergwäldern, stillen Almen, rauschenden Bergbächen und traditionsreichen Bergtälern mit historischen Kulturen. Vor lauter Staunen verliert sich mein Zeitgefühl.
Warum ich in Täsch ausgestiegen bin, ist mir ein Rätsel. Mein Rucksack steht vor mir, in der rechten Hand habe ich mein Paddel. Die Kamera baumelt lässig um meinen Hals, als ich die roten Schlusslichter meines Glacier-Expresses entschwinden sehe. Nun muss ich zu Fuß nach Zermatt. Zum Glück ist es aber noch nicht dunkel. Ich benutze den Bahnlehrpfad, den ich von den Berichten aus meinen Märklin-Magazinen oft schon in Gedanken gegangen bin. Glasklare Berg-

flüsse, die mir entgegenkommen, zeigen mir den Weg. Mein Glacier-Express überquert in diesem Moment einen Viadukt. Mein Wanderweg führt entlang an einer faszinierend angelegten Bahnstrecke, inmitten einer herrlichen und atemberaubenden Berglandschaft. Im Stundentakt fahren die Züge an mir vorbei. Mein Tagesziel werde ich heute wohl nicht mehr erreichen. Schritt für Schritt gehe ich gemächlich bergauf. Meinen Rucksack spüre ich kaum, nur das Paddel ist sehr hinderlich. Ich bin drauf und dran, es in den Fluss zu werfen. Sicherlich haben meine Sportkameraden auch Ersatzpaddel dabei. Die Nacht wollte ich eigentlich im Hotel verbringen, so dass ich darauf verzichtet habe, eine Zeltausrüstung mitzunehmen.
Schlagartig wird es dunkel. Eine gewisse Unruhe macht sich nun doch bemerkbar. Ich mache es mir im Wald auf zusammengesuchtem Reisig, so gut es geht, gemütlich. Den Rucksack benutze ich als Kopfkissen, die Fotoausrüstung wird zur Sicherheit am Hosengürtel befestigt. Das Paddel lege ich griffbereit neben meinem Körper, so dass ich es in einer Notsituation als Waffe benutzen kann. Irgendwann überfällt mich die Müdigkeit. Ich muss tief und fest geschlummert haben.
Auf einmal steht, ich traue meinen Augen nicht, Janette vor mir und tippt mich an. Schweißgebadet wache ich auf und sitze kerzengerade im Bett. Abrupt ist meine schöne Reise zu Ende gegangen. Sie hat mich ungewollt aus meinen schönsten Träumen gerissen und ins normale Leben zurückgeholt. Mit meinen Gedanken bin ich schlagartig bei meinem Freund Willy. Durch ihn bin ich wohl in den Genuss dieser Reise gekommen. Beim letzten Besuch in Göppingen hat uns seine Ehefrau Gerlinde Schweizer Nudeln eingepackt, die wir gestern gegessen haben.

Wenn gute Speisen, wie hier die Schweizer Nudeln, immer zu solchen Träumen verhelfen, dann schicke ich meinem Freund etwas von der Küste. Der Traum könnte dann zu einer eventuellen Kreuzfahrt verhelfen, bloß beim vorzeitigen Aussteigen sollte alles in trockenen Tüchern sein.

Friesen Tour

der Klassiker als Rubbeltour vom 14. bis 16. Juli 2009

ich paddelte den Klassiker mit Gleichgesinnten, auch allein, aber diesmal als ein „Neu-Nörder“ mit richtigen Ostfriesen. Die Spielregeln sind bekannt, 111 Kilometer von Norden nach Wilhelmshaven sind Limit. Im Kanu in einer ruhigen

Landschaft, abseits des Massentourismus zu paddeln, ist die schönste Freizeitbeschäftigung. Marschenlandschaft, Moore und waldreiche Geest wechseln sich ab zwischen Leybucht, Dollart und Jadebusen. Dörfer auf alten Warfen, Kirchen mit den schönsten Orgeln Europas, stolze Höfe, Mühlen, Leuchttürme und sehenswerte Baudenkmäler begleiten den Kanuten. Viele große und kleine einsame Wasserwege ohne Strömungen verbinden Dörfer und Städte und laden ein zum Verharren und Schauen. Sie sind ein Geheimtipp für Naturliebhaber und Wasserwanderer.

Eigentlich viel zu schön, um hier in nur drei Tagen 115 Kilometer zu durchfahren. Jan-Dieter, Dieter, Johannes, Karl-Hermann und ich haben zum Wochenende noch den Montag hinzugenommen.

Die Fahrtenbesprechung hatte am Montag zuvor im Bootshaus des WSV Norden stattgefunden. Wer mit wollte, muss schon etwas Kondition mitbringen. Für die Ausrüstung, einschließlich Bootswagen, hatte jeder selbst zu sorgen. Der Start war für Sonnabend, 9 Uhr, vorgesehen.

Als Fahrtenleiter war ich schon ein bisschen kribbelig und daher eine Stunde früher im Bootshaus. Nun hatte ich Zeit und konnte in Ruhe meinen Einer-Kajak bepacken. Die Zeit verging. Als Hannes kam und anfing zu packen, beruhigte ich mich ein bißchen. Eine halbe Stunde vor dem Start fehlten aber immer noch drei Mitstreiter. Hatte ich etwas falsch gemacht bei der Fahrtenbesprechung?

Auf einmal kam Dieter mit seinem bepackten Boot von zu Hause angerollt. Der Bootswagen war untergeschnallt. So konnte er gleich testen ob alles funktionierte. Jan-Dieter, nur Jan gerufen, kam, wie konnte es anders sein, auf dem Wasserwege, denn er wohnt an einem Seitenarm des Norder Tiefs. Wo aber blieb Karl? Die Minuten und Sekunden verrannen und kein Karl in Sicht. Hier hatte die Kommunikation wohl nicht geklappt. Start ist nicht Treff! Ob er ahnte, was auf ihn zukam? Oder hatte er eventuell doch dem Wetterbericht genauer zugehört? Karl war nicht mehr zu überreden, mitzukommen. „Dann bleib mit den Mors zu Hause, du ostfriesischer Sturkopp!“

Leichter Gegenwind begleitete uns zur Schleuse Leybucht. Man kann sich auf die Ostfriesen verlassen, der Schleusenwärter war pünktlich zur Stelle. Die Schleusengebühr hatte ich schon in Norden bezahlt, so blieb mir ein zusätzliches hinderliches Aussteigen erspart. Durch die Schleusung sparten wir Kräfte, die wir bis zu unserem Tagesziel, dem Emder Kanu-Klub, auch bitter nötig hatten. Richtung Greetsiel wurde der Gegenwind merklich stärker. Jeder war mit sich selbst beschäftigt so „rubbelten“ wir die nächsten Kilometer herunter. In Greetsiel wurde am Slip umgetragen und nach einer kurzen Brotzeit die Fahrt Richtung Emden fortgesetzt. Dass jeder seinen eigenen Bootswagen dabei hatte, war ein großer Vorteil, denn so sparten wir viel Zeit. Vorweg Windrichtung Süd-West, in Böen vier bis fünf Windstärken, manchmal auch etwas heftiger. Zum Glück schien die Sonne. In Grimersum hatten wir auf einer Strecke von 500

Metern den Wind ein bisschen von hinten. Ab und zu war es uns auch möglich, im Windschatten an einer etwas höheren Uferkante oder im Schutz der wenigen Bäume zu fahren. Damit es nicht zu langweilig wurde, haben die anderen mir Plattdeutsch beigebracht.
Nach einer kurzen Pause in Loppersum mussten wir auch noch unsere Paddeljacken überziehen. Die Sonne verschwand hinter schwarzen Regenwolken. Auch das noch. Die Arme wurden länger und länger. Zur Aufmunterung wurden alte Geschichten wieder aufgewärmt. Ich hörte gar nicht mehr zu. Mit meinen Gedanken war ich auf einmal bei meiner Arbeit. Aus den Augenwinkeln heraus, schwach im Regendunst, erkannte ich die kleine evangelisch-reformierte Kirche in Suurhusen und ich musste an eine Orgelreparatur denken. Gerade vier Wochen her und das neue Instrument war schon defekt. Sie pfiff, wie man so schön sagt, auf dem letzten Loch. Wie war es dazu gekommen?
Kalt ist es. Hoffentlich schneit es bald damit meine Ein- und Ausgänge und mein gepolsterter unterirdischer Wohnraum ein bisschen wärmer werden. Auch habe ich dann ein bisschen mehr Schutz vor meinen Feinden. Hier in dieser ostfriesischen Landschaft, am Dorfrand von Suurhusen, muss ich sehr aufpassen auf Sperber und Bussard. Der Bussard hat im angrenzenden kleinen Wäldchen seinen Horst und der Sperber in der alten evangelisch-reformierten Kirche sein Nest. Der Kirchturm steht gewaltig schief. Er ist der schiefste Turm der Welt (über 5° Neigung) und im Guinnessbuch der Rekorde eingetragen.
Der Hunger treibt mich ins Freie. Von Bussard und Sperber nichts zu sehen. Dass sie es in dieser kalten Jahreszeit sehr schwer haben, ausreichend Futter zu finden, verstehe ich ja, aber mich sollten sie schon zufrieden lassen.
Glockengeläut dringt in mein Ohr. Hier in der Neubausiedlung am Rande dieses Feldes haben die Menschen eine neue evangelisch-reformierte Kirche gebaut und im Jahre 1977 eine kleine fünfregistrige Orgel mit einem angehängten Pedal eingebaut. Heute ist Sonntag und wieder Gottesdienst. Ich sehe einzelne Besucher, die durch die offene Tür gehen. Bitte lasst die Tür länger offen als sonst. Dann könnte ich mit hineinschlüpfen und mich ein bisschen aufwärmen. Vorsichtig schleiche ich mich heran. Kaum bin ich in der warmen Kirche, schlägt hinter mir die Tür zu. Oh, die vielen Menschen! Wo soll ich mich so schnell verstecken? Ich husche unter die Orgelbank, quasi beim Organisten durch die Beine. Schnell noch unter der Pedalklaviatur hindurch, und ich bin in der kleinen Orgel erst einmal in Sicherheit. Ich verstecke mich in der hintersten Ecke und nehme so ungewollt am Gottesdienst teil. Die Orgel spielt auf. Wundervoll, warmherzig und wohltuend erklingen die Register. Die Gemeinde stimmt in den Gesang ein. Neben der Orgel muss vermutlich der Kirchenchor stehen. Der saubere Klang übertönt die „brummigen“ Stimmen der Gemeinde. Der Pastor spricht zu der Gemeinde und bittet sie, die Eingangstür nur so lange wie nötig offen zu halten. Hier gebe es viele Feldmäuse. Auch wenn es niedliche Tiere

seien und Gottes Geschöpfe, so könnten sie durchaus viel Schaden an der neuen Orgel anrichten. „Damit meint er doch wohl nicht mich?“ Ich will mich doch nur aufwärmen, und dann verlasse ich euch wieder. Zum Schluss spielt noch einmal die Orgel auf. Wie komme ich hier bloß wieder raus, ohne dass einer mich bemerkt? Starkes Stuhlgeschiebe nehme ich wahr. Der Gottesdienst ist zu Ende, die Gemeinde verlässt die Kirche. Ich traue mich nicht, durch das Gewirr der vielen Menschenbeine hinauszulaufen. Ich warte noch einen kurzen Moment, dann versuche ich, so schnell wie möglich ins Freie zu kommen. Wumms – die Tür schlägt vor mir zu. Nun bin ich gefangen. Nachdem der erste Schreck verflogen ist, inspiziere ich die Kirche. Ein paar Kuchenkrümel von der letzten Teetafel stillen meinen Hunger. Ich krieche in die Orgel zurück und versuche, es mir bequem zu machen. Zur Auspolsterung meines Nachtlagers knabbere ich die Lederringe aus der Spielmechanik an. Von der Technik kann ich nichts gebrauchen. Alles ist aus Eichenholz gefertigt, und dies Holz ist zu hart für meine Zähne. Früher haben sie als Materialeinsparung, sicherlich auch aus Kostengründen, die Splintkanten des Eichenholzes mit verarbeitet. Mit Splintholz werden die äußeren Jahresringe des Baumes bezeichnet. Sie dienen der Saft- und Wasserführung und sind in der Farbe im Vergleich zum Reife- und Kernholz viel weicher und heller und somit zur Verarbeitung nicht geeignet. „Die könnte ich dann zur Not klein raspeln und auch als Magenfüller nutzen.“, sagte ich mir.
„Oh, sieh mal, Schafleder, das ist genau das richtige Polster für mein Lager.“ Ich laufe über die hinteren Tasten der Manualklaviatur und bin mit einem Satz beim Faltenbalg. Die Orgelbauer haben erstklassige Arbeit geleistet. Es ist gar nicht so einfach, einen Anfang zu bekommen. Schade, dass der Balg, das Herzstück der Orgel, zusammengeklappt ist. Darum ist es noch schwerer, an das nach innen gefaltete Leder heranzukommen. Aber mit meiner Ausdauer und Zähigkeit gelingt es mir, ein kleines Loch hineinzubeißen. Ich nehme nur so viel wie nötig, ein kleines Loch kann doch wohl nicht schaden, und die Orgel bleibt ganz bestimmt spielbereit – denke ich zu meiner Beruhigung. So wandere ich hin und her. Mehrmals vom Faltenbalg über die Manualklaviatur zu meinem Lager. Irgendwo muss ich auch mein unverdautes Futter lassen, und dass ich meine Notdurft ausgerechnet auf der Manualklaviatur loswerde, kann doch nicht so schlimm sein. Die kleinen „Ködel“ werden sich doch nicht zwischen den Tasten verklemmen? Mir gefällt es hier ganz gut, und ich werde die Winterzeit in der Kirchenorgel überbrücken. Lass es doch draußen frieren und schneien, wie es will, hier ist es schön gemütlich und warm. In der Kirche bleibt es immer temperaturbeständig, das schreibt die Landeskirche so vor.
Nach zwei Tagen kommt zur Abendzeit der Organist. Ich verhalte mich ganz still. Er kommt zum Üben. Er stellt seine Noten auf das Notenbrett und wechselt in aller Ruhe seine Schuhe. Aha, die schmalen leichten Schuhe braucht er zum Spielen der Pedalklaviatur. Nun steckt er den Schlüssel zum Einschalten des

Gebläses in das Schloss. Eine leichte Drehung nach rechts, und das Gebläse läuft. Nur zögernd hebt sich der Faltenbalg. Ein starkes Zischen ist zu hören. „Oh, hoffentlich sieht er nicht das Loch!“ Er sieht es zwar nicht, hat es aber nun doch gehört. Er nimmt die Klappe über dem Vorsatzbrett heraus und erforscht die Ursache. Irgendetwas murmelt er, aber er kümmert sich nicht weiter darum. Die Klappe wird wieder eingesetzt, und er beginnt mit seinen Orgelchorälen. Da habe ich aber Glück gehabt. Mehr darf ich nicht beschädigen. Eine Mausefalle, womöglich noch mit angebratenem Speck – wer kann da widerstehen –, wäre unwillkürlich mein Ende.
„Wer kommt denn da?“ Ich sehe den Pastor, den Küster und noch einen Mann. Sie gehen zur Orgel und unterhalten sich über die störenden Nebengeräusche. Der Pastor spricht in einem härteren Ton und schimpft mit dem fremden Mann: „Eine neue Orgel, nicht einmal vier Wochen alt, und schon die ersten Mängel. Wo soll das hinführen?“ Er wehrt sich mit Worten: „Lieber Herr Pastor – die Orgel ist vom Orgelsachverständigen abgenommen worden. Uns wurde erstklassige Arbeit bescheinigt. Und bei der Orgeleinweihung wurde sie in den höchsten Tönen gelobt.“ Mit schnellen Griffen öffnet der Fremde die Klappen und Türen. Das muss ein Fachmann sein, sicherlich ein Orgelbauer. „Hoffentlich sieht er nicht die Mäuseködel?“, frage ich mich besorgt. Doch noch sagt er nichts und schaut sich erst einmal alles in Ruhe an, auch den Balg. Beim Anstellen des Gebläses erkennt er sofort das angeknabberte Leder am Balg. Mit einem kunstvoll geschnittenen Flicken dichtet er das Loch ab. Nun zeigt er dem Pastor und dem Organisten die Spuren der Mäuse. „Aha, mehrere, nicht nur ich! Da habe ich aber Glück gehabt! Wenn der wüsste!“ Fremdverschulden, Mäuse und dergleichen sowie die Stimmung der Orgel fallen nicht unter die Garantie, so steht es im Vertrag. Zähneknirschend nahm der Pastor das zur Kenntnis. Ruckzuck waren auch die Mäuseködel beseitigt, und als Empfehlung sprach er aus, dass es vorteilhaft wäre, eine Mausefalle aufzustellen. Zu meinem Glück stand die Einganstür offen, und schnell verlies ich diesen für mich nun zu gefährlich werdenden Ort.
Nun sitze ich wieder unter der kalten Wiese und habe manchmal eine doch große Sehnsucht nach meinem warmen Orgelkämmerlein. Doch das habe ich mir selbst zuzuschreiben, hätte ich nur nicht das Leder angeknabbert.
„Bernd, so der Ausruf meiner Sportkameraden, geht es dir nicht gut? Du bist so still!“ Ich hatte vollkommen abgeschaltet. Mit meinen Gedanken war ich immer noch bei meiner kleinen Kirchenmaus. „Ach, du arme kleine Kirchenmaus!“ Ein bisschen tat sie mir leid.
Das Rattern des Zuges über die Eisenbahnbrücke in Suurhusen habe ich nur im Unterbewusstsein mitbekommen. Tief in meinen Gedanken versunken war ich auf einmal in Hinte. Für die Schönheiten des Dorfes hatten wir keinen Blick.

Die beiden Dorfkneipen hatten zu dieser Zeit sowieso noch nicht geöffnet. Das war auch gut so, langsam lief uns durch den starken Gegenwind die Zeit davon. Die Baustelle im Emder Stadtgraben konnten wir zum Glück umfahren. Der heutige Sonnabend war für die Bauarbeiter Ruhetag; leider nicht für uns. Nach 45 Kilometer ständiger Plackerei erreichten wir endlich den EKC Emden. Wir wurden gebührend empfangen. Statt Tee gab es Pils. Der Berliner dazu hat hervorragend geschmeckt.
Unser Nachtlager haben wir im Bootshaus aufgeschlagen. Nach einer heißen Dusche war uns, als hätten wir die lange Strecke auf einer „Backe" abgeritten. Die Schinderei war schlagartig vergessen. Dann wurde Abendbrot gemacht. Tolle Gerüche zogen von der kleinen Küche in den Aufenthaltsraum. „Nä, een Pottkieker bün ick wiß nich", so Dieter, „woll aber een Leckerbeck. Lütje Tuffels, Speckfetten-Grau-Arten, Plumengört, Mehlpütt, Bookweitenschubbers." „Hör auf", riefen wir ihm zu, „uns läuft schon das Wasser im Mund zusammen!" Man gut, dass wir alleine waren. Dieter hatte etwas Undefinierbares in seiner Dose, vielleicht etwas Asiatisches, das wir mit Zwiebeln, Schinkenspeck und Knofi noch verfeinert haben. Jeder war für sich am Brutzzeln. Alle Kochplatten des E-Herdes wurden ausgenutzt. Kein Wunder, denn alle hatten richtigen Kohldampf! Trotzdem war das Essen nicht einfach zusammengerührt, auch wir können mit Liebe kochen! Den Abwasch übernahm Hannes. Einer musste ja für Ordnung sorgen! Jan war Essen gegangen. Ganz vornehm – Bratwurst mit Pommes. Das kann jeder. Der hat was verpasst! Ein paar Gedecke (Bier & Korn) gab es noch als Nachspeise. Danach schlummerten wir alle. Geschnarcht hat von uns angeblich keiner. Oft klapperte die Tür. Warum wohl?
Der nächste Tag, Start 9 Uhr, bescherte uns Kaiserwetter. Die Kesselschleuse war per Bootswagen schnell umkarrt. Sonnenschein und eine leichte Brise von achtern trieben uns gen Aurich. In Rahe, an der Schleuse „Kukelorum" mit Kneipe, haben wir uns erst wieder die Beine vertreten. Wir mussten auch nötig raus, irgendwie drückte die Blase. Drei Mann mit dem Gesicht zur Hecke und einer fotografiert.
Die Schleuse Wiesens erreichten wir noch im Hellen. Schnell waren unsere Zelte beim Bootssportverein Wiesens aufgebaut und danach hieß es: „Heute bleibt die Küche kalt!" Trotz dieser demokratischen Abstimmung hatte sich das Bootsgewicht leider nicht verringert, im Gegenteil. Ein gepäckfahrender Kanute kennt das. Wir hatten in der Gaststätte Mut und haben uns nach Rückfrage, wie groß denn die Currywurst sei, gleich jeder zwei Stück bestellt. Pommes und Salatteller gehörten dazu. Das Essen kam. Wir haben die Hände überm Kopf zusammengeschlagen und dabei an den Film „Das große Fressen" aus den 70er Jahren gedacht. Wir wären die richtigen Darsteller gewesen. Trotzdem haben wir alles aufgegessen. Neue Gäste sprachen unseren Hannes mit „Herr Dr." an.

Hannes musste wohl sehr viel Ähnlichkeit mit dem Norder Orthopäden Dr. Müller, genannt „Kniemüller“, gehabt haben.
Am folgenden Tag: wie gehabt – Start 9 Uhr – wir waren pünktlich auf dem Wasser. Von Schleuse zu Schleuse waren es nun zwölf Kilometer. Nach gut fünf Kilometer der Strecke konnte man sehen, wo man abends ankommen würde. Aber solche endlos scheinenden Strecken gehen auch vorüber. Wir beschäftigten uns zwischenzeitlich mit Singen. Einer fing an und hörte irgendwo im Text auf. Der Anfangsbuchstabe dieser Textstelle bildete den Anfang des neuen Liedes. Auch Dieter war wieder einmal dran und erhielt als Vorgabe den Buchstaben „F“. Nach einer langen Überlegungszeit schmetterte er: „Fadelheid, Fadelheid, ich kauf mir lieber einen Tirolerhut…“ Vor Lachen konnten wir kaum noch paddeln. Aber es lenkte ab.
Auf einmal waren wir vor der Schleuse Upschört. Der Schleusenwärter erwartete uns schon. Es ging ganz schön weit herunter. Die Schleusenkammer wurde durch unser Singen und Lachen zum Opernsaal. Ein Genuss mit Adelheid – Verzeihung -„Fadelheid“!
Die beiden dicht hintereinander liegenden Schleusen Upschört und Wiesede waren schnell passiert. Noch 21 Kilometer bis nach Wilhelmshaven zum WKK lagen vor uns. Die geliebte Brotzeit fiel aus. Der achterliegende Wind nahm an Stärke zu. Geregnet hat es leider auch. Wir flogen förmlich gen Wilhelmshaven. Unsere Segelregenschirme konnten wir mit Mühe noch festhalten, doch so mancher knickte durch und wurde beim WKK entsorgt.
Der Abholdienst klappte vorzüglich, trotz zwischenzeitlichen Anhaltens wegen des sintflutartigen Regen. Wir hatten drei unvergessliche Tage.

Der Wilhelmshavener Kanu-Klub 1927 e.V. hat unter meiner Federführung zum Kennenlernen der friesischen und ostfriesischen Landschaft ein Wanderfahrerabzeichen herausgebracht. Die Kajaktour kann in Norden beginnen und endet in Wilhelmshaven oder umgekehrt, je nach Wetterlage. Die entsprechenden Unterlagen für die Friesen-Tour sind über den Wilhelmshavener Kanu-Klub zu erhalten.

… und noch einmal die Elbe

Urlaubsfahrt mit dem Paddel-Club Stöcken / Hannover vom 7. bis 17. Mai 2001

Die Elbe gilt als der letzte weitgehend ursprüngliche Strom in Europa. Zwar haben die Menschen immer versucht, den Fluss von seiner Quelle im böhmischen Riesengebirge bis hin zur Mündung in die Nordsee, zu bändigen, doch zeigt die Elbe ihr unverfälschtes Gesicht in zahllosen Naturschutzgebieten, Altarmen und Auen.
Sagen und Legenden ranken sich um das Elbwasser. Manch einer behauptet fest, an der Quelle bei Spindlermühle den Berggeist Rübezahl persönlich gesehen zu haben. An der Mündung, bei den Norddeutschen, gilt so etwas als „Spökenkiekerei".
Wenn die Elbe bei der Kugelbake in Cuxhaven in die Nordsee fließt, hat sie schon eine weite Reise hinter sich. Nachdem sie ihr Geburtsland Tschechien verlassen hat, gräbt sie sich auf deutschem Boden durch das grandiose Elbsandsteingebirge. Später fließt sie durch sanfte Hügellandschaften mit romantischen Weindörfern, umgeben von stattlichen Schlössern. Wenn sie in die Weiten der Norddeutschen Tiefebene eindringt, hat sie auch ihre besonderen Reize. Die lange Fahrt wird aufgelockert durch mehrere sehenswerte Städte wie Bad Schandau, Rathen, Dresden, Meißen, Torgau, Wittenberg, Magdeburg, Tangermünde und Hamburg.
Die Wasserführung der Elbe ist starken Schwankungen unterworfen. Hochwasser herrscht zur Zeit der Schneeschmelze und nach starken Regenfällen. Bei Niedrigwasser, nach langen trockenen Perioden, hat die Schifffahrt erhebliche Schwierigkeiten. So wie auch im Sommer 1994, als Janette und ich mit unseren Einern diesen Fluss bepaddelt haben.
Wasser ist ein Lebenselixier und ein wichtiger Grundstein für das Leben. Wasser ist durch nichts zu ersetzen. Für alle Organismen, die auf der Erde leben, ist Wasser unentbehrlich. Es entscheidet über unser Wohlbefinden, aber auch über unsere körperliche und geistige Frische. Ohne Wasser können auch wir Kanuten unseren schönen Sport nicht ausüben. So hofft man nach einer langen Trockenperiode wieder auf reichlich Regen, so dass unsere Flüsse auch genug Wasser führen.
Aber im Monat Mai brauchen wir uns keine Sorgen zu machen. Wie heißt es so schön: „Mai kühl und nass füllt den Bauern Scheune und Fass." Uns füllte er den Fluss. Wir wollten wieder zur oberen und mittleren Elbe, diesmal mit unseren befreundeten Kanuten aus Hannover im Rahmen einer Vereinsfahrt. Nach wochenlangen Regentagen war unsere Elbe randvoll.

Ruhig schnurrte unser Auto Richtung Hannover. Treffpunkt war um 10 Uhr beim Verein PC Stöcken. Dort angekommen wurden wir von Christel und Frank mit einem zweiten Frühstück überrascht. Das tat gut, denn die Fahrt von Wilhelmshaven bis hier hatte gut zwei Stunden gedauert. Nach der ausgiebigen Stärkung ging die Fahrt über Magdeburg, Halle, Dresden zum Campingplatz Ferdinandshof in Königsstein. Am späten Nachmittag trafen wir dort ein. Ein langgezogener Zeltplatz zwischen Elbe und Eisenbahn, dahinter als „Resonanzfläche“ die Berge, erwartete uns. Unsere Zelte waren schnell aufgebaut und die Utensilien eingeräumt. Auch wenn unsere Mägen schon knurrten, hieß es noch warten. Birgit, Alexander und Bernhard hatten einen Umweg fahren müssen, da ein Auto in Havelberg abgestellt werden musste. Es dient später zur Rückbringung aller Pkw-Fahrer nach Königsstein. Schließlich bogen die Nachzügler auch schon zum Zeltplatz ein. Sie waren gut 250 Kilometer mehr gefahren als wir. Eine leichte Erschöpfung war ihnen anzusehen. Umso größer war die Freude, sie gesund wiederzusehen.

Nun gab es kein Halten mehr. Hungrige Paddler suchten etwas zum Essen. Tische und Stühle wurden zusammengestellt, so dass alle an einem langen Tisch sitzen konnten: Christel und Frank, Walter, Angelika und Heinz, Birgit und Alexander, Bernhard und als Gäste Janette und Bernd. So konnten wir als Einstand einen Schluck ausgeben. Trotz Fahrerei und ausgiebigem Essen fielen keinem die Augen zu. Lustig und fröhlich saßen wir noch lange zusammen. Für den nächsten Morgen war noch kein Paddeln angesagt, wir wollten doch erst noch zur Burg auf den Königstein und zur Bastei. Gerade Janette und ich wollten sehen, was sich innerhalb von sieben Jahren baulich verändert hatte.

Wir fuhren per Auto zum Amselgrund und ließen uns per Gierfähre hinübersetzen zum beschaulichen Kurort Rathen. Durch enge Gassen, vorbei an hervorragend restaurierten Häusern schlenderten wir den Wendeltreppenweg hoch zur 200 Meter hohen Bastei.

Wenn man nicht kopffest ist, so wie ich, bleibt man auf den befestigten Wegen. Janette hatte hier überhaupt keine Probleme und machte mit den „Jungen Wilden“ einen Rundgang durch die bizarre Formation. Auch wenn der Weg abgesichert war, traute ich mich nicht, in die Tiefe zu schauen. Ich blieb ich auf der Basteibrücke und ließ meinen Blick staunend schweifen über schroffe Formen hinüber zu den gewaltigen Sandsteinblöcken des Basteigebirges.

Auf dem Rückweg statteten wir der Festung Königstein noch einen Besuch ab. Der Tag klang aus wie gestern, an der langen Tafel mit gutem Essen, Trinken und Fröhlichsein.

Das Wetter war nicht gerade das Beste, nass und kalt. Janette hatte kalte Finger, was kein gutes Zeichen war. Auch konnte ich nicht gut einschlafen. Ich war mit meinen Gedanken beim Packen unseres Zweiers. Wir hatten unser „Doppelnest“ von Berger mit und fuhren mit unserem Kajak-Zweier, hatten also nur zwei Spitzen zum Bepacken.

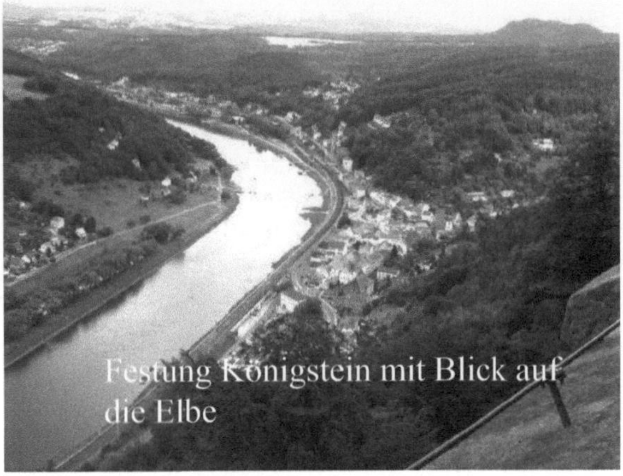

Festung Königstein mit Blick auf die Elbe

Wenn wir mit unseren beiden Einern paddeln, haben wir schließlich vier Spitzen zur Verfügung. „Bernd mach dich nicht selbst verrückt, irgendwie wird das schon gehen“, sagte ich mir. 40 Jahre paddel` ich nun schon und immer noch Schweißausbrüche? Das kann es doch wohl nicht sein!

Des nachts saß ich vor Schreck aufrecht im Schlafsack. Aus der Ferne hörte ich einen Zug herannahen. Es hörte sich an, als ob er durch unser Zelt rasen wollte. Die Berge sind ein guter Resonanzboden und nachts schlafen auch die Nebengeräusche ein. Deshalb ist ein herannahender Zug um ein Zehnfaches lauter. Man sollte sich bei der Bahn beschweren. Wenn wir Urlaub haben, dürften die Züge auch nur einen Acht-Stunden-Tag haben.

Das Bepacken unseres Bootes ging leichter, als ich gedacht hatte. Nur das Reservepaddel, der Bootswagen und die Zeltstangen wurden als Deckslast befördert, alles andere war im Boot verstaut. Auch wenn das Boot sich anfangs nicht richtig steuern ließ, irgendetwas rieb sich am Steuerseil, konnten wir doch einigermaßen geradeaus fahren.

Nasskalt erwischte uns unser erster Paddeltag. An die Strömung mussten wir uns erst wieder gewöhnen. Wir, die nur stehendes Wasser gewöhnt sind, hatten wie immer ein paar Anlaufschwierigkeiten. Aber nach geraumer Zeit kamen wir mit Bojen, Schiffsverkehr einschließlich der Wellen, flotter Strömung und mit den Fähren gut zurecht. Unser Tagesziel hieß Dresden. Wir paddelten an der Festung Königstein vorbei und passierten den Kurort Rathen. Die vor dem Ort befestigte Gierfähre versperrte uns nur kurz die freie Durchfahrt, als ob sie sagen wollte: „Genießt den Nationalpark Sächsische Schweiz, eingebettet die majestätische Bastei, und haltet die Augen auf! Der Abschnitt ist so schnell vorbei.“ Trotz Nieselregen ließen wir uns treiben und genossen die herrliche Landschaft mit ihren bizarren Klippen.

Das Hochwasser der Elbe ermöglichte uns ein schnelles Vorwärtskommen. Die Naturschutzinsel Pillnitz kam in Sicht. Gut, dass man den rechten Seitenarm zur Durchfahrt nutzen muss, sonst hätte ich mein Versprechen von 1994 „Schloss Pillnitz holen wir nach“, nicht einlösen können. Wie „Seine Majestät“ konnten wir an der großen Freitreppe anlegen. Der hohe Wasserstand machte es möglich. Es fehlten nur der rote Teppich und die Musikkapelle. Da wir kein Kaiserwetter hatten, waren nicht viele Touristen vor Ort, so dass wir uns in Ruhe das Schloss und die Gartenanlagen ansehen konnten.

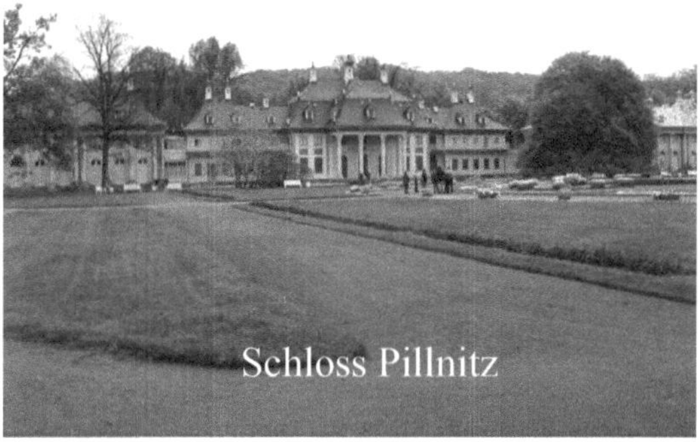

Schloss Pillnitz

Der Grundstein des Schlosses Pillnitz wurde im Jahre 1539 gelegt. Im Jahre 1664 erwarb der Kurfürst J. Georg der IV. das Schloss, das er seiner Mätresse schenkte. Später zog August der Starke in den Besitz ein und vermachte es seiner Geliebten, der Gräfin Cosel, bis sie in Ungnade fiel. In den Jahren 1720 bis 1723 entstand das Wasserpalais mit seiner Freitreppe zur Elbe. An dieser historischen Treppe konnten wir aussteigen. War das nicht etwas ganz Besonderes? Wir hatten Glück, der Eintritt war noch frei. Im Cafe wärmten wir uns mit einer heißen Schokolade auf.

Es wurde zusehends wärmer und kurz vor Dresden lachte sogar die Sonne. Das Anlegen beim Verein für Kanusport Dresden e.V. war durch den hohen Wasserstand überhaupt kein Problem. Den Kajakbug, wie gelernt, gegen die Strömung gerichtet und dann mit Schwung auf die Uferkante gepaddelt. Den Anleger brauchten wir gar nicht. Und wenn Anleger sprechen könnten, sind sie sicherlich ganz froh, dass sie sich von den Paddlern, die ihnen so manches Mal arg zusetzen, etwas erholen könnten.

Auf der kleinen Wiese unterhalb des Vereinshauses hatten wir alle Platz. Bei einem kleinen Plausch mit dem Bootshauswart erledigten sich alle unsere Wünsche. Hier blieben wir zwei Tage. Das Wetter meinte es wirklich gut mit uns. Wir lebten förmlich wieder auf, als die Sonne schien.

Per Straßenbahn fuhren wir in die Innenstadt. Beim Lösen des Fahrscheins hatten wir die ersten Schwierigkeiten mit dem Automaten. Eine hübsche Dresdnerin half uns aus der Patsche.

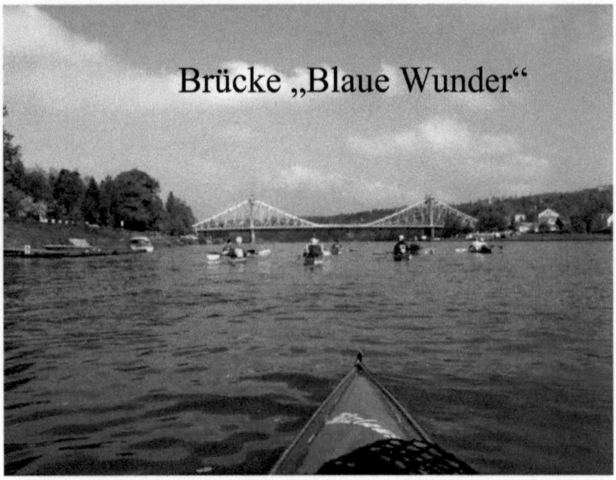

Wir bummelten wieder durch die Altstadt. Zwinger, Semper-Oper, katholische Hofkirche, Brühlsche Terrasse – ein Bauensemble im Rokokostil. Hatte sich da etwas verändert? Überrascht waren wir von der protestantischen Frauenkirche. Ihr Wiederaufbau nahm schon Formen an. Im fertigestellten Kellergewölbe ließen wir uns von Worten und herrlichen Klängen verzaubern. Ein Blick ins innere Kirchenschiff versetzte uns, trotz vieler Gerüste, Handwerker und Bauschablonen, in Staunen. Wir waren uns sicher, diese Ingenieure, Techniker und Handwerker würden die Frauenkirche im Original wieder aufbauen. Im unteren Bereich waren die alten originalen Steine ins Gesamtbild schon eingefügt. Wir würden wiederkommen. Im Jahre 2006 haben wir sie uns dann angesehen, die fertige imposante Frauenkirche. Was da vollendet worden ist, raubt einem den Atem.
Am 9. Mai starteten wir Richtung Meißen. Es musste wohl hoher Besuch in Dresden sein, wozu sonst dieses Hubschraubergeknatter über unseren Köpfen? Wir ließen uns dadurch nicht zur Eile antreiben. Das „Blaue Wunder“ strahlte im Sonnenschein. Angelika hatte zwischenzeitlich ein menschliches Bedürfnis. Aber einfach hinter den Büschen zu verschwinden war bei diesem polizeilichen Aufgebot gar nicht einfach. Wie war das eigentlich ausgegangen? Irgendwie hat sie alle überlistet.
Von den Kulturdenkmälern leuchteten die vergoldeten Kuppeln herüber. Am Ausflugspier herrschte emsiges Treiben. Ein Raddampfer legte ab und verschwand mit einem langen Pfeifton in Richtung Pillnitz. Vorher musste er aber noch seinen Schornstein einklappen, sonst wäre er nicht unter den Elbbrücken hindurch gekommen. Nach der Autobahnbrücke verlassen wir endgültig Dresden. Der Strom zog mit uns langsam dahin. Die Hubschraubergeräusche wurden allmählich weniger, bald war nur noch himmlische Ruhe um uns herum. Wir alle genossen die Stille nach dem Trubel der sächsischen Hauptstadt, auch wenn Birgit und Alex versuchten, die sächsische Sprache nachzuplappern. „Hört auf“, rief Walter dazwischen. „Die Sachsen kann man sowieso nicht verstehen und durch euer Kauderwelsch wird es auch nicht besser!“
Wir passierten Radebeul und erreichten nach vier Stunden Paddelei und nach 34 Kilometern Tagesetappe fast ausgeruht Meißen. Wir stiegen auf der rechten

Seite aus und bauten unsere Zelte beim Meißener Kanuclub auf. Die große Mauer, mittig ein großes grünes Tor, gab uns ein Gefühl der Sicherheit.
Zum Glück lag das Gelände dahinter so hoch, dass wir einen herrlichen Blick über die Mauerkrone auf die schöne Stadt hatten. Es grüßten von der anderen Elbseite die Albrechtsburg und der Dom. Eigentlich wollten wir hier nur eine Nacht bleiben, aber ein genialer Gedanke ließ uns noch einen Tag länger bleiben. In Meißen, genau neben dem Kanuclub, befand sich ein gebührenfreier Pkw-Parkplatz. Unsere Autos standen aber in Königstein auf dem Campingplatz für eine Tagesgebühr von sechs D-Mark. Wir hatten uns schon beim Abstellen über den horrenden Preis mit dem Verpächter gestritten. Eigentlich nur eine schärfere Diskussion, aber es blieb uns keine andere Wahl. Zehn Nächte mit vier Autos ergaben eine Einnahme von 240 D-Mark. Nach unserem Ablegen in Königstein mag sich der Vermieter wohl die Hände gerieben und sich gefreut haben über ein dickes Zubrot ohne dass er etwas dafür tun musste. Birgit, Alex und Bernhard arbeiteten bei der Bahn und konnten kostengünstiger reisen. Zusätzlich erklärte sich noch Heinz bereit, die Autos mit zurückzuholen nach Meißen. Der Königsteiner Campingbesitzer mag wohl blöd aus der Wäsche gekuckt haben, als die Autos nun nach nur drei Nächten Richtung Meißen fuhren. Danach haben wir uns die Hände gerieben.

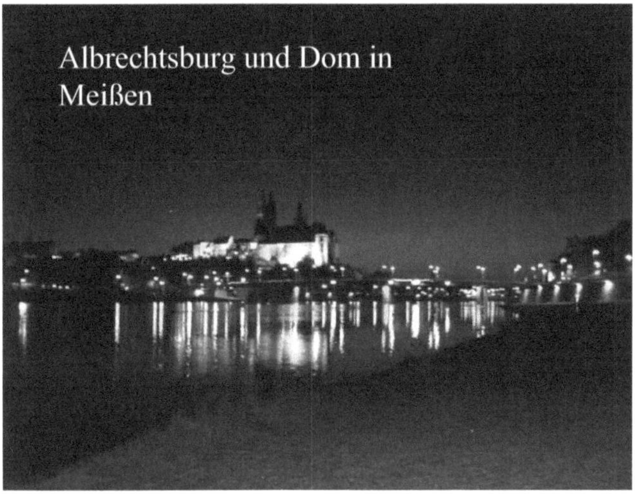
Albrechtsburg und Dom in Meißen

Bis spät in die Nacht haben wir gebührend gefeiert. Kanuten sind eben ganz schön pfiffig! Irgendwie hatten wir einen schweren Kopf und so entschlossen wir uns, am nächsten Tag erst um die Mittagszeit aufs Wasser zu gehen.
Ein jeder döselte vor sich hin. Wir ließen es ruhig angehen. Die vorgenommenen 25 Kilometer bis Riesa würden wir doch auf einer Backe abreiten. Das Wetter meinte es wieder gut mit uns. Zu unserem Glück blieb die Sonne vorerst über den Wolken. Kurz vor Riesa begrüßte uns lautes Trommeln. Wieder waren Drachenboote unterwegs. Junge Leute tauchten ihr Stechpaddel zum Rhythmus der Trommel ins Wasser. Mit kurzen, abgehackten Schlägen trieben sie ihr Boot vorwärts. Kein Lächeln huschte über ihre Gesichter. Ihre Kleidung troff vor

Nässe. Im Schatten eines großen Baumes stellten wir unser Zelt auf. Nach einer kurzen Ruhephase und einem Marsch durch den Stadtpark fanden wir ein gutes Lokal. Wie immer saßen alle an einem Tisch. Auch nach so einer kurzen Etappe hatten wir wieder großen Hunger. Machte das die frische Luft? Beim Bezahlen unserer Zeche kamen wir aus dem Staunen nicht mehr heraus. Der Kellner wusste ganz genau, wer zu wem gehörte und wer alleine war. So blieb uns das „Auseinanderklabüstern" der Hauptrechnung erspart. Alle Achtung!
Am nächsten Morgen waren wir wieder früh auf dem Wasser. Torgau hieß unser Ziel. Wir passierten Strehla und erinnerten uns an unsere Paddeltour mit Christel und Heiko auf der Elbe. Am Schwimmbad hatte sich nichts verändert. Ob das Loch wohl noch im Zaun war? In einer Kurve kam uns ein tschechischer Schleppverband entgegen, angekoppelt am langen Seil zwei vollbeladene Schuten. Der Schlepper befand sich in der Außenkurve, die erste Schute mittig auf der Elbe und die folgende zweite Schute drängte uns ans Innenufer. Die Stahltrosse war gefährlich nah an unseren Booten. Wir konnten nur mit größter Mühe ein Zusammenstoßen vermeiden. Der Gruß der Besatzung lautete „Ahoi" was mit unserem ostfriesischen „Moin" gleichzusetzen ist. Mir war nicht zum Grüßen zu Mute. Fast hätte man uns in den Fluten versenkt. Der Schreck saß mir noch lange in den Knochen. Wir konnten uns doch nicht in Luft auflösen. Ein rettender Sprung ans Ufer wäre uns bestimmt auch nicht mehr geglückt. Alles ging viel zu schnell. Nur sehr langsam konnte ich mich wieder beruhigen. Dagegen waren die Gierfähren nichts! Hoffentlich würden diese bald durch Brücken ersetzt werden. Doch das würde mein Wunschdenken bleiben. Am späten Nachmittag erreichten wir Torgau. Auch wenn die Ruderer es nicht gerne sahen, benutzten wir doch wieder ihren Anleger. Es war immer wieder eigenartig: immer wenn wir anlegten, musste ausgerechnet ein Ruderer ins Wasser. Als würde er es ahnen. Das erinnerte mich an meine Arbeit. Wenn man etwas „vermurkst" hatte und gerade dabei war, es zu ändern, kam prompt der Meister und sprach einen darauf an. Quarken und streiten war also vorprogrammiert. Mit den Rückwärtsfahrern konnten wir uns auseinandersetzen, mit den Vorgesetzten ging das leider nicht. Der Chef hatte immer Recht. Und weil wir gerade bei den Rückwärtsfahrer sind, hier nun der Unterschied zwischen einem Kanuten und einem Ruderer. Der Kanute sagt: „Da kommt eine Gaststätte!" Der Ruderer sagt: „Da war eine Gaststätte!" Zum 90zigsten Geburtstag des Wilhelmshavener Ruder-Clubs hatte ich übrigens einen Spezialsitz angefertigt: Auf dem Rollsitz des Ruderers befestigte ich einen drehbaren Kanutensitz. Bei der Überreichung führte ich ihn vor und sagte: „Damit der Ruderer auch mal sagen kann: Da kommt eine Gaststätte!"
Torgau ist eine kleine Kreisstadt in Sachsen. Nochmals haben wir den historischen Punkt besucht, wo Amerikaner und Russen im zweiten Weltkrieg aufeinander trafen. Ein kleiner Bummel durch die Innenstadt rundete den Tag ab.

Und wieder waren wir am frühen Vormittag auf dem Wasser. Trotz dieser eigentlich schon großen Gruppe hatten wir überhaupt keine Probleme mit der Organisation. Walter war ein sehr früher Frühaufsteher. Wenn andere sich noch einmal im Schlafsack umdrehten, war er schon auf dem Weg zum Bäcker. Ein kleiner Plausch mit dem Verkaufspersonal war nicht nur für ihn, sondern auch für uns von großem Nutzen. So wussten wir, wie das Wetter wurde, aber auch andere nützliche Dinge konnten wir erfahren. Er war die lebende Tageszeitung.
Unsere Tagespaddelleistung oder wie weit wir auf dem Fluss schon waren, konnten wir an den großen Kilometertafeln ablesen. Weiter ging es durch die weite Elbaue. Viele Hochspannungsleitungen überquerten den Fluss. Mit meinen Gedanken war ich bei den Stromversorgern. Sie könnten doch die Leitungen in die Erde einbringen, dachte ich, um das schöne Landschaftsbild zu erhalten.
In Bad Pretzsch, wollten wir im Fährhaus einkehren. Wir konnten aber die Boote noch nicht verlassen, da die Gierfähre an unserer Ausstiegsstelle lag. Leider war sie durch die Flusskrümmung auch nicht früher zu sehen. Nun hieß es erst einmal warten, bis die Fähre zur anderen Seite verholen würde. Pustekuchen, es passierte überhaupt nichts. Unser Heinz erbarmte sich und paddelte vorsichtig um die Elbkurve. Auf einmal lautes Palaver. „Wir warten auf freie Durchfahrt und Sie halten hier Privatgespräche“, hörten wir die aufgebrachte Stimme von Heinz. Ein Wort gab das andere. Unser Heinz gab nicht nach, da er ja massive Rückendeckung von uns erwartete, die der Fährmann noch nicht erkennen konnte. Aber beim Verholen der Fähre auf die andere Seite entdeckte er uns und wurde schlagartig zum Gentleman.
Weiter ging unsere Fahrt durch die einsame Elbaue. Trotzdem hieß es immer wieder aufpassen. Kurz vor Elster hatten wir wieder einen Disput mit einem Fährmann. Wir waren schon in der freien Durchfahrtsstrecke, als er den Fluss queren wollte. Nur durch massives Anschreien gab er sein Vorhaben auf. Wir waren doch kein Freiwild. Am rechten Ufer lag Elster und auch das Bootshaus des Kanuvereins „Harmonie“ Elster. Auf einer großen, sehr gepflegten Wiese schlugen wir unsere Zelte auf. Auch das Bootshaus war in einem sehr gepflegten Zustand. In der großen Bootshalle fielen uns die vielen Faltboote auf. Prompt wurde man an seine eigene Faltbootzeit erinnert. Das waren noch Zeiten! Die Fachsimpelei nahm kaum ein Ende. Unsere Erinnerungen gingen bis in die 60ziger Jahre zurück.
Die Blase gab keine Ruhe, ich musste in den frühen Morgenstunden raus aus dem warmen Schlafsack. Oh – welche Überraschung! Ich traute meinen Augen nicht. Schnell den Fotoapparat zur Hand und Janette geweckt. So ein herrliches Naturschauspiel durfte man nicht versäumen. Der neue Tag erwachte. Ein leichter Nebelschleier lag über der Wiese. Die ersten jungfräulichen Sonnenstrahlen brachen sich im Nebel und der Mittelpunkt der Sonne versteckte sich noch scheu hinter einem mächtigen Baum. Dann ging alles sehr schnell. Im Nu war die

Sonne heraus und das Strahlenschauspiel hatte ein abruptes Ende So etwas zu erleben, das nennt man Glück! Das Titelbild zeigt diesen schönen Sonnenaufgang. Auf ein Weiterschlafen verzichtete ich. Ich genoss einfach den wunderschönen Morgen. Wie ruhig alles noch war. Keine störenden Nebengeräusche, nicht einmal die Schnarcher in ihren Zelten sind zu hören. Die Situation erinnerte mich an eine frühmorgendliche Fahrt auf dem Jadebusen. Ich hatte mich bei Niedrigwasser auf einer Sandbank trockenfallen lassen und erlebte dort eine himmlische Ruhe. Bis zur Küste nach Wilhelmshaven waren es zirka vier Kilometer. Irgendwo schlug Metall gegen Metall, es klang so blechern. Man hörte vereinzelt ein Auto anfahren. Der Autoverkehr nahm zu und auf einmal war es vorbei mit der Ruhe. Wie auch hier. Die Fähre nahm ihren Betrieb wieder auf und schlagartig fing das Leben an zu pulsieren.
Bald waren wir wieder auf dem Wasser mit dem Ziel Coswig. Nach gut einer Stunde Paddelei erreichten wir die Luther-Stadt Wittenberg. Wir ließen uns treiben und suchten einen schönen Platz zum Aussteigen. Wie aus heiterem Himmel tauchte plötzlich mitten in unserer Gruppe ein unter Ballast fahrendes großes Binnenschiff auf. Wir stoben auseinander wie wild gewordene Pferde. Dass es nicht zu einem Zusammenstoss kam, grenzte schon an ein Wunder. Wir hatten das von hinten kommende Schiff überhaupt nicht gehört. Sehen konnten wir es auch nicht, da wir uns in einer großen Kurve befanden. Zum Glück fuhr der Schiffsführer nur langsame Kraft voraus. Sicherlich war er genauso überrascht wie wir, sonst hätte er bestimmt ein Warnsignal abgegeben. Da hatte der liebe Gott einen Daumen dazwischen gehalten. Das musste ja auch so sein, denn wir waren bei Martin Luther und ihn wollten wir, sowie auch Melanchthon, auf dem Wittenberger Marktplatz besuchen. Die Innenstadt hatte sich seit unserem letzten Besuch im Jahre 1994 stark entwickelt. Alle Häuser strahlten im frischen Glanz. So manches Baugerüst war verschwunden. Nach einer kurzen Einkehr verließen wir recht bald wieder die sehenswerte kulturhistorische Stadt.
Am späten Nachmittag erreichten wir den Kanu-Club in Coswig, rechts vor der Gierfähre. Nun mussten wir uns beeilen. Ohne viel Palavere wurden die Zelte aufgebaut und unser Gepäck darin verstaut. Wir wollten noch gemeinsam Essen gehen, das Restaurant lag aber auf der anderen Fluss-Seite. Man hat uns gesagt, dass die Fähre nur bis 21 Uhr im Einsatz sei. Darum diese Eile. Der Fährmann hatte Erbarmen mit uns. Er brachte uns noch zu einer viel späteren Zeit sicher wieder zurück. Ein Loblied auf diesen Fährmann mit einem Zusatzgeschenk in seinen Kaffeepott!
Beim Ablegen am nächsten Tag erhielten wir freie Durchfahrt, dazu noch ein Begrüßungs- und Abschiedssignal. Das hat richtig gut getan, denn für mich waren diese Gierfähren immer noch ein Graus, sicherlich auch, weil die Elbe sehr hohes Wasser führte und ein bisschen schneller strömte als sonst. Zwischen Auwäldern paddelten wir Aken entgegen. Heute ließen wir es noch gemütlicher

angehen. Der Wettergott meinte es wieder gut mit uns. Auch hatten wir auf den langen geraden Flussabschnitten überhaupt keinen Gegenwind. Wir passierten Roßlau und Dessau. Immer wieder unterquerten wir riesige Hochspannungsleitungen. „Hört das denn überhaupt nicht auf?“ dachte ich so bei mir. „Schindluder an der Natur.“ Ein bisschen regte ich mich wieder auf. Links mündete die Mulde in die Elbe. Am helllichten Tag beobachteten wir Biber beim Bau ihrer Behausung. Es sah so aus, als ob sie sich mit den Kanuten verbündet hätten. Sie ließen sich überhaupt nicht aus der Ruhe bringen und ließen sich bewundern, anstatt abzutauchen. Für uns war es ein Genuss, diese eleganten Schwimmer zu beobachten. Weiter paddelten wir durch eine Wald- und Wiesenlandschaft und kamen innerlich zur Ruhe. Unser Paddeln lief wie ein Uhrwerk ab, mit ein bisschen Phantasie hörte man den Fahrtwind wie Musik in den Ohren. Am späten Nachmittag erreichten wir mühelos den Köthener Kanu-Club in Aken. Ein kleiner abendlicher Bummel mit einer Einkehr rundete den schönen Tag ab.
Am nächsten Tag hieß es: auf in Richtung Magdeburg. Da wir diese aufstrebende Stadt schon besucht hatten, war unser Ziel der KC Schönebeck, zehn Kilometer vor der sächsischen Landeshauptstadt. Rechts und links des Elbufers war das Anlegen verboten, wir paddelten durch ein Naturschutzgebiet. Diese Einschränkungen nahmen wir Wasserwanderer gerne in Kauf. Wälder, Wiesen und Sümpfe beherbergten seltene Pflanzen. Diese Schutzgebiete gaben auch vielen Vögeln und Säugetiere idealen Lebensraum, ganz besonders dem vom Aussterben bedrohten Elbbiber. Nach dem Verlassen des Naturschutzgebietes erreichten wir die Mündung der Saale. An der Saale hellem Strande stehen Burgen stolz und schön. „Wer kann das singen?“ – fragte ich. Das ist ein vertontes Gedicht, aus der Feder von Franz Kugler. Leider verstummte der lieblich klingende Chor sehr schnell, denn die nachfolgende Gierfähre brachte uns wieder auf Trab. Kurz vor Barby ein Ausruf: „Du, Bernd, sieh mal, wieder zwei Hochspannungsleitungen und ganz dicht beieinander!“ Der Zwischenraum betrug sicherlich nur 500 Meter und wurde von mir mit „elektrische Smogniemandslandschaft“ betitelt. Ich hatte meine Mitstreiter nun soweit, dass sie sich über diese Leitungen auch aufregten. Gemeinsam waren wir stark, trotzdem konnten wir nichts ändern.
Wir passierten Barby mit seinem Barockschloss und der Marienkirche. Schilder beiderseits der Elbe kündigten eine Wasserski-Strecke an. Wir hatten Glück. Zu dieser Jahreszeit und auch noch werktags ließ sich kein anderer Sportler sehen. Nachdem wir in Schönebeck beim Kanu-Club auf einer buckeligen Wiese unsere Zelte aufgebaut hatten, war erst einmal innere Einkehr angesagt. Es war sehr schwül an diesem Tag, keiner hatte so richtige Lust, noch etwas zu unternehmen. Ein altes Schiff, umfunktioniert in ein Restaurant, war nur ein paar Meter entfernt. Es lag hoch und trocken am Ufer und träumte von alten Fahrenszeiten. Wir träumten von Essen und Trinken und das Wasser lief uns im Munde zusammen. Es kam anders als wir dachten. „Heute ist Ruhetag“. Wir mussten den

langen Weg in die Kreisstadt in Kauf nehmen. Als Handelszentrum an der Elbe machte sich Schönebeck schon früh einen Namen. Neben der Schifffahrt bestimmten die Salzvorkommen die Geschicke der Stadt. Die Solequellen verwandelten Schönebeck in einen Kurort. Beim Gradierwerk haben wir ein paar Mal tief durchgeatmet. Es hat richtig gut getan. Schlagartig hatten wir uns von allen Leiden erholt.
Am folgenden Tag starteten wir nach Rogätz. Wir näherten uns Magdeburg und konnten uns diese Stadt von der Wasserseite ansehen. Für die Schifffahrt war eine Signalanlage geschaltet, die aber bei unserem Ankommen ausgeschaltet war. So hatten wir die Elbe, die jetzt noch schneller strömte, ganz für uns. Auf Domhöhe kamen uns Kajakrennfahrer entgegen. Sie quälten sich in Ufernähe gegen die starke Strömung. Die Begegnung war so schnell, dass nicht einmal unser Gruß zur Kenntnis genommen wurde. Rennfahrer sind eben doch etwas ganz Besonderes! Wir kamen an dem Kloster vorbei und fuhren unter einer Straßenbrücke hindurch. Einen ganz schönen Zacken hatten wir drauf. Man hätte meinen können, auf einem Wildbach zu sein. Das brachte schnelle und leichte Kilometer! Unter der Fußgängerbrücke zur Bundesgartenschau rauschten wir nur so hindurch. Schlagartig wurde auch der Schiffsverkehr stärker, denn wir paddelten am Abstiegskanal zum Schiffshebewerk Rothensee vorbei. Schnell überholte uns ein Schubverband. Die Schiffswellen waren eine willkommene Abwechselung. Mit „Hurra“ meisterten wir die uns überholenden Wellen.
Wir näherten uns der Stelle, an dem der Mittellandkanal die Elbe überbrückte. Die tragenden Säulen waren schon fertig. Einzelne neue Kanaltrogteile lagen an Land. Man konnte die gewaltigen Ausmaße gut erkennen. Wenn dies fertig sein würde, wäre der Magdeburger Binnenhafen der Schnittpunkt von Elbe, Elbe-Havel-Kanal und Mittellandkanal. Abrupt ließ beim Passieren des Elbe-Havel-Kanals der Schiffsverkehr wieder nach. Wieder paddelten wir durch ein Naturschutzgebiet, das wir aber nur durch die Verbotsschilder wahrnahmen. Von hinten nahte schnell ein Binnenschiff. Durch sein kurzes Warnsignal waren wir unterrichtet. Die Wagenfähre Rogätz passierten Schiff und Paddler gemeinsam. Endlich wieder einmal freie Durchfahrt.
Hoch über der Elbe lag Rogätz. Hier beim Kanu-Club machten wir Station. Schnell waren die Boote ausgepackt und alles zur Zeltwiese transportiert. Das war schon Routine. Wir kamen uns vor wie Zirkusleute. Heute hier, morgen dort. Der Kanu-Club Rogätz besaß ein Bootshaus vom Feinsten, zu vergleichen mit einem Fünf-Sterne-Hotel. Vergoldete Wasserhähne im Sanitärbereich, eine ABM-Kraft zur Unterhaltung des Bootshauses. Als Mitglied des Wilhelmshavener Kanu-Klubs wurde ich richtig neidisch. Wir haben auch ein schönes Bootshaus, dazu eine gepflegte Anlage und sind auch richtig stolz auf das, was wir uns erbaut haben. Aber dies hier, das war die Krönung. Man hätte meinen kön-

nen, der Verein habe nach der Wende einen Volltreffer im Lotto gelandet. Der Sachverhalt ist uns erzählt worden, aber Einzelheiten habe ich schon wieder vergessen. Mag auch wohl nicht so wichtig gewesen sein.
Vom hoch gelegenen Dorf hatte man einen schönen Blick auf die Elbe. Es war gar nicht so einfach, ein Esslokal für uns zu finden. Dreimal um den Dorfmittelpunkt und immer wieder vorbei. Entweder hatte die Sonne uns schon so zugesetzt, dass unsere Gehirne nicht mehr richtig funktionierten oder der freundliche Herr hatte uns in die Irre geführt. Bald kannten wir alle Winkel von Rogätz.
Unser nächstes Tagesziel hieß Tangermünde. Wir paddelten an den Orten Blumenthal, Sandfurth und Polte vorbei. „Hochspannungsleitung!“ Rechts erkannten wir die Schleuse zum Pareyer Verbindungskanal. Dort kam man von der Elbe in den Elbe-Havel-Kanal. Wir passierten die Dörfer Bittkau, Derben und Ferchland. Von weitem sahen wir schon die Doppeltürme der romanischen Kirche zu Jerichow. Bald erkannten wir in der Ferne auch die Umrisse der alten Kaiserstadt Tangermünde. Zum Glück hatten wir wieder schönstes Paddelwetter, und, was ganz wichtig war, keinen Gegenwind auf den langen Geradeaus-Strecken. Dort, wo die Tanger in die Elbe floß, paddelten wir hinein. Beim Ruderclub bauten wir unsere Zelte auf. Auch wenn das an diesem Tag nur eine kurze Etappe war, waren wir doch ganz schön ausgelaugt. Nach einem kurzen „Beinelangmachen“ und einem „Zischbier“ waren wir wieder guter Dinge. Nun hieß es Tangermünde zu erkunden, eine Stadt mit Geschichte und Geschichten, mit Türmen, Toren, Fachwerkhäusern und verwinkelten Gassen. Rote Backsteine zierten das Stadtbild und schöne Fachwerkbauten bestimmten das Bild der alten Hansestadt Tangermünde. Die Stadt war auch einmal die brandenburgische Residenz des deutschen Kaisers Karl des IV gewesen. Die mittelalterliche Stadtanlage steht unter Denkmalschutz und ist fast vollständig erhalten. Sehenswert war auch die völlig erhaltene Stadtmauer. Wir wollten eigentlich auch einen Blick in die St. Stephanskirche werfen, aber leider war auch diese Kirche verschlossen. Janette und ich schlichen wie Max und Moritz um das sakrale Gebäude herum. Eigenwillige Töne drangen in unsere Ohren. Nach einem Orgelkonzert hörte sich das nicht an. Wurde womöglich die Orgel restauriert? Nun gab es für mich kein Halten mehr. Und richtig, nachdem uns der Küster einen Blick in die Kirche ermöglichte, sahen wir die Orgelbauer bei ihrer akribischen Arbeit. Sie restaurierten die Scherer-Orgel aus dem Jahre 1624. Dieses Instrument soll zu den zehn wertvollsten historischen Orgeln Europas gehören. Die Orgelbauer waren gerade dabei, anhand von Klangproben den originalen Winddruck herauszufinden. Die eigenartigen Klänge waren nichts für meine Ohren, so dass wir nach einem kleinen Plausch dieses schöne Gotteshaus wieder verließen. Im Restaurant zur Post ließen wir alle gemeinsam unseren historischen Bummel ausklingen.

Am nächsten Tag ging es auf unsere letzte Etappe nach Havelberg. Die Paddelstrecke, die wir zurücklegen wollten, betrug wieder nur 39 Kilometer. So konnten wir uns Zeit lassen. Es wurde wieder ein herrlicher Tag. Nach der Ausfahrt aus dem kleinen Hafen warfen wir noch einmal einen Blick auf die gewaltige Stadtmauer. An der Pier legte gerade ein Flusskreuzfahrtschiff ab, das Richtung Dresden fuhr. Mit einem „Hummel, Hummel“ und der Erwiderung „Mors, Mors“, wünschten wir den winkenden Passagieren eine schöne Reise. Und immer wieder: Hochspannungsleitungen. Nur noch zwei Gierfähren und wir waren in Havelberg. Vorher, in Schönfeld, erkannten wir die Kühltürme eines im Bau befindlichen Kraftwerkes. Wir paddelten nun durch eine grüne Niederungslandschaft mit vielen Kühen und Pferden. Weithin sichtbar tauchte die im zweiten Weltkrieg zerstörte Kirche von Sandau auf. Nach der letzten Fähre in Räbel hieß es aufpassen. Gleich nach der Kurve befand sich rechts die Einfahrt in den Havelstichkanal. Vorerst verbaute uns eine große Schleuse die Weiterfahrt. Wir lagen davor und warteten, warteten und warteten. Nichts bewegte sich. Wir riefen im Chor: „Schleusenmeister, Schleusenmeister!“ Wieder nichts. Nachdem sich unser Bernie nun erbarmt hatte, auszusteigen, regte sich plötzlich etwas. Mit einem gewaltigen Unterton in der Stimme wurde Bernie von der Schleusenwärterin zurechtgewiesen, dass das Betreten der Schleusenanlage verboten sei! Ein Wortgeplänkel sondergleichen entstand, so dass wir schon Befürchtungen hatten, wir würden nicht mehr geschleust. Aber, wie durch ein Wunder, wurde das große Schleusentor doch hochgezogen. „An jede Leiter ein Paddelboot!“, ertönte wieder die furchterregende Stimme. „Wie soll das denn gehen?“, fragten wir. „Bei sechs Leitern und neun Booten ist das nicht möglich!“ Uns war es zu dumm, weiteren Anordnungen Folge zu leisten. Die Schleusung war ein Witz. Wir konnten keinen Unterschied zwischen beiden Wasserständen feststellen.

Nun lagen noch drei Kilometer bis zu unserem Endziel vor uns. Ausgerechnet jetzt hatte Frank noch einen Steuerschaden. Dank meiner zehn Zentimeter langen Wunderzange konnten wir den Schaden schnell beheben. Vorsorglich steckte Frank die kleine Wasserpumpenzange in seine Hosentasche. Vor uns lag Havelberg. Die Domkirche St. Marien begrüßte uns mit ihrem Glockengeläut. Nun noch ein paar Paddelschläge und wir hatten den Wassersportverein Havelberg erreicht. Dann passierte noch ein Missgeschick: Beim Aussteigen hatte Frank die fürsorgliche Hilfe von Birgit nicht richtig gedeutet und flog deshalb im hohen Bogen in die Havel. Er hatte die Lacher auf seiner Seite. Schwimmen konnte er, das musste er als Kanute auch können. Wir brauchten uns keine Sorgen um ihn machen. Seine größte Sorge war die Zange. Hoffentlich war sie nicht aus der Hosentasche gerutscht. Er hatte dies richtig ausgekostet, und ich musste schon ein bisschen traurig schauspielern, um endlich die Zange wieder zurückzubekommen.

Nun hatten wir richtig Zeit und Muße, alles in Ruhe aufzubauen und einzuräumen. Nach einer ausgiebigen Duschaktion wurde Havelberg erkundet. Weithin sichtbar lag auf dem eiszeitlichen Bergrücken am Nordufer der Havel, unweit der Mündung in die Elbe, der Havelberger Dom, das Wahrzeichen des Elbe-Havel-Winkels. Der lang gestreckte Bau mit seinem mächtigen Westturm symbolisiert Schutz und Wehrhaftigkeit. Havelberg besitzt eine sehenswerte Altstadt mit vielen schönen restaurierten Fachwerkhäusern.
Abends ließen wir bei einem guten Essen den Tag ausklingen und die Fahrt noch einmal Revue passieren. Dass wir mit dem Trinken nicht zu kurz kamen, versteht sich von selbst. Außerdem musste Frank noch eine Runde ausgeben. Seinen nicht freiwilligen Sturz in die Havel hatten wir als Kentermaß umfunktioniert. Das war so üblich. Bei einer Kenterung muss jeder einen ausgeben für die, die das gesehen haben. Wir hatten es alle gesehen!
Die Autofahrer mussten am nächsten Tag auf die Straße. Es galt, die Autos von Meißen wieder zurückzuholen. Der Rest der Mannschaft hatte einen freien Tag.

Im „knackigen Alter“

auf zum Wesermarathon im Jahre 2005

In den 70er und 80er Jahren bedeuteten die Teilnahmen an vielen ICF-Kanuveranstaltungen unsere sportlichen Sternstunden.
Keine Reise war uns zu weit. Freitagabend gingen die Fahrten los und am späten Sonntagabend kamen wir kaputt und müde zurück, aber um ein Erlebnis reicher. So fuhren wir viele Jahre auch zur Werra-Grenzland-Rallye und zum Weser-Marathon. Übernachtet wurde im Zelt oder Caravan. Der Start zum Weser-Marathon fand damals wie heute schon am frühen Morgen um 6 Uhr statt. Dunkelheit, Blitz und Donner, Schnee, Regen, Sturm und Kälte haben wir schon erlebt.
Irgendwann wurde dann der Entschluss gefasst: Nun ist Schluss mit all der Hektik, dem frühen Aufstehen mit seinen Strapazen. Man wird älter, aber die gesammelte Lebenserfahrung gleicht vieles wieder aus. Ausschlaggebend, noch einmal mit zur Weser zu kommen, waren wohl unsere Erfahrungen, aber auch die Überzeugungskraft und Überredungskunst der Norder WSV Montagsthekenrunde.

„Ihr braucht nicht zu zelten", so die Norder Kanuten nach fast 30-jähriger Verwöhnzeit bei Familie Mühlhausen, „wir wohnen und übernachten in einem piekfeinen Landgasthaus - Zur Brücke - im schönen Ilksbachtal zu Lippoldshausen". Wir fuhren mit. Und es war auch am Anfang ganz einfach. Unser Zweier-Kajak, mit dem Namen „Ollendeel" wurde einen Tag vorher verladen. Vom WSV-Wanderwart Erich erhielten wir etwas zum Lesen und gemäß seinen Anweisungen hatten wir zu handeln. Das musste man unserem Wanderwart lassen: Organisationstalent hatte er, bloß mit Petrus kam er in den folgenden Tagen nicht zurecht. Trotzdem, eins vorweg: Es hat alles geklappt, einschließlich der vielen Kilometer mit unserem Auto. Man kann das auch überstrapazierte Autoversetzung nennen!
Mit einem Riesen-Hallo wurden wir, auch Janette und ich als Neulinge, bei Mühlhausens empfangen. Herzliche Umarmung, „küss` die Hand gnä Frau", „was machen die anderen, wie geht es ihnen?" Mit südländischem Temperament wurden die Ostfriesen begrüßt. Und wie es sich für Kanuten gehört, stand der Willkommenstrunk schon auf der Theke bereit.
Wir bezogen unser Zimmer und kurz darauf saß die ostfriesische Kanutenbande beim abwechslungsreichen Abendessen. Bevor es zur gemütlichen Runde kam, mussten wir uns erst noch dem Wanderwart zuhören, damit wir den morgigen Paddeltag auch gut überstehen würden.
Es braucht nicht beschrieben zu werden, wie so eine Kanuten - Wiedersehensfeier" abläuft. Der Spruch im Wirtshaus sagt alles:

„ Spar nicht ängstlich Geld und Gut,
trink solang das Glas Dir winkt,
nutze Deine Tage.
Ob Du im Jenseits wieder trinkst, das ist eine Frage."

Am nächsten Morgen saßen wir alle rechtzeitig in unseren Booten. Unsere Fahrt begann auf der Werra beim Schrägwehr Mihla und sollte bis nach Warnfried führen. Der Wasserstand war für uns ausreichend. Nach dem obligatorischen Auslaufschnaps kamen wir zügig voran. So mancher musste sich erst wieder an die Strömung gewöhnen. Wo es sprudelte lagen Steine oder Sonstiges im Wasser. Man sollte hier ausweichen. Sonst gab es keine besonderen Vorkommnisse. Aber etwas war neu für uns. Wir waren es gewohnt, durchzupaddeln, die WSVer aber gaben nach dem Ausruhen richtig Gas, als wollten sie eine Wettfahrt gewinnen. Aber nach gut vier Minuten waren ihre Kräfte erschöpft und sie machten erst einmal wieder zehn Minuten Pause. Unsere Befürchtung, da können wir überhaupt nicht mithalten, war umsonst gewesen. Wir hatten sie mühelos schnell wieder eingeholt und konnten auch einen kleinen Vorsprung für uns herauspaddeln.

Am Frankenwehr mussten wir umtragen und nutzten dies gleich für unsere Mittagsrast. Die Sonne meinte es gut mit uns, und wir tankten richtig auf. Nach 29 Kilometern hatten wir unser Ziel Warnfried erreicht. Die Autofahrer saßen im Trockenen und der Rest der Mannschaft stand unter einem kleinen Dach fast im Regen und wurde ab und zu heftig fotografiert, unter viel Applaus. Wir hatten ein starkes Gewitter zu überstehen.
Der zweite Mühlhauser Abend war wieder schön und endete wie der erste. Nur der Wanderwart legte sich eine andere Tonart zu, um sich Gehör zu verschaffen, denn am nächsten Tag gab es eine öffentliche Veranstaltung, die ICF-Werralandrallye.
Beim Einsteigen unterhalb des Wehres in Eschwege war es zum Glück noch trocken, aber recht kühl. Wir hatten daher unsere Paddeljacken angezogen, und das war auch gut so. Wir hatten so richtiges Schmuddelwetter, später strömenden Regen. Auch blieb es empfindlich kühl.
Der Auslaufschnaps konnte nur noch die Gemüter erwärmen, leider nicht unsere Hände.
Halbzeit war in Bad Sooden-Allendorf. Einige Kanuten trugen am Wehr um, der Rest bevorzugte eine Schleusung, die aber viel länger dauerte. Die Schwallschussfahrt nach dem Wehr war eine " Gaudi " (auf dem Beestmarkt in Norden zahlt man dafür fünf Euro). Diejenigen, die geschleust hatten, verpassten etwas Tolles. Keine Steinberührung nach der Schussfahrt. Unsere Spritzdecken hatten wir vor dem ersten Schwall glücklicherweise schon geschlossen. Der Regen nahm noch an Stärke zu, es schüttete und viel wärmer wurde es auch nicht. Unser Ziel war Witzenhausen, das wir am frühen Nachmittag erreichten.
Es war wie ein Hohn, beim Rückholen der Pkw hörte es auf zu regnen und die Sonne kam durch.
Nach dem Abholen der Medaillen, der Eintragung und dem Abstempeln der Tour ins persönliche Fahrtenbuch ging es wieder in unser 5-Sterne-Hotel. Die nassen Klamotten wurden zum Trocknen im Heizungskeller aufgehängt. Wo geht das sonst wohl? Und zum Abendessen gab es Spargel satt!
Vorher haben wir aber noch unsere Boote zum neuen Startplatz gebracht und die Autos nach Holzminden versetzt. Die Autofahrer hatten richtig Stress, die Mitfahrer machten sich einen schönen Tag. Ob das alles so richtig ist? Ich denke immer, dass das im Alter einige Vorzüge bietet, aber da mag ich mich wohl sehr getäuscht haben.
Der Abend war für einige Kanuten etwas kürzer, denn Frühstück war um 5 Uhr angesetzt. „Um 6 Uhr habt ihr auf dem Wasser zu sein“, so die mahnenden Worte unseres Wanderwartes. Und da war sie wieder, die Frage: „Was soll das? Warum machen wir das und warum tun wir uns das an?“ Ein normaler Bürger schläft da noch und bricht nicht in Hektik aus! Trotzdem erschienen wir alle pünktlich am Start. Anfangs war es noch trocken und es hatte den Anschein,

dass es so bleiben würde Aber Petrus hatte kein Einsehen. Paddeljacke an, Paddeljacke aus – so ging es den ganzen Tag.
Aber wir hatten viel Abwechselung. Man muss sich wundern, wie viele Kanuten man kannte. Viele Unterhaltungen ließen die Zeit nicht lang werden. Auch so manches Stilpaddeln konnte man bewundern. Einige Zweier-Fahrer paddelten gleichmäßig im eleganten Zug und andere wie Windmühlenflügel. Wir beobachteten lange Zeit Paddler im Zweier. Sie bemühten sich sehr einen gleichmäßigen Schlag hinzubekommen. Wenn der Vordermann rechts eintauchte, war der Hintermann auf der linken Seite beschäftigt. Beim näheren Hinsehen erkannten wir das Boot und auch die Besatzung. Aber wer das war, wird nicht verraten.
Mittagspause machten wir in Karlshafen bei strahlendem Sonnenschein. Wir genossen unser Mitgenommenes. An dieser Stelle ein Hoch auf unsere Wirtsleute. Wer steht schon morgens so früh für verrückte Kanuten auf und serviert Tee und frische Brötchen, damit wir um 6 Uhr starten konnten? Diese Fürsorge ist nicht mit Geld zu bezahlen.
Die meisten Kanuten fuhren bis Beverungen, um Erbsensuppe zu fassen. Bei unserem Vorbeifahren goss es dort in Strömen, wir dachten an unsere Mitstreiter. Kurz vor Holzminden erwischte uns eine Sturmböe direkt von vorne. Wir hatten Mühe, das Boot auf Kurs zu halten. Aber irgendwie hatte Petrus mit uns ein Einsehen. Danach kamen wir trocken bis zum Ziel. Der nächste kräftige Schauer mit Blitz und Donner erwischte uns unterm Baldachin bei Kaffee und Kuchen.
Unser Goldfahrer stieg in Holzminden in seinen Einer-Kajak um. Er musste bei diesem Sauwetter noch bis nach Hameln. Herzlichen Glückwunsch zu dieser beachtlichen Leistung!
Nach einer heißen Dusche waren die Strapazen schnell wieder vergessen. Die große Mannschaft des WSV Norden reduzierte sich stark. Ich habe danach unsere Truppe als „die letzte Schicht“ betitelt. Zum Ausklang und zur Erholung haben wir noch die Fulda von Rotenburg bis Melsungen und nochmals die Weser von Vaake bis Karlshafen befahren. Das Wetter hatte sich zusehends gebessert. Lag es vielleicht daran, dass unser Wanderwart vorzeitig nach Hause musste?

Fazit: Es hat Spaß gemacht, mit Euch Nordern diese Fahrt zu unternehmen. Die Stimmung war ausgelassen und toll - auf dem Wasser wie auch im Landgasthaus „Zur Brücke“ bei unserer Familie Mühlhausen.
Wir fahren bestimmt wieder hin, aber nicht mehr zum ICF Weser-Marathon.
Wie wärs mit einer Vereinsfahrt im Sommer?
Denkt bitte daran, wir werden alle älter!

Leider!

Zur Erinnerung an meinem Freund Wilfried.
Geboren am 26. September 1944, gestorben am 18. August 1998 – einen Tag nach meinem Geburtstag.

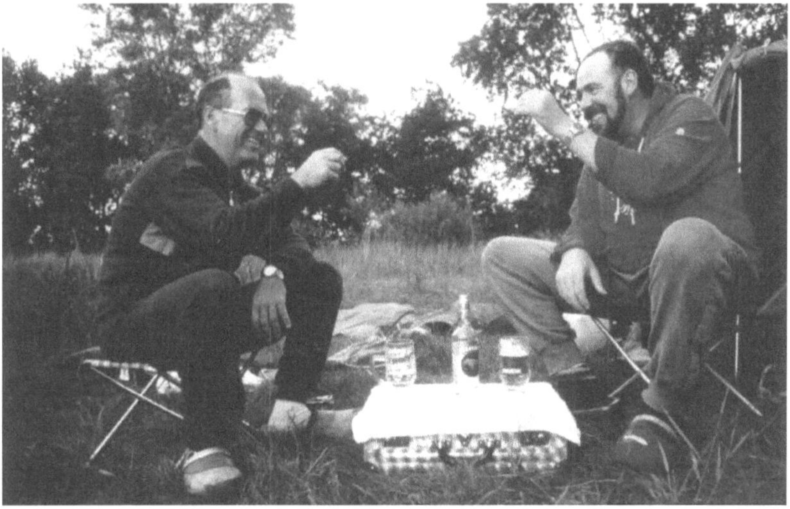

Das Bild ist mit Selbstauslöser am 10. Juni 1992 aufgenommen worden.
Der Bericht **Von Bad Oldesloe nach Hamburg,** beschreibt diese schöne Tour.

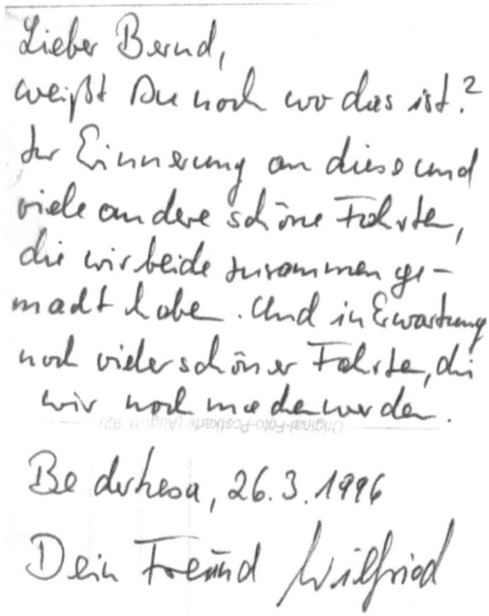

Lieber Bernd,
weißt Du noch wo das ist?
In Erinnerung an diese und viele andere schöne Fahrten, die wir beide zusammen gemacht haben. Und in Erwartung noch vieler schöner Fahrten, die wir noch machen werden.

[illegible], 26.3.1996
Dein Freund Wilfried

Lieber Wilfried,

das Schicksal meinte es anders. Ich werde Dich nie vergessen.
In tiefer Verbundenheit.

Dein Freund

Bernd

Lustige Streiche, flotte Sprüche, Anekdoten

Nehmt ihm mal die Kurbel weg!

Nach stundenlanger Quälerei bei Regenwetter und Wind von vorne, hatten wir nach einer kleinen Pause endlich wieder unseren Wanderwart eingeholt. Wir waren auf der ICF-Elbe-Langstreckenrallye von Hitzacker nach Lauenbrück. Uns zu quälen waren wir gewohnt, denn der WKK hatte auch eine Rennfahrerabteilung. Auch wenn wir Wanderfahrer nun nur noch das Schöne bevorzugen, juckt es manchmal in den Fingern, wieder sportlicher zu paddeln. So auch nun. Wir ignorierten unseren Wanderwart und behielten das Tempo bei. Aber er reagierte und versuchte die Geschwindigkeit mit aufzunehmen. Wir kannten ihn zur Genüge und so dauerte es nicht lange, bis wir ihn rufen hörten: „Ich nehme euch gleich die Kurbel weg, da kann ja keiner mithalten!“
Wenn andere hinterher hetzen, ist das auch zermürbend. Jetzt musste er lernen, uns zu folgen, ohne zu murren.
Am Ziel haben wir uns wieder versöhnt, waren aber auch froh, den innerlichen Schweinehund besiegt zu haben. Bei schönem Wetter kann ja jeder paddeln.

Essen kochen

„Hallo Bernd, wir können uns nicht unterhalten, dein Benzinkocher ist so laut!“ „Was habt ihr gesagt?“ „Wir können uns nicht unterhalten, dein Enders ist so laut!“ „Ich habe das immer noch nicht verstanden, was habt ihr gesagt?“ „Mach mal deinen Kocher aus, der ist so laut!“
„Das kommt hier nicht an, ich kann euch nicht verstehen, mein Kocher ist so laut!“

Begrüßungsgetränk

„Möchtet ihr eine Tote Tante?“ Paul, der alte Paddelfuchs, wusste genau, was nach einer anstrengenden Paddeltour gut für uns war.
Das Getränk schmeckt wunderbar, eigentlich war es mehr für das weibliche Geschlecht gedacht, aber uns männlichen Kanuten schmeckte es so gut, weil mehr Rum als Schokolade dem heißen Getränk beigefügt wurde.
Es blieb nicht bei einer Tasse und die Gespräche untereinander wurden locker und lustiger. Am Ende lief dann die Zeit weg, nur der Schlafsack konnte uns noch retten. Den morgendlichen „Brummkopf“ musste man aushalten.

Wanderfahrerabzeichen

Insidern ist es bekannt. Die Bedingungen für das bronzene Wanderfahrerabzeichen lauten: Vom 1. Oktober des laufenden Jahres bis zum 30. September des nächsten Jahres müssen die Damen 500 Kilometer und die Herren 600 Kilometer paddeln. Wobei sie auch an einer Gemeinschaftsfahrt, ab Bezirk aufwärts, teilnehmen müssen. Die erbrachten Leistungen werden in das persönliche Fahrtenbuch des Deutschen Kanu-Verbandes e.V. eingetragen.
In der Regel legt man fünf bis sechs Kilometer pro Stunde auf stehendem Gewässer zurück. Die „Hastigen" erreichen sieben bis acht. Auf fließendem Gewässer, entsprechend der Fließgeschwindigkeit des Stromes, auch mehr. Im oberen Teil der Weser, ohne zu paddeln, mühelos bis zu sechs Kilometer pro Stunde.
Wir sind auf dem Godensholter Tief und paddeln Richtung Barßel. Bei der Mittagspause hängt jeder seinen eigenen Gedanken nach. Unser Vorsitzender Heinz lehnt mit dem Rücken an einem Baum. Es sieht so aus, als schliefe er. Der Rest der Gruppe liegt faul in der Sonne und diskutiert über das Wanderfahrerabzeichen. Auf einmal ist Heinz hellwach. „Ich fahre nach Zeit", ruft er, „und das geht so: Ich sitze hier am Baum und bin gedanklich am Paddeln. In der Stunde lege ich auf diesem strömenden Fluss gut sieben Kilometer pro Stunde zurück. Wenn ich hier nun zwei Stunden schlafe, so habe ich doch 14 Kilometer zurückgelegt? Oder seht ihr das anders?" Schallendes Gelächter bricht aus. Da muss man erst einmal drauf kommen. „Wir denken, du schläfst?" „Nee, nee, bei eurem Geschwafel kann man nur auf solche Gedanken kommen." Dann ist er doch eingeschlafen. Behutsam gehen wir zu Wasser. Ganz leise schleichen wir uns davon. Bei der nächsten Biegung des Flusses verschwinden wir in einen Seitenarm und harren der Dinge, die nun auf uns zukommen. Aus der Ferne hören wir Gemurmel, können aber nicht zuordnen, woher das kommt. Unser Heinz ist mit seinen Gedanken ganz woanders und rauscht mit hoher Bugwelle an uns vorbei. Wie mag das nun rechnerisch sein? Wir haben eine Stunde Pause gemacht (sieben Kilometer), dann sind wir langsam weitergepaddelt. Somit könnten wir jetzt zirka zehn Kilometer weiter sein. Wenn er nicht zur Uhr gesehen hat und jetzt meint, dass er zwei Stunden geschlafen hat (14 Kilometer), warum paddelt er denn eigentlich so schnell? Er müsste doch weit vor uns sein? So war es denn auch. „Wo kommt ihr denn jetzt erst her?" Nun haben wir versucht, ihm dies klarzumachen. Er war stinksauer. Das kommt davon, wenn man sich so einen Mist ausdenkt.

Verbesserungsvorschlag: Der Wandersportwart des WSV Norden hat auf der Arbeitstagung des Bezirks Weser-Ems gesagt, dass die Kanuten des WSV auf Sicht fahren. Das ist ein noch größerer Vorteil. Man sieht das Ziel und dreht einfach um. Im Vereinsfahrtenbuch muss bei Fahrtbeginn die Uhrzeit eingetragen werden, so auch bei Beendigung. So ist es leider nicht möglich, dass man in einer Stunde 20 Kilometer zurückzulegen kann!

Das Oster-Steak

Es war einmal, so fangen alle Märchen an. Aber dies ist eine wahre Begebenheit. Ostern 1968 haben wir eine Paddeltour auf der Hunte unternommen und in Dötlingen gezeltet. Der größte Teil der Mannschaft war schon mit dem Essen fertig und beim Aufräumen. Ein lieblicher, aromatischer Geruch stieg in unsere Nasen. Wer macht denn hier noch ein feines Menü? Unser Wolfgang, Eski genannt, hatte sich erst ausgeruht und fing nun an zu brutzeln. Ein großes Steak hatte er in seiner Pfanne mit Pilzen und vielen Zwiebeln garniert. Wir rückten im Halbkreis immer näher an den „Braten" heran. Eski dachte an nichts Böses und war zwischenzeitlich öfter in seinem Zelt, um etwas zu suchen. Sein Steak schmorte indessen so langsam vor sich hin. Wie aus heiterem Himmel hatte auf einmal einer von uns ein Messer in der Hand und schnitt ruckzuck von dem edlen Stück etwas ab. Erst ganz vorsichtig und dann immer mutiger ein bisschen mehr. Beim ersten Nachschauen hatte er noch nichts bemerkt. Wir hatten die freien Teile mit den Pilzen zugedeckt.
Dann war es aber schlagartig vorbei mit lustig. Trotz der vielen bösen Worte taten wir unschuldig wie die Osterlämmer. Keiner verzog eine Miene. Wenn die Schnittstellen nicht zu erkennen gewesen wären, hätte Eski es vielleicht doch geglaubt, dass durch das viele Wasser im Fleisch sein Steak so geschrumpft sei. Beim späteren Umtrunk ist keiner zu kurz gekommen. Deshalb war diese Geschichte auch bald vergessen. Nur jetzt, nach so langer Zeit, fällt mir das wieder ein.

Der Staudamm

Die Fahrten in die Lüneburger Heide erfreuten sich immer wieder großer Beliebtheit. So waren wir mit einer fröhlichen Gruppe auf der Örtze im Juni 1975 unterwegs. Wir genossen die Sonne und die wohltuende Wärme an diesem wunderschönen Tag. Eine große Wiese mit einem schattigen Waldessaum weckte unser Interesse. Hier wollen wir Mittag machen. Alle richteten es sich gemütlich ein. Die Essenssachen wurden herausgeholt und ein jeder verspeiste den mitge-

brachten Proviant. Die Wiese hatte eine große Mulde und beim Langmachen zum Mittagsschlaf bot sie einen zusätzlichen Schutz gegen den leicht säuselnden Wind. Aber lange konnte ich es nicht aushalten in der Sonne und machte mich auf den Weg in den angrenzenden Wald. Vorher musste ich noch einen kleinen Graben überspringen, der klares und sauberes Wasser mit sich führte. Im Wald traf ich Wolfgang mit allerlei Utensilien auf dem Arm. Er war auf dem Weg zu dem kleinen Graben. Ich hatte ihn gleich durchschaut. Ruckzuck war ich sein Adjutant, aber auch sein Verbündeter. Unser Graben war ein kleiner fließender Fluss, den wir nun aufstauten. Leise mussten wir vorgehen, denn die schlafende Restgruppe durfte uns auf keinen Fall bemerken. Die provisorische Staumauer erfüllte ihren Zweck. So langsam hob sich der Wasserspiegel und behutsam suchte sich das Wasser einen neuen Weg. Genauso hatten wir uns das gedacht, unser Bächlein floss Richtung Mulde auf die dahindösenden Paddler zu. Wir schlichen davon und harrten der Dinge. Es dauerte wirklich nicht lange, bis einer rief: „Ich kriege einen feuchten Mors!“ Dachte sich aber nicht viel dabei und legte sich auf einer anderen Stelle wieder hin. Dann ging alles ganz schnell. Schimpfend verließen alle fluchtartig den herrlichen Rastplatz. Sie sahen alle lustig aus mit ihren nassen Rücken und Hintern. Aber das war bald vergessen, die Sonne trocknete schnell die Kleider und die Gemüter.
Was mich heute noch wundert, ist, dass keiner Ursachenforschung betrieben hat und der Sache auf den Grund ging. So sind wir in keiner Weise in irgendeinen Verdacht gekommen, auch nicht mehr abends in fröhlicher Runde am Lagerfeuer. Man traute uns so etwas einfach nicht zu. Wer ein Ehrenamt ausübt, hat sich auch zu benehmen, eben ehrenhaft. Das haben wir ausgekostet.

Das Ehrenamt

Auch wenn die folgenden Zeilen nicht aus meiner Feder stammen, wollte ich diesen Text, den ich von meinem Sportkameraden habe, nicht so untergehen lassen.

Die freie Zeit nimmt zu – viel schneller, als dass der Mensch sie je sinnvoll nutzen könnte. Doch was heißt das schon? 80 Prozent würden dieses tun und auf jenes verzichten. Jener repräsentative Querschnitt würde hierfür oder dafür mehr Zeit investieren. Und die andere Gruppe? Sie hätte es repräsentativ natürlich, gerne in dieser oder anderer Weise. Egal, ob man diese oder jene Auswertung liest; es ist alles ganz schön kompliziert.
Nicht so in unserem Verein. Da ist das fürchterlich einfach. Keiner hat Zeit!
Franz hat keine Zeit, um die Jugendgruppe mal zum Wettkampf zu fahren. Viel zu lange hat er es aufgeschoben. Genau an diesem Sonntag will er zur Schwie-

germutter. Liesel, nach einem Kuchen zum Sommerfest gefragt, kann der kranken Tochter wegen keinen backen. Auch Otto ist nicht ansprechbar. Spezialist in vielen handwerklichen Dingen ist er ausgebucht bei Nachbars Fritz und Mutters Freundin. „Das verstehst du doch?“ Verstehen tut mans nicht, aber was hilft das schon?
Es fehlt an allen Ecken im Verein, vielen fehlt die Zeit. Die Rentner haben auch keine, den Schülern und Studenten fehlt sie wie das liebe Geld. Zeit hat auch nicht, wer im Berufsleben oder in der Küche steht. Als wir noch die 48-Stunden-Woche hatten, haben wir uns auch für manches andere noch Zeit genommen.
Zeit haben nur der Vorstand, die Fachwarte, die Übungsleiter. Viel wird von denen erwartet. Zeit zu haben ist das mindeste. Zeit auch für Franz, Liesel und Otto, die keine haben. Das wäre ja noch schöner, wenn Vereinsmitarbeiter keine Zeit hätten. Schließlich zahlen alle Vereinsmitglieder (hoffentlich) ihren Beitrag, damit einige von ihnen Zeit mitbringen. Dafür werden sie ja gewählt. Wofür denn sonst?

Die Freundschaftsmütze

Schade, so ein wunderschöner Urlaub in Polen auf Poprad und Dunajec geht viel zu schnell zu Ende. Wilfried und ich liegen in der Sonne und beobachten unseren Sportkameraden Wolfgang, der seine Ausrüstung in seinen Rucksack verstaut. Er reist per Bahn zurück, wir fahren per Pkw wieder nach Haus. Wir haben es nicht eilig und genießen noch einmal das schöne Wetter. Nachdem Wolfgang alles verstaut hat, bittet er uns, auf sein Gepäck aufzupassen.
„Geh man, lass dir Zeit!“ so meine Antwort. Seine rote Sportmütze, versehen mit den Wimpeln WKK und des polnischen Verbandes legt er obenauf. Das ist der Moment, uns zu rächen. Insider wissen, dass Wolfgang als damaliger Vorsitzender des WKK unsere teuer bezahlten Mützen ohne unsere Zustimmung an polnische Sportler so einfach verschenkt hat. Was er kann, können wir auch. Ruckzuck ist seine Mütze in unserer Obhut und gut versteckt.
„Wo ist denn meine Mütze?“, fragt Wolfgang. „Ich habe sie doch oben auf das Gepäck gelegt?“ „Keine Ahnung“, antworteten wir, „vielleicht hast du sie zuerst eingepackt!“ Den ganzen Sack hat er wieder ausgepackt und Stück für Stück alles wieder eingepackt. Er ist ganz verzweifelt, das gute Stück ist weg. Wie ernst kann man doch bleiben, wenn man jemand hereinlegt. Mag sein, dass Wolfgang uns in Verdacht hatte, aber beweisen konnte er es nicht. Jetzt, wenn er es lesen sollte, kommt es heraus. Aber nun ist es verjährt.

Hannes, dein Hemd.

Und wieder sind wir auf Tour. Johannes, Hinrich, Wilfried und ich, diesmal auf dem Fluss Hase. Wir vier unternehmen einmal im Jahr eine Paddeltour. Johannes, Hannes genannt, hat anstrengende Wochen hinter sich und ist froh, einmal auszuspannen. Genauso geht es seinem Bruder Hinrich. Mein Freund Wilfried darf nicht fehlen, wie soll ich sonst alleine mit den Paddelneulingen zurechtkommen. Wir machen eine Gepäckfahrt. Auf einer Herrentour, darf der flüssige Nachschub natürlich nicht fehlen. Nach gut zwei Stunden Paddelei ist Pause angesagt. Wir haben herrliches Wetter und machen es uns an der Uferkante gemütlich. Das Gras ist trocken, da können wir unsere Bodendecke im Boot lassen. Die Kuhweide ist mit einem Stacheldrahtzaun gesichert. So sind wir vor ungebetenen Gästen sicher. Hannes hat nur noch sein Unterhemd an und trotzdem ist er schweißgebadet. Er zieht sein Hemd aus und hängt es zum Auslüften vorsichtig über den Draht. Nun lassen wir uns das Bier schmecken. Hinrich und Hannes haben die Kuhweide im Rücken und Wilfried und ich sitzen ihnen gegenüber.

Sie bemerken die Kuh nicht. Ganz vorsichtig tastet sich das Tier an das Hemd heran. Es riecht wohl Hannes Salzausstoß. Wilfried und ich tun ganz unbekümmert, damit unsere Gegenüber ahnungslos bleiben. Die Kuh berührt das Hemd, erst vorsichtig mit der Zunge und beißt dann ruckzuck zu. Im Rückwärtsgang wird Hannes Hemd länger und länger. Nun können wir uns auch nicht mehr zurückhalten. Gemeinsam rufen wir: „Hannes, dein Hemd!“ Aber es ist schon zu spät. Für ein Foto hängen wir es noch einmal dort hin, aber die Kuh tut uns nicht noch einmal den Gefallen.

Zu Hause musste sich Hannes eine Standpauke anhören.

„Ausgerechnet das gute Schiesser-Hemd musst du zum Paddeln anziehen!“

Hinis Bratwurst

Wie jedes Jahr: WKK-Herrentour. Diesmal war ich der Scout. Ich suchte mir die Strecke Greetsiel – Greetsiel aus. Vorher hatte ich Kontakt aufgenommen mit dem Emder Kanuverein. Ich brauchte Hilfestellung um einen schönen Zeltplatz in Gottes Natur zu finden. „Oh, das trifft sich gut“, so Hinrich, „dann kommt ihr bei mir in Pewsum vorbei und unter meinem Carport grillen wir zusammen ein paar Würste.“ Ich hatte das verlockende Angebot gerne angenommen.

Wir WKK Kanuten, sieben an der Zahl, starteten gegen 11 Uhr in Greetsiel. Wir hatten keine Eile und sind deshalb erst nachmittags am Zwischenziel in Hinte angekommen. Das Wirtshaus in dem alten Gemäuer mit den tiefhängenden Deckenbalken war unser Ziel. Trotz Warnung waren wieder einige nicht ganz bei der Sache und holten sich eine Beule am Kopf. Sie hatten die Lacher auf ihrer Seite. Mag auch sein, dass der Alkohol ein wenig mit Schuld hatte, aber wir waren ja nun einmal auf Herrentour. Der Wirt war erst gar nicht gesprächig, ein bisschen argwöhnisch beäugte er uns. Das wurde erst besser nach dem kräftigen Essen mit den dazugehörenden Flüssigkeiten. Da wir die plattdeutsche Sprache beherrschen, war dann doch schnell der Bann gebrochen. Äußerst schwierig gestaltete es sich für mich, diese lustige Gesellschaft bei Anbruch der Dämmerung wieder in die Boote zu bekommen. Wir mussten noch ein paar Kilometer bis zu unserem ausgewählten Zeltplatz zurücklegen. Mit Ach und Krach haben wir unsere Zelte vor Einbruch der Dunkelheit aufbauen können. Wir alle hatten noch Durst. Diesmal musste es unbedingt Grog sein. Einer saß im Zelt vor Kocher, heißem Wasser, Zucker und Rum und versorgte und verwöhnte die vor dem Zelt sitzende Meute. Es konnte nicht anders sein: Der nächste Morgen war fürchterlich. Wer schon einmal zu tief ins Glas geschaut hat, mag sich vorstellen können, wie es uns erging. Aschfahl die Gesichter. Beim Ziehen der Zeltheringe war ein Kopfbeugen nach unten kaum möglich. Trotzdem haben wir es einigermaßen hinbekommen. Hinrichs Bratwürste und ein ganzer Tag ohne Alkohol würden uns schon wieder auf Vordermann bringen. Hinzu kam noch die körperliche Anstrengung. Kaum waren wir in den Booten, kam uns auch Hinrich schon entgegen. Er gab sich die größte Mühe, den Brummschädeln ein paar lustige Worte zu entlocken. Angekommen in Pewsum setzte unsere liebe Roswitha, Hinrichs Frau, uns ein Essen vor, das in einem Fünf-Sterne-Hotel nicht besser hätte sein können, obwohl doch eigentlich von Carport und Grillwürsten die Rede gewesen war.

Wir rissen uns zusammen. Trotzdem war es uns nicht möglich, von all den schönen, liebevoll zubereiteten Leckereien etwas zu essen. Wir hatten unseren Gastgebern gegenüber alle ein schlechtes Gewissen. Mit tausend Entschuldigungen schlichen wir wie geprügelte Hunde von dannen.

Ich kann nicht sagen, dass wir uns schlecht benommen haben. Das nicht. Wir waren ja alle erwachsene Kanuten und wussten, was sich gehört. Aber durch unsere Brummschädel bekamen wir kaum einen Bissen herunter. Darum an dieser Stelle, ihr lieben Kanuten vom EKC Emden, liebe Roswitha und lieber Hinrich, nochmals herzlichen Dank für all eure Mühe mit dieser versoffenen Bande.

Zum Glück hatten wir unseren Vorsitzenden dabei. Wir haben ihn vorgeschoben, denn er war von uns allen am sprachgewandtesten. Er fand die richtigen Worte, auch wenn es ihm von uns allen am schlechtesten ging. Ein paar Tage später hat er mit einem schönen Blumenstrauß alles wieder in Ordnung gebracht. Wir sind wieder gut in Greetsiel angekommen. Die frische Luft hat uns allen gut getan.

Münchhausens Einflugschneise.

Wir sind auf der Weser, zirka zehn Kilometer vor Bodenwerder, der Heimat des Barons von Münchhausen. Wir paddeln in eine Engtalstrecke und erkennen auf der linken Seite Baumgruppen auf den Muschelkalkbergen. Eine kleine Raststätte in Steinmühle schmiegt sich an den Berg. Die viel befahrene Straße davor empfinden wir als sehr störend. Ein Sperber fliegt laut schreiend über uns hinweg. Hat er vielleicht in der Nähe sein Nest mit Jungvögeln? Das linke Ufer der lang gezogenen Weserschleife ist mit Beton befestigt. Damit kein Malheur passiert, ist die Straßenseite mit einem eisernen Geländer begrenzt. Eigenartige Gebilde, in einem Abstand von zirka 20 bis 30 Metern, wecken unsere Neugier. Auf dem Geländer sind schräge Stangen befestigt, die mit einem kurzen Querholm im oberen Bereich versehen sind. Was mag das wohl sein?
Am Ende der Flussschleife steigen wir aus unseren Booten und laufen auf der verkehrsreichen Straße zurück zu dem Gasthof. Schnell kommen wir mit dem Wirt ins Gespräch. Wir möchten gerne wissen, was es mit diesen komischen Gebilden für eine Bewandtnis hat. Der Wirt kann ein schelmisches Grinsen nicht verbergen. „Wie ihr wisst“, beginnt er mit seiner Geschichte, „lebte in Bodenwerder der Lügenbaron von Münchhausen. Ihr kennt doch den legendären Ritt auf dem halben Pferd und von dem Ritt auf der Kanonenkugel habt ihr sicherlich auch schon gehört. Und diese Stangen, die bilden die Einflugsschneise nach Bodenwerder. Damit er auch die Kurve kriegt und nicht gegen den Berg prallt, berührt er mit der Kugel diese Stangen und bekommt so die richtige Flugrichtung.“ Wir brüllen vor Lachen. Eine schöne Geschichte!
Tatsächlich sind diese Stangen für die Greifvögel angebracht worden. In den Kalkbergen haben diese Vögel ihre Brutstätten. Als es diese Stangen noch nicht gab, haben sich die Jungvögel bei ihren ersten Flugversuchen oft auf das Geländer gesetzt. Beim Vorbeifahren der Lkw hat der Sog sie angezogen, sie haben das nicht überlebt. So sind zur Abhilfe diese Stangen, die über die Höhe der Lastkraftwagen hinausragen, installiert worden. Mitglieder des Naturschutzes (Nabu) auf dem Beobachtungsturm auf der anderen Flussseite geben dazu gerne Auskunft.

Eine „schmackhafte“ berufliche Veränderung

Bramscher Hase - Fahrt

Lustig starteten wir zu unserer Hase - Fahrt. Lustig deshalb, weil wir den Abend zuvor noch lange zusammengesessen haben und mit jeder Runde Feuerwasser

immer neue Geschichten und Lieder zum Besten gaben. Gleich nach dem Start ein kleiner Schwall. Alle waren hellwach. Bloß nicht jetzt schon eine Kenterung! Ein komischer Geruch lag in der Luft. Günter schaute mich vergnügt an. Man sah ihm an, dass er etwas im Schilde führte. Ich konzentrierte mich auf mein Paddeln und ignorierte ihn einfach. Aber er ließ nicht locker und redete auf mich ein. „Du, Bernd, du könntest zu uns in den Kanuclub kommen, und eine neue Arbeitsstelle hätten wir für dich auch!" Der beißende Geruch, der in der Luft lag, wurde immer stärker. Er legte sich wie ein Schleier auf unsere Körper. Einige Bramscher Kanuten fingen an zu schmatzen. Auch ich merkte, dass ich so einen trockenen Geschmack im Mund hatte. „Was führen die wohl im Schilde?" dachte ich so bei mir. Auf einmal passierten wir die Bramscher Kläranlage. „Aha – von hier kommt der ekelige Geruch!" „Ja," fing Günter wieder an, „die brauchen noch gute Leute und hier kannst du anfangen." „Und was soll ich dort machen?" fragte ich. „Die suchen noch Abschmecker!", brachte er lachend hervor.
So sind sie eben, die Kanuten, rau aber herzlich!

Auf den Spuren der Wikinger

Eine Kanu-Tour von Haithabu nach Schleimünde im August 2006

Schon vorher hatten wir tagelang viele Wärmegewitter, hofften dennoch, dass zu unserem Schlei-Termin der Wettergott ein bisschen gnädig mit uns wäre. Vorweg gesagt: wir konnten alle unsere Planungen in die Tat umsetzen, auch wenn wir manche Boe abreiten und so manchen Schauer über uns ergehen lassen mussten, von den Gewittern ganz zu schweigen. Als Standquartier hatten wir uns den Zeltplatz „Haithabu" des Schleswiger Kanu-Klubs in Missunde ausgesucht. Wir wollen von hier aus Ta-

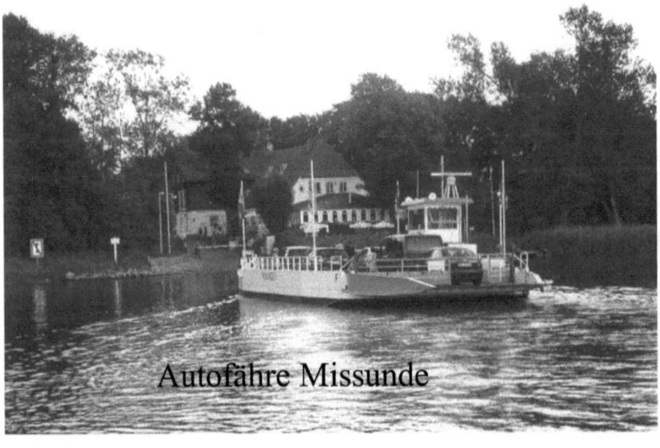
Autofähre Missunde

gestouren unternehmen, aber auch eine Gepäckfahrt in einem Rutsch nach Schleimünde. Das Wetter war jedoch nicht beständig genug. Die Gepäckfahrt haben wir gestrichen, Schleimünde aber immer im Auge behalten. Die Schlei ist ein Wasserweg mit vielen Gesichtern. Mit knapp 40 Kilometern ist sie die längste Ostseeförde. An schmalen Stellen gleicht sie mehr einem Fluss, an anderen Stellen ist sie mehrere Kilometer breit, man fühlt sich wie auf einem See. Auf beiden Seiten der Schlei gibt es viele sehenswerte Ziele: der Fährort Missunde, Ulnis ist eines der schönsten Dörfer mit einer romanischen Feldkirche, die traditionsreiche Stadt Kappeln, das Dorf Siesiby mit seinen alten Katen, die spätromanische Backsteinkirche vom Riesiby, das Schloss Loisenlund mit seinen ausgedehnten Parkanlagen und Maasholm, die alte Fischersiedlung. Nicht zu vergessen die Perle an der Schlei, Bad Arnis, die kleinste Stadt Deutschlands mit der Schifferkirche.

Da wir uns telefonisch angemeldet hatten, wurden wir mit einem „Hallo“ in Missunde herzlich begrüßt. Die Zelte standen schnell, der Waschhausschlüssel für uns Paddler erhielt seinen Platz - Ordnung muss halt sein - und dann machten wir erst einmal die Beine lang nach der langen Reise von Norden. Geschlaucht hat uns eigentlich nur die Fähre, die uns nach Glückstadt rüberbringen sollte, aber nach zweieinhalb Stunden war auch das vergessen. Beim Baumelnlassen der Seele erinnerte ich mich an meine vielen Schlei-Touren. Auch wenn dieses schon meine zehnte Tour sein mochte, es gab immer wieder andere Erlebnisse. Zur Faltbootzeit, vor gut 40 Jahren, machten wir zum ersten Mal die Schlei unsicher. Besser gesagt, sie machte mit uns, was sie wollte und flößte uns den nötigen Respekt ein. Das ist bis heute so geblieben.

Die Füsinger Au, von Loit bis in die Schlei und weiter bis nach Missunde, bestimmte am nächsten Tag unseren ersten Paddeltag. Das Rückholproblem unseres Autos wurde von den Schleswiger Kanuten gelöst, und ab ging es auf dem langsam dahinfließenden Gewässer. Kleine Hindernisse waren für uns geübte Kanuten kein Problem, auch wenn wir mit Zweiern unterwegs waren. Es gab viel zu entdecken auf so einem kleinen Fluss.

In ufernahen Bäumen oder an unbewachsenen Steilhängen hausten Höhlenbrüter, im Schilf nisteten Teichrohrsänger, auf dem Wasser wachten Enten über ihren Nachwuchs. Wir hatten das Glück, einen Eisvogel beobachten zu können und würden den farbenträchtigen Anblick sicher nicht so schnell vergessen. Leuchtend blau, fast smaragdfarben glänzte das Federkleid des Vogels. Die Wangen schimmerten kastanienrot, der Unterbauch rostrot. Die Fluchtdistanz war sehr gering, er hatte uns durch unser Treibenlassen erst sehr spät bemerkt.

Der Wind war hörbar, aber durch die geschützten Ufer störte er uns nicht. Das sollte sich aber bald ändern, je näher wir der Schlei kamen. Wind war gemeldet in den Stärken drei bis vier, aber die Böen hatten es in sich.

Auf der Kleinen Breite hatten wir Wind und Wellen schräg von vorne, kurz vor

der Stexwiger-Enge genau seitlich. Aber wir waren so etwas gewöhnt und machten uns keine Gedanken.
Auf der Großen Breite hatten wir achterliegenden Wind, nach der Enge Windschutz durch das vorgelagerte Naturschutzgebiet. Aber in Richtung Missunde, am Tonnenstrich entlang, wurden die Wellen zunehmend höher. Nun hieß es: volle Konzentration. Auch wenn die Steueranlage bei unserem Boot aus dem Wasser kam, konnte mit einer Paddelstütze das Boot auf Kurs gehalten werden. Nicht so schlimm, wenn uns nicht Segler und auch noch das Ausflugsschiff „Wappen von Schleswig" kurz vor der Einfahrt nach Missunde entgegen gekommen wären. Die Wellen türmten sich zu Kreuzwellen auf, das Boot ließ sich überhaupt nicht mehr steuern. Nur durch eine mutige Stütze konnten wir uns vor dem Kentern retten. Fast hätten wir noch das Boot unserer Mitstreiter gerammt, in dem die Steuerfrau laut aufjuchzte und sich noch höhere Wellen wünschte, während wir schon um unser Kanutenleben kämpften. Wer will schon baden gehen und sich zum Gespött der Anderen machen? Zum Glück hatten wir beim Start aus der Füsinger Au unsere Rettungswesten angelegt, so dass das Sicherheitsgefühl mitfuhr. So ist das eben, will man ein bisschen sportlicher fahren, muss man solche Umstände in Kauf nehmen, wobei andere mit ihren „Schlachtkreuzern" nicht genug bekommen können.
Nach einer Tasse Ostfriesentee waren unsere Anstrengungen schnell vergessen. Wir planten schon den neuen Tag. So haben wir im Rhythmus, zirka zehn Kilometer hin und zehn Kilometer zurück, die Strecken Missunde–Lindaunis, einschließlich Noore und Lindaunis-Arnis erpaddelt. Bei der Rücktour von Arnis nach Lindaunis erwischte uns eine Regenwasserwand mit solch einer Wucht, dass wir Schutz am Ufer suchten mussten. Das Gewitter war nur von kurzer Dauer, es verzog sich schnell. Nur der Donner war aus der Ferne noch zu hören.

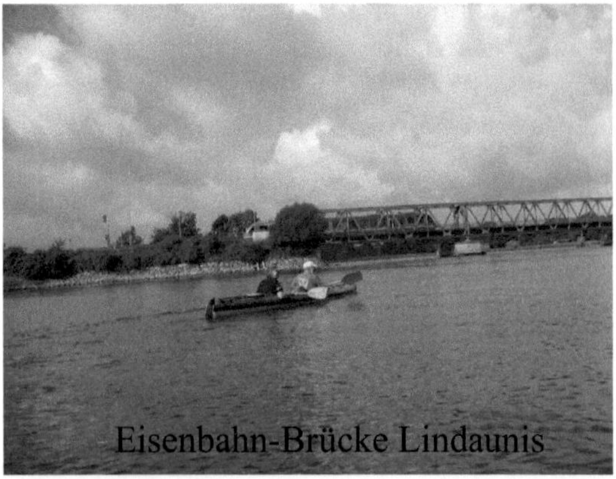
Eisenbahn-Brücke Lindaunis

Am späten Nachmittag machten wir per Pkw einen Abstecher nach Schleswig, der ältesten Stadt Norddeutschlands. Im 16. Jahrhundert galt sie als geistiges und kulturelles Zentrum des Landes. Hiervon zeugt Schloss Gottorf, in dem heute die Schleswig-Holsteiner Landesmuseen untergebracht sind. Der St. Petri-Dom prägt das Stadtpanorama und die hübsche Altstadt. Fischereitradition konnten wir im einstigen Fischerdorf Holm erleben. Diesen kleinen heimeligen Ort sollte man sich unbedingt ansehen. Zu Abend haben wir im alten Güter-

bahnhof gegessen. Auf dem Flaschenetikett des selbstgebrauten Asgaarder Bieres steht die Aufschrift: „Saufen kann tödlich sein!" Hoffentlich passiert uns das nicht beim Montagstreff im Bootshaus des WSV Norden.
Die Etappe Arnis-Schleimünde war ein Erlebnis für sich. Eine gute Einsatzstelle fanden wir bei der Fähre am Seglerhafen. Die neue Brücke in Kappeln erreichten wir nach kurzer Zeit. Der einzige noch bestehende europäische Heringszaun war beeindruckend und die Funktion schnell erklärt. Der Wettergott meinte es gut mit uns. Mit leichtem Schiebewind kamen wir schnell voran. Auf der linken Seite kam der idyllische Fischerort Maasholm in Sicht. Danach konnten wir bei diesem guten Wetter auch den Leuchtturm von Schleimünde ausmachen. Das vielbefahrene Fahrwasser wurde kurz vor Schleimünde von rechts nach links gekreuzt, und wir konnten ohne große Mühe im Schutzhafen anlanden. Nach einem kleinen Bummel auf der Schutzmauer, mit Umrundung des Leuchtturms, gingen wir schnurstracks auf die kleine Gaststätte zu. Das war genau richtig, denn der aufkommende Wind brachte auch einen anständigen Regenguss mit sich. Nach einer kleinen flüssigen Brotzeit und Überreichung eines Fahrtenwimpels zierte nun der Stempel „Giftbude Schleimünde“ unser Fahrtenbuch.

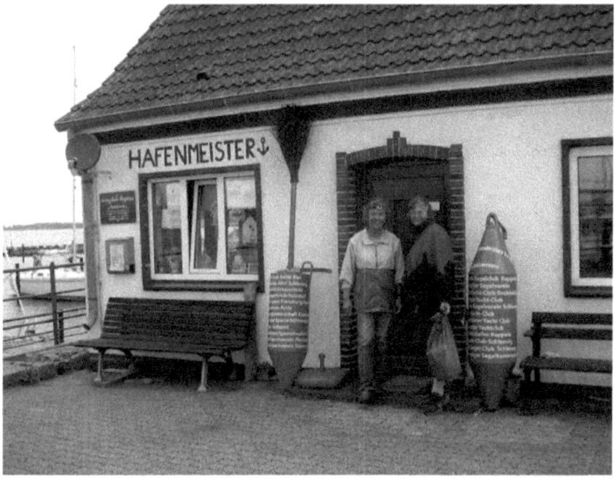

Bis hierher waren wir nun gekommen, aber wir mussten auch wieder zurück zu unserem Auto nach Arnis. Schleimünde kann man nur auf dem Wasserweg erreichen. Zwischen dem Ort Maasholm und dem Strand der Ostsee liegt ein Natur- und Vogelschutzgebiet, das nicht betreten werden darf. Austernfischer-, Brandgänse- und andere Vogelpaare brüten jährlich in der Kinderstube zwischen Strandwällen und Salzwiesen der Lotseninsel. Im Notfall würde uns nur ein Ausflugsdampfer wieder mit zurücknehmen. Wir haben nicht lange überlegt. Paddeljacken an, einsteigen, Spritzdecken schließen und weg. Das war genau das Richtige, wie sich erst später herausstellte. Der Wind, aus Südwest kommend, brauste auf. Die kurzen, hohen Wellen zeigten schnell weiße Schaumköpfe. Wir blieben auf der rechten Fahrwasserseite, hielten genügend Abstand zu den Tonnen, um den starken Sportverkehr nicht in Bedrängnis zu bringen. Dadurch hatten wir auch ein wenig Schutz vor dem starken Wellengang. Man redet es sich gerne ein: kommt man dichter unter Land, wird das Wasser auch ruhiger. Bis dahin muss man erst einmal richtig in die Hände spu-

cken und die Arme langmachen! Ganz langsam kamen wir dem Küstensaum näher. Querab am Seglerhafen Maasholm konnten wir kurz verschnaufen. Wir hatten aber noch das Wormshöfter Noor zu überqueren. Am Ausgang des Jachthafens empfingen uns richtige Kabbelwellen. Es war ein Husarenritt mit anschließendem Eiertanz! Zum Glück blies der Wind konstant aus Südwest, so konnten wir unsere „Wellen-Gegenanfahrt“ genau auf dem kürzesten Kurs halten.
Auch solche Strapazen gehen vorüber. Bei einer Pause im Windschutz von Rabelsund haben wir uns schnell erholt. Im Schutz des Ufers erreichten wir Kappeln. Das Wahrzeichen von Kappeln, die Holländermühle, zog uns in ihren Bann, aber auch die neue Straßenbrücke, die gerade für den Sportverkehr geöffnet wurde. Gigantisch, wie die vier großen Straßenteile ohne Gegengewicht hochgedrückt wurden. Danach blieben wir im Schutz des Ufers auf der rechten Seite und erreichten mühelos unseren Ausgangspunkt Arnis. Am nächsten Tag trafen wir die Kanuten aus Hannover wieder, die auf der Lotseninsel in Schleimünde gezeltet hatten. Sie waren gut zwei Stunden nach uns in Schleimünde gestartet und hatten sich noch mehr gequält als wir. Ihre Boote waren bepackt, nur so konnten sie diesen Wellengang meistern. Glück gehabt!
Der letzte Tag an der Schlei brachte uns Kaiserwetter. Wir hatten nur eine kurze Tour von Fahrdorf ins Selker Noor geplant. Kaum ein Lüftchen bewegte sich. Wir haben die Uferkante des Haddebyer- und des Selker Noores ausgefahren. Noch einmal genossen wir die Schönheit dieses Landstriches. Im Haddebyer-Noor, dem ehemaligen Hafen von Haithabu, wurde ein 18 Meter langes Wikingerschiff aus Eichenholz gefunden, das mit anderen Funden im Wikinger Museum ausgestellt ist. Zwischen 800 und 1100 nach Christus war die Wikingersiedlung Haithabu der bedeutendste Hafen- und Handelsplatz Nordeuropas. Die Geschichte Schleswigs ist untrennbar mit den Wikingern verbunden. Alle zwei Jahre erinnert die Stadt Schleswig mit einem Fest an ihre Vorgeschichte. Wir haben das Museum schon häufiger besucht. Unsere Mitstreiter werden es sicherlich noch nachholen, wenn nicht, haben sie etwas verpasst!

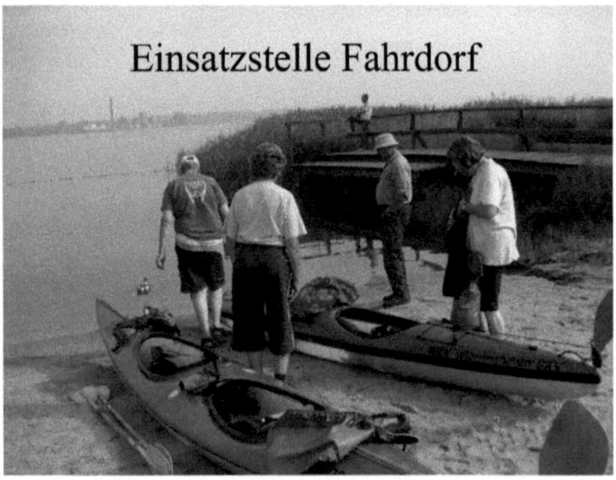
Einsatzstelle Fahrdorf

Nach der Ausfahrt aus dem Selker Noor habe ich erst mal für mich eine Gedenkminute eingelegt. In diesem Moment hatte ich nämlich nur durch Muskelkraft und per Kajak kilometermäßig einmal die Erde umrundet. Nachdem ich das bekannt gegeben hatte, erhielt ich je einen Paddelschlag auf die rechte und

linke Schulter.
Auch wenn wir die Schlei nur in Etappen erlebt haben, ein Genuss war es an jedem Tag, egal wie das Wetter war.

Wunderschön waren unsere Paddeltouren. „Welches Maß an Wohlbefinden!“ Eingerahmt von einer schönen Landschaft fühlt man sich geborgen in seinem Kajak. Kanuwandern fördert die Wahrnehmung und die Begeisterung für die Natur. Nachfühlen kann das nur derjenige, der es am eigenen Leib erfahren hat.

Friedrich Nietzsche schrieb: *„Nur auf das Ziel zu sehen, verdirbt die Lust am Reisen.“*

Ein Wort zum Schluss

Ich danke meinem Verein, dem Wilhelmshavener Kanu-Klub 1927 e.V. – dass er mich in meinen jungen Jahren gut vorbereitet in die Natur entlassen hat. Ich habe immer versucht die Grundregeln und die zehn goldenen Regeln für das Verhalten als Wassersportler in der Natur zu beachten. Denn nur in einer intakten Umwelt lässt sich unser Sport besonders gut ausüben. Kanufahren wird immer eine Natursportart bleiben und unsere Natur zu wahren, ihre Vielfalt zu erhalten, ist unsere Aufgabe und Pflicht.
Kanusport bietet Erholung und Entspannung. Er weckt das Naturverständnis und fördert ein umweltbewusstes Verhalten im freien Lebensraum, aber er steht auch im Spannungsfeld von Nutzung der Natur und den Naturschutzbehörden. Darum ist es oft nicht einfach, die verschiedenen Interessen in Einklang zu bringen. Hier erhält der Kanufahrer Hilfestellung durch seinen Verein, den jeweiligen Kanu-Landesverband und auch durch unseren Dachverband, den Deutschen Kanu-Verband.

Das Schreiben der einzelnen Geschichten hat viel Spaß und Freude gemacht, genauso wie das Erlebte beim Paddeln. Im Nachhinein merke ich, wie viel Schönes wir in der Natur während der verschiedenen Jahreszeiten gesehen und erlebt haben. Aber auch die Kameradschaft war ein ganz wichtiger Faktor. Wann immer jemand Schwierigkeiten hatte, war immer eine helfende Hand zur Stelle. Es ist klar, dass es auch mal Meinungsverschiedenheiten gab, jedoch meistens wurden sie schnell ausgeräumt. Ich kann mich allerdings nicht daran erinnern, dass mal ernsthafter Streit aufkam. „Frozzeln“ und „Stänkern“ hingegen gehört zum Kanutenalltag.
Was mir zusätzlich beim Schreiben dieser Zeilen und Betrachten der Bilder aufgefallen ist: Irgendjemand hatte immer einen guten Tropfen im Boot. Nun verteilen sich meine Kajakreisen zum Glück auf viele Jahre, es kann daher doch wohl nicht ganz so schlimm gewesen sein. Trotzdem gebe ich den Bayern Recht: Der Gerstensaft ist ein Lebenselixier und gehört somit zu unseren Grundnahrungsmitteln.
Verschmitzt, auch wenn ich mit lachendem Gesicht in den Spiegel schaue, könnte ich doch nicht ernsthaft daran glauben, dass ich mit dem heutigen Tag den Vorsatz hatte, dem bisschen Alkohol beim Paddelsport „ade“ zu sagen.

Quellennachweis:

ADAC Schöne Flüsse, Seen und Kanäle
Deutsches Flusswanderbuch, Deutscher Kanuverband
Schriften des Deutschen Kanu Verbandes, Kanu-Sport
Traumstraßen Skandinaviens

Wasserwege in Schleswig-Holstein, Ministerium für Umwelt, Natur und Forsten
Wachholtz Verlag, Wattenmeer
Weserbergland Tourismus e.V.

Bildmaterial:
Gerhard Beer, Wolfgang Bernhard, Friedhelm Danert, Wolf Germer,
Herbert Half, Wilfried Kämpf, Frank Leitzbach, Roland Stephan, Paul Stützle,
Dieter Wiese,
Eigenes Archiv

Titelbild: Bernd Mellenthin

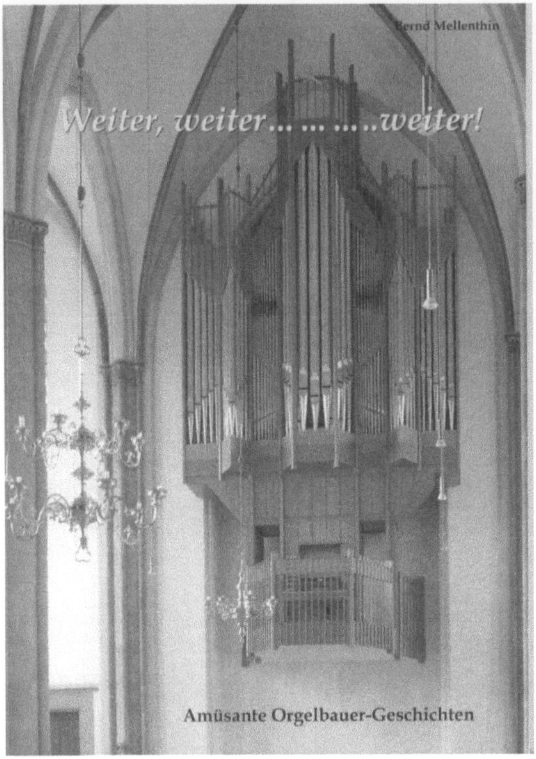

Der Autor schreibt in humorvoller und amüsanter Art über den Werdegang einer Kirchenorgel. Eingebettet sind fröhliche und lustige Erlebnisse mit Wegbegleitern, Handwerkern, Pastoren und Organisten.
Die beschriebenen Erzählungen sind eine liebevolle Verbeugung vor der Königin der Instrumente. Die eingefügten farblichen Bilder ermitteln einen Eindruck über die Vielfalt der Arbeiten. Die Geschichten sollen jeden Leser zum Schmunzeln bringen.

ISBN 978-3-940450-92-0

Besuchen Sie uns bitte im Internet: www.rediroma-verlag.de